GONDOLIN PRESS

Emanuela Marinelli e Marco Fasol

Luz do Sepulcro

Investigação sobre a autenticidade do Sudário e dos Evangelhos

Apresentaçao do Card. Agostino Vallini

gondolin press

LUZ DO SEPULCRO – *Emanuela Marinelli e Marco Fasol*

Título original: *Luce dal sepolcro (2015)*
© Fede & Cultura (Italy)
www.fedecultura.com

Traduzido e revisto por Diogo Ribeiro de Campos

© gondolin press

1915 Aster Rd.
Sycamore, IL 60178

www.gondolinpress.com
info@gondolinpress.com

2020 © Gondolin Institute LLC

ISBN 978-1-945658-21-1 *(soft cover)*

Todos os direitos literários e artísticos reservados. Os direitos de tradução, de armazenamento electrónico, de reprodução e de adaptação, total ou parcial, com qualquer meio (incluindo os microfilmes e as fotocópias), estão reservados para todos os Países. O Editor permanece à disposição dos eventuais titulares de direitos não mencionados.

Primeira ediçao: Dezembro 2020

Os autores agradecem ao Prof. Antonio Calisi, por alguns preciosos conselhos, ao Eng.º Alberto Duarte Carneiro e a Roberto Bertogna pela colaboração disponibilizada.

Todas as ilustrações foram retiradas do arquivo do Collegamento pro Sindone.

APRESENTAÇÃO

Ilustres Senhores,

O volume *Luz do Sepulcro*, de que sois os autores, pretende responder às objecções levantadas à historicidade dos Evangelhos e, em particular, aos textos da ressurreição do Senhor. Duvidar de quanto os Evangelistas escreveram sobre a paixão, morte e ressurreição de Jesus tornaria problemática a adesão a Ele e, consequentemente, uma madura profissão de Fé e um compromisso de testemunhá-Lo. Os Evangelhos, por outro lado, são historicamente fundados.

As contribuições do volume conduzem os leitores, através do aprofundamento do mistério encerrado no Lençol do Sudário, a compreender que o relato evangélico encontra confirmações objectivas na imagem do Homem que foi envolvido naquela mortalha e a confirmar a historicidade dos Evangelhos.

Trata-se, portanto, de um volume que pode ajudar quantos desejam abrir-se à Fé para encontrar motivações também racionais para crer e, ao mesmo tempo, a aprofundar as razões da esperança daqueles que já aderiram ao Senhor Jesus.

Desejo que o livro possa receber o apreço de numerosos leitores e levá-los a compreender, como disse o Papa Bento XVI, que a ressurreição de Jesus é «*a maior mutação, o salto absolutamente mais decisivo para uma dimensão totalmente nova, que na longa história da vida e dos seus desenvolvimentos nunca aconteceu: um salto para uma ordem completamente nova, que nos diz respeito e concerne a toda a história*».

Aproveito a ocasião para vos transmitir a minha mais cordial saudação,

Agostino Card. Vallini
Vigário-Geral emérito para a Diocese de Roma

INTRODUÇÃO

A exposição, em 2015, do Santo Sudário, oferece-nos uma ocasião preciosa para uma actualização sobre as mais recentes pesquisas científicas, não apenas sobre a Sagrada Mortalha, mas também sobre a confiabilidade histórica dos Evangelhos, que são a sua chave de leitura.

Sem os Evangelhos, o Sudário permaneceria, de facto, um enigma indecifrável e, do mesmo modo, os Evangelhos recebem uma inesperada confirmação da relíquia conservada em Turim. Parece que o núcleo genético da Fé cristã, a morte e ressurreição de Jesus de Nazaré, foi fotografado num instantâneo que resume todos os momentos mais importantes do relato. Precisamente por isso, o Sudário foi, por vezes, definido como o *quinto Evangelho* ou *Evangelho científico*.

Esta ligação evidente entre Sudário e Evangelhos sugeriu-nos que combinássemos o estudo do achado sindónico com uma investigação igualmente científica e documentada sobre a fiabilidade dos Evangelhos. Num único texto, resumimos, de forma breve e essencial, os resultados das Ciências Históricas, de modo a oferecer um breve *vademecum* ao homem moderno que não quer permanecer iletrado nas questões mais profundas.

Propomos este tipo de investigação porque é necessário compreender o mundo contemporâneo, os sinais dos tempos. A revolução científica e o Iluminismo, com a sua atitude crítica, mudaram, em apenas três séculos, a nossa visão do mundo. Nas escolas, os jovens estudam sempre afirmações científicas. Nada pode ser aceite se não for garantido por provas. Temos todos de lidar com esta revolução cultural. Por isso, torna-se cada vez mais necessária uma pesquisa crítica e actualizada sobre os Evangelhos.

Os jovens, sobretudo, sentem uma distância cultural entre um mundo tecnológico, no qual é tudo explicado e demonstrado, e o mundo das fés, por vezes acríticas, fanáticas, deslegitimadas aos seus olhos. Uma docente universitária de História disse que dois terços dos seus alunos acreditam que entre Jesus e Júpiter não há diferença de documentação histórica: seriam ambos personagens míticos e lendários. Se os adultos não têm argumentos diante desta ignorância histórica, tornam-se, pelo menos em parte, responsáveis pela desorientação e pela crise de Fé dos jovens. A nossa experiência de mais de trinta anos de ensino confirmou-nos esta responsabilidade para com os jovens.

Obviamente, o estudo que faremos não será uma anacrónica apologia. Não tem intenções triunfalistas, mas coloca-se numa perspectiva secular orientada para o diálogo e para o encontro. Limita-se a oferecer os instrumentos indispensáveis para redescobrir os fundamentos históricos da identidade cristã, sem os quais não é possível diálogo algum. Um crente adulto deve conhecer, pelo menos em síntese, os resultados das Ciências Históricas, porque só graças a estas estará a salvo da suspeita de falsificações ou imbróglios.

A nossa viagem começará com a apresentação do Sudário. Começamos do seu fortíssimo impacto visual e emocional, que tem comovido milhões de crentes e não-crentes ao longo dos séculos. Constitui, sem dúvida, o achado arqueológico mais estudado do mundo. Há um interesse extraordinário, mesmo nos cantos mais distantes do planeta, por esta mortalha misteriosa. O Sudário, de facto, interpela-nos com os seus traços de uma dor que parece insuportável para um ser humano. O facto de ninguém, mesmo nos laboratórios mais sofisticados de todo o mundo, ter sido capaz de reproduzir integralmente a mortalha sindónica nas suas específicas características macroscópicas e microscópicas, desmente definitivamente a hipótese de uma falsificação medieval, formulada apressadamente após o teste de radiocarbono de 1988. As investigações mais recentes orientam-nos, portanto, para a autenticidade do Sudário, que hoje pode ser definido como a relíquia mais preciosa da cristandade.

A este ponto, não podemos, certamente, evitar ou ignorar as grandes questões sobre o Jesus histórico. Torna-se, pois, indispensável alargar a investigação à autenticidade dos textos evangélicos, que constituem a única chave de leitura, a única interpretação resolutiva deste enigma. O empreendimento parece titânico porque a consulta da bibliografia sobre o assunto tornou-se impossível para uma mente humana. Considere-se que, no século passado, foram publicados, no mundo, cerca de cem mil livros sobre Jesus de Nazaré! Cerca de mil livros por ano. É obviamente impossível apresentar uma análise completa que, além disso, seria absolutamente inútil e enganadora, porque a maior parte destes textos foi escrita por autores incompetentes e despreparados.

Por conseguinte, o segundo ensaio deste texto seguiu um caminho mais directo e imediato para esta necessária análise científica. Concentrou o seu discurso sobre três certezas incontroversas para as Ciências Históricas. A primeira diz respeito à impressionante concordância dos mais de quinze mil manuscritos antigos dos Evangelhos e dos outros escritos do Novo Testamento. Esta certeza garante-nos que os Evangelhos são, de longe, o texto mais documentado da História Antiga. Em segundo lugar, é explicada, com exemplos facilmente compreensíveis, a origem aramaica e hebraica do texto evangélico, que se revela, assim, um fiel testemunho da pregação autêntica do Mestre de Nazaré. Por fim, explica-se como as aparições reais do ressuscitado, verdadeiro núcleo genético da Fé cristã, constituem a única explicação possível para a difusão do anúncio em todo o mundo antigo. Se estas aparições não tivessem sido reais, não teria sido possível afirmar que um homem flagelado, coroado de espinhos, crucificado e colocado no sepulcro era, de facto, o Filho de Deus.

Tentámos utilizar uma linguagem acessível e de imediata compreensão, não obstante a objectiva dificuldade dos temas. A relativa brevidade da exposição responde às exigências de todos nós, sem que, por isso, se perca uma intenção que atravessa cada página: convencer que a maior revolução ética da História não se funda em lendas, mas em certezas atestadas pelo saber científico mais actualizado.

A nossa pesquisa parece voltada para o passado, pelo que um leitor moderno poderia perguntar-se: "O Sudário e os Evangelhos são documentos de há dois mil anos, mas nós, hoje, entrámos no terceiro milénio! Estamos voltados para o futuro mais do que para o passado! Que sentido tem todo este estudo?".

Não é difícil responder.

A nossa pergunta mais importante é sobre o sentido da nossa vida: "Que significado tem a minha vida?". Perguntam-se também os cantautores: "Dizei-me que sentido temos nós!". "Quero encontrar um sentido para esta vida!".

E é suficiente um simples olhar para o nosso passado para nos fazer compreender que foram precisamente os Evangelhos que deram sentido à nossa vida. Revelaram-nos que nascemos para amar. Explicaram-nos como amar, falaram-nos do nosso destino último.

Em poucas palavras, quando estudamos o Sudário e os Evangelhos, estudámo-nos a nós mesmos, adquirimos uma consciência crítica do significado do nosso viver; então, a nossa pesquisa torna-se apaixonante, quanto o é a nossa aventura humana. No fim desta viagem, no parágrafo conclusivo, poderemos responder ainda melhor a esta questão de sentido, que é a questão mais importante para todos nós.

Estamos convencidos de que este seja o único caminho para garantir um futuro aos nossos jovens.

Os Autores

EMANUELA MARINELLI

O SUDÁRIO
UMA RELÍQUIA LUMINOSA

> *Este é o mistério do Sábado Santo! Exactamente do escuro da morte do Filho de Deus, brilhou a luz de uma esperança nova: a luz da ressurreição. E eis que, parece-me, olhando para este Santo Lençol com os olhos da Fé se perceba algo desta luz. Com efeito, o Sudário foi imerso naquela escuridão profunda mas, ao mesmo tempo, é luminoso.*
>
> (Meditação do Santo Padre Bento XVI, Domingo, 2 de Maio de 2010[1])

Um objecto extraordinário

O Sudário é um objecto extraordinário que desperta curiosidade e fascina pelo mistério que encerra. Exprime-o bem uma reflexão do escritor Giovanni Arpino[2]: «*Um pedaço de linho. Só um pedaço de linho. Num planeta tumefacto de monumentos, pirâmides, coliseus, arcos triunfais, estátuas equestres, templos incontaminados ou corroídos pelo bolor e pelo abandono, neste planeta apenas um pedaço de linho, com aquela Marca, conserva o seu mistério*».

Ouvir falar sobre isso pela primeira vez parece incrível. É possível que se tenha conservado o autêntico lençol funerário de Jesus Cristo? E que também tenha a sua "fotografia" impressa? Para muitos, a enormidade destas afirmações é um obstáculo intransponível: não se

---

[1] http://www.vatican.va/content/benedict-xvi/pt/speeches/2010/may/documents/hf_ben-xvi_spe_20100502_meditazione-torino.html

[2] ARPINO G., *PRESENTAZIONE*, IN *LA SINDONE, LA STORIA, LA SCIENZA, EDIZIONI CENTROSTAMPA*, LEINÌ (TO) 1986, PP. 9-11 A P. 9.

interessam por um objecto que, à primeira vista, tem poucas possibilidades de ser autêntico.

O Sudário, no entanto, é uma relíquia muito particular e surpreende sempre aqueles que, de um lado ou de outro, realmente se deparam com ele. Não é fácil pô-lo de lado, desinteressar-se. Aquele rosto, majestoso no sofrimento, intriga, fascina e assusta. Presença inevitável, o Sudário reabre questões adormecidas que, inevitavelmente, condicionam a vida.

É um objecto que levanta numerosas e inquietantes interrogações. Cerca de trinta disciplinas científicas bateram-se com este lençol misterioso, desfazendo alguns enigmas e encontrando outros.

Muito foi dito a favor e contra a autenticidade do Sudário. Muitas vezes ficamos atordoados com o bombardeio dos meios de comunicação social que lançam, sobrepõem, contrapõem notícias sobre notícias, num carrossel de declarações muitas vezes confusas, quando não completamente falsas ou facciosas. Tanto assim que até mesmo algumas vozes respeitáveis acabaram por declarar que não sabemos de onde vem o Sudário e que, tudo somado, a sua autenticidade como lençol funerário de Jesus não tem importância.

Indubitavelmente, a autenticidade ou não do Sudário não muda nada no credo cristão e não se pode ser obrigado a considerar o Sudário autêntico "pela Fé". É a Ciência que nos convence nesse sentido.

Incontestavelmente, até mesmo a Ciência parecia dar uma mensagem contraditória e enganosa com o resultado medieval da análise radiocarbónica. As perguntas multiplicaram-se desde então, mas também se alcançaram mais certezas sobre a autenticidade do achado e é bom fazer um balanço dos conhecimentos actuais sobre a mais preciosa relíquia da cristandade. Nesta viagem entre História e Ciência, o leitor descobrirá uma antiga mortalha e os mistérios que encerra. Não poderá deixar de ficar fascinado.

CAPÍTULO I

SOB O ESCRUTÍNIO DA CIÊNCIA

Um antigo lençol

A palavra *Sudário* (do grego *Sindon*, lençol) indica a mortalha conservada, há mais de quatro séculos, na Catedral de Turim e considerada, por constante tradição, o lençol funerário em que o corpo de Jesus Cristo, depois de deposto da cruz, foi envolvido. É um linho de cor amarela feito numa época muito distante. As suas medidas são 442 cm por 113 cm.

Fio muito resistente a todas as alterações dos agentes atmosféricos, o linho é obtido a partir da casca de *Linum usitatissimum*, planta de 50 a 110 cm de altura, cujo caule é macerado em água; o caule é depois esmagado para libertar as filaças dos fragmentos lenhosos. Os feixes de fibras são limpos, estirados e dispostos um após o outro; segue-se a torcedura, que os transforma em fio, e o branqueamento com cinza ou sabão, que contribui também para a conservação do tecido.

Ao microscópio, a fibra de linho aparece como um tubo transparente com canal interno. Cada fio do tecido é composto de 70-80 (mas também 100-120) fibrilhas.

Os fios usados para a realização do Sudário são fiados à mão: com efeito, apresentam um diâmetro variável. A torção dos fios é do tipo "Z", em sentido horário[3]. Os restos de tecidos funerários encontrados nas sepulturas em Israel são, principalmente, de linho, mas com torção "S", em sentido anti-horário[4].

A tecelagem do tecido, feita sobre um tear manual a pedal muito rudimentar, também é irregular. Apresenta saltos de batimento e erros; mas, para a época em que foi confeccionado, deve ser considerado um tecido refinado. De facto, a textura é em "espinha de peixe" (3/1), que forma "tiras" largas com cerca de 11 mm. Este era um

---

[3] TYRER, J., *Looking at the Turin Shroud as a textile*, in *Textile Horizons*, Dezembro de 1981, pp. 20-23.

[4] SHAMIR O., *A burial textile from the first century CE in Jerusalem compared to Roman textiles in the land of Israel*, in *ATSI 2014, Workshop on advances in the Turin Shroud investigation*, Bari 4-5 de Setembro de 2014, pp. 102-107.

tecido muito procurado, destinado a compradores ricos. Note-se que a laboração em "espinha de peixe" já era conhecida no Médio Oriente na época de Jesus.

Como tecido, o Sudário pode muito bem remontar ao século I d.C., uma vez que, em antigos túmulos egípcios (Beni Assan), se encontram representados teares adequados para produzir tal tipo de tecido. Na Necrópole de Antinous (Alto Egipto, início do século II d.C.) foram encontrados tecidos análogos ao do Sudário[5]. Mesmo as suas dimensões não são surpreendentes: em 1993, foram encontrados os restos de uma grande mortalha funerária na Gruta do Guerreiro, 3 km a Noroeste de Jericó. Este lençol de linho, que data de 4000 a.C., mede 7 metros por 2 metros[6].

A mortalha sindónica é formada por uma grande faixa de tecido, com pouco mais de um metro de largura, à qual foi adicionada uma tira com cerca de 8 cm de largura, que originalmente fazia parte da mesma mortalha. Tal tira, no entanto, é mais curta do que o Sudário, num lado cerca de 16 cm e no outro cerca de 36 cm; nestas áreas é, portanto, visível o pano de suporte sobre o qual está cosido todo o Sudário. As extremidades da tira foram, provavelmente, cortadas devido ao desgaste; antigamente, havia, de facto, o uso de segurar com as mãos o lençol no lado superior durante as exposições públicas e os ângulos terão sido os mais sujeitos a desgaste.

As ourelas encontram-se nos lados exteriores compridos do lençol funerário. Uma vez que nos lados curtos da mortalha, em vez disso, existem as bordas, o Sudário deve ter sido cortado de um rolo de tecido mais longo. O tecido e a laboração do lençol funerário não deixam dúvidas sobre a sua produção profissional. Esta mortalha não foi tecida num tear doméstico, nem costurada por uma mão não qualificada. É um linho de grande valor. Poderia tratar-se de uma cara

---

[5] SAVIO P., *Ricerche sul tessuto della Santa Sindone*, Tip. San Nilo, Grottaferrata (Roma) 1973.

[6] FULBRIGHT D., *AKELDAMA REPUDIATION OF TURIN SHROUD OMITS EVIDENCE FROM THE JUDEAN DESERT*, IN DI LAZZARO P. (ED.), *PROCEEDINGS OF THE IWSAI 2010, INTERNATIONAL WORKSHOP ON THE SCIENTIFIC APPROACH TO THE ACHEIROPOIETOS IMAGES*, 4-6 DE MAIO DE 2010, ENEA, FRASCATI (ROMA) 2010, PP. 79-85, A PP. 80-81, http://www.acheiropoietos.info/proceedings/FulbrightAkeldamaWeb.pdf.

mercadoria proveniente de manufacturas do Egipto ou da Síria, cujas fábricas de tecidos na antiguidade eram superiores às da Palestina. Em qualquer caso, este lençol funerário foi cosido com cuidado por uma mão profissional e extraído de um artigo por metragem. Tanto a costura longitudinal como a bordadura dos lados curtos foram trabalhadas com igual competência, o que apoia claramente a realização do lençol funerário numa única fase de trabalho.

É documentada tanto a presença da estrutura do tecido espigado 3/1, através da descoberta de tais tecidos em Krokodilô (Egipto, Mar Vermelho), que remontam ao período de 100-120 d.C., como a tipologia especial da estrutura da ourela para o período em torno do nascimento de Cristo, nas descobertas de tecidos em Massada, em Israel. Os achados das escavações de Massada forneceram uma grande quantidade de fragmentos de tecido que, nos anos 90, foram examinados aprofundadamente. As pesquisas fornecem importantes informações sobre as estruturas dos tecidos e sobre a sua laboração para confecção de vestuário durante o período compreendido entre 40 a.C. e a queda de Massada, em 74 d.C.

A costura longitudinal, que une a tira lateral à mortalha sindónica, não é habitual. Foi escolhido um tipo de costura que tinha o objectivo de torná-la o mais invisível possível do lado superior; um ulterior argumento a favor do profissionalismo com que foi concebida e efectuada a realização do lençol funerário. A costura foi executada a partir do lado inferior e os pontos, aplicados com grande cuidado, são dificilmente visíveis a partir do lado superior: a costura aqui permanece plana e invisível, enquanto que no lado inferior há como que um inchaço no tecido. Também por esta particular estrutura da costura longitudinal se encontram comparações com fragmentos de tecido das acima mencionadas descobertas de Massada. Por conseguinte, o tecido de linho do Sudário não apresenta, nem do ponto de vista da técnica do tecido, nem do da costura, algum sinal que possa testemunhar contra a sua originalidade enquanto produto de alto valor de uma manufactura do século I d.C.[7].

---

[7] FLURY-LEMBERG M., *The linen cloth of the Turin Shroud: some observations on its technical aspects*, in *Sindon N.S.*, Caderno n.º 16, Dezembro de 2001, pp. 55-76.

A biblista Maria Luisa Rigato[8] acredita que o Sudário possa ser um linho precioso, disponível no Templo de Jerusalém, usado para a sepultura "real" de Jesus:

> «Também sabemos da quantidade de linho finíssimo (bisso) encontrável no Santuário para as necessidades das vestes dos sacerdotes levitas e para os véus do Templo. (...) Mas porque é que o linho é, além disso, refinado? Porque era o melhor que havia de tecido fino, cheio de simbolismo. Tratava-se de uma homenagem ao Rei dos Judeus!».

«*É interessante notar* – enfatiza a paleógrafa Ada Grossi[9] – *que, no Novo Testamento, o homem rico em Lc 16, 19 usa roupas de púrpura e de linho finíssimo: estes eram, de facto, os dois tecidos mais preciosos disponíveis.*

Uma síntese

Observando o Sudário, notamos alguns sinais que ocorre analisar e distinguir para aprofundar o conhecimento da relíquia.

Duas evidentes linhas escuras percorrem-no ao longo do seu comprimento: são os efeitos de um incêndio, que eclodiu na noite de 3 para 4 de Dezembro de 1532, em que o Sudário correu o risco de ser destruído. Naquela época, o sagrado linho era conservado, dobrado num relicário de madeira coberto de prata, na *Sainte-Chapelle* do Castelo de Chambéry, então capital do Ducado de Saboia. O incêndio queimou a parte mais exposta do relicário e as dobras do tecido mais próximas foram chamuscadas. Formaram-se, assim, as duas linhas escuras no sentido longitudinal. Uma parte do relicário sofreu um ulterior dano e provocaram-se, deste modo, alguns buracos simétricos,

---

[8] RIGATO M.L., *Il Titolo della Croce di Gesù. Confronto tra i Vangeli e la Tavoletta-reliquia della Basilica Eleniana a Roma*, Editrice Pontificia Università Gregoriana, Roma 2005, pp. 222-223.

[9] GROSSI A., *Jewish Shrouds and Funerary Customs: a Comparison with the Shroud of Turin*, in *I Congreso Internacional sobre la Sábana Santa en España*, Valencia (Espanha) 28-30 de Abril de 2012, pp. 1-33, a p. 28, http://www.academia.edu/2427474/Jewish_Shrouds_and_Funerary_Customs_a_Comparison_with_the_Shroud_of_Turin_in_1st_International_Congress_on_the_Holy_Shroud_in_Spain_-_Valencia_April_28-30_2012_ed._Centro_Espanol_de_Sindonologia_CES_

que foram sucessivamente cobertos com remendos triangulares aplicados, em 1534, pelas Clarissas de Chambéry. As irmãs também fixaram o Sudário numa tela da Holanda. Em 2002, todos os remendos foram removidos e os buracos foram deixados descobertos. Naquela ocasião, a tela holandesa também foi substituída por um novo tecido de suporte.

Nas duas linhas paralelas de carbonização podem-se ver os traços de um outro incêndio, sob a forma de quatro grupos de círculos escuros, cada um composto de quatro furos colocados em forma de L, à altura das mãos do Homem do Sudário e no lugar correspondente na marca dorsal, isto é, ao nível das nádegas. O Sudário deveria estar dobrado em quatro quando se verificou este dano. Testemunhos dessas queimaduras mais antigas encontram-se numa cópia do Sudário feita, em Chambéry, em 1516, dezasseis anos antes do incêndio. É atribuída a Albrecht Dürer e, actualmente, é conservada em Lier, na Bélgica, na Igreja de São Gomário. Nesta pintura vemos quatro grupos de manchas exactamente correspondentes aos sinais dos buracos do Sudário.

Entre as duas linhas escuras, mas também no exterior das mesmas, existem alguns vestígios, em forma de losango ou semi-losango, sombreados: são halos formados pelo material que a água transportou de zonas banhadas anteriormente até ao ponto em que parou. Durante muito tempo pensou-se que aquela água tinha sido lançada sobre o relicário do Sudário durante o incêndio de 1532; mas, em 1998, a especialista têxtil Mechthild Flury-Lemberg[10] notou que só as pequenas manchas ao longo dos vestígios do incêndio se podem atribuir àquele momento, enquanto os grandes halos se referem a um modo de dobrar como um acordeão, diferente daquele que o lençol tinha em Chambéry. Esses formaram-se, pois, numa outra época. Em 2002, os estudiosos Aldo Guerreschi e Michele Salcito[11] levantaram a hipótese

---

[10] FLURY-LEMBERG M., *Stato e problemi di conservazione della Sindone di Torino*, in BARBERIS B., ZACCONE G.M. (Edd.), *Sindone, cento anni di ricerca*, Istituto Poligrafico e Zecca dello Stato, Libreria dello Stato, Roma 1998, pp. 255-267.

[11] GUERRESCHI A., SALCITO M. *Tra le pieghe di un mistero*, in *Archeo*, n.º 4, Abril de 2008, pp. 62-71.

de que o Sudário, dobrado em fole, poderia ter sido colocado verticalmente numa jarra, no fundo da qual se depositou um pouco de água que embebia um ângulo do tecido.

Na área entre as duas linhas escuras distingue-se, ainda que desbotada, a dupla marca, frontal e dorsal, de um corpo humano torturado. A singularidade do Sudário é precisamente esta imagem, misteriosamente deixada pelo cadáver que ali foi envolvido. Não surpreendem, de facto, as manchas de sangue, mas as semelhanças humanas impressas na mortalha de modo inexplicável.

A revelação da fotografia

O início das pesquisas científicas sobre o Sudário pode remontar à primeira fotografia que foi tirada à relíquia. O negativo revelou a inversão do claro-escuro na marca corpórea, fazendo-a aparecer em todos os seus detalhes.

A 25 de Maio de 1898, por ocasião da Exposição de Arte Sacra, tinha início, em Turim, uma exposição pública do Sudário que terá atraído, durante os seus oito dias de duração, quase um milhão de pessoas movidas pela curiosidade e pelo desejo de veneração.

O salesiano Natale Noguier de Malijay, professor de Física e Química, teve a ideia de fotografar o Sudário e submeteu-a ao Rei Humberto I que, após um primeiro parecer negativo, consentiu.

A execução foi confiada ao advogado e fotógrafo Secondo Pia, originário de Asti; a tarefa, com o equipamento técnico disponível naqueles tempos, era tudo menos simples de completar. A primeira tentativa, feita no próprio dia 25 de Maio, falhou por causa do calor excessivo das lâmpadas de iluminação que partiram os ecrãs de vidro esmerilhado.

À segunda tentativa, que teve lugar três dias mais tarde entre outras dificuldades, Pia conseguiu fazer duas fotografias sem incidentes. Levou imediatamente as chapas para o gabinete fotográfico de sua casa, onde as colocou numa solução de oxalato de ferro. Pouco depois, os primeiros contornos começaram a revelar-se, depois, gradualmente, tudo o resto cada vez mais nítido e rico em detalhes. Para sua grande surpresa, Pia notou que a imagem na chapa era muito mais nítida e compreensível que a do próprio Sudário.

Assim recorda o evento o historiador Ian Wilson[12]:

«*Na noite de 28 de Maio, Pia conseguiu impressionar duas chapas de vidro que foram usadas para fotografar, depois regressou rapidamente ao seu quarto escuro para revelá-las. Dada a natureza da imagem do Sudário, por si só desvanecida e espectral, Pia esperava que aquilo que tentasse fixar na sua chapa fotográfica negativa, também essa necessariamente um espectro do original, seria ainda mais difícil de reconhecer. Nada, portanto, o tinha preparado para o choque que o aguardava naquela noite. À medida que, na revelação, as características do Sudário começaram a aparecer – o tecido, agora negro, e os sinais do incêndio de 1532 ficaram brancos –, ele notou uma mudança extraordinária na dupla marca da imagem sindónica. Pela primeira vez era possível ver, em relevo natural, com claros e escuros realistas, como numa verdadeira fotografia, que o corpo era bem proporcionado e de uma conformação impressionante. As manchas de sangue, aparecendo brancas, também assumiram um aspecto de realismo surpreendente, como se fossem feridas nas mãos, nos pés, no tórax e devidas a uma coroa na cabeça. Em vez do rosto de mocho, o negativo fotográfico revelava uma atitude de impressionante majestade, com os olhos fechados para a morte. Como Pia foi levado a crer naquele momento e para o resto da sua vida, a imagem do negativo deve ser o aspecto que o corpo de Cristo tinha efectivamente quando foi deposto no túmulo. De qualquer modo, o Sudário em si era uma espécie de negativo fotográfico que se tornava positivo quando a câmara lhe invertia o claro-escuro*».

Um outro escritor, John Walsh[13], assim descreve aquele momento emocionante: «*Aquilo que ele viu fez as suas mãos tremerem e a chapa molhada escorregou, arriscando-se a cair no chão. O rosto com os olhos fechados tinha adquirido uma realidade estupefaciente*». O próprio Pia afirmou: «*Fechado no meu quarto escuro e absorvido no meu trabalho, senti uma emoção fortíssima quando, durante a revelação, vi aparecer pela primeira vez, sobre a chapa, o Santo Rosto com tal clareza que fiquei atordoado*». Ao recordar aqueles instantes, ao reviver a trepidação que o tinha tomado, fazendo-o tremer, os olhos do fotógrafo de Asti humedeciam-se de emoção.

Escreve, ainda, Walsh:

«*A imagem manchada, que na relíquia era ampla e plana, destacava-se, agora, como o retrato de um corpo real, cujos contornos eram indicados por mínimas tonalidades de sombra. O rosto, que na mortalha parecia bizarro, tornou-se o retrato harmonioso e reconhecível de um homem com barba e com longos cabelos. Dos traços resplandeciam as*

---

[12] WILSON I., *The mysterious Shroud*, Doubleday & C., Garden City, Nova Iorque (EUA) 1986, p. 10.
[13] WALSH J., *The Shroud*, Echo Books, Nova Iorque (EUA) 1965, pp. 31-32.

emoções fixadas pela morte; era uma fisionomia que falava de uma imensa paciência, de uma nobre resignação. Mesmo com os olhos fechados, o seu rosto estava cheio de uma expressão de majestade que era impossível de analisar. E tudo isto na chapa negativa! O Pia bem sabia que sobre o negativo se deveria encontrar apenas uma redistribuição das luzes e das sombras invertidas. As áreas claras deveriam ter-se tornado escuras e as escuras deveriam ter-se tornado claras. Como resultado, deveria ter-se obtido a habitual caricatura grotesca do original, destinada a fazer sentido apenas quando impressa em positivo. Em vez disso, aqui, no negativo, havia uma imagem positiva tão real como qualquer outra que Pia já tinha visto».

O advogado de Asti formulou várias hipóteses sobre este fenómeno, mas teve de «*rejeitar qualquer outra explicação diferente da mais óbvia: o que aparecia no negativo era, exactamente, aquilo que o seu aparelho tinha visto no tecido*». Como prova disso, fez uma cópia, em positivo, do negativo e confrontou-os: «*Não havia mais dúvidas*», conclui Walsh. «*Aquele incrível retrato existia na imagem manchada. Embora, a olho nu, as áreas acastanhadas apresentassem, na relíquia, apenas contornos casuais, essas deviam formar, na realidade, um negativo ou, pelo menos, possuir misteriosamente as qualidades de um negativo*».

«*A descoberta fotográfica do Sudário* – afirmava, numa carta de 16 de Agosto de 1935, o escritor Paul Claudel[14] – *é tão grande, tão importante, que não hesito em compará-la a uma segunda ressurreição. Mais do que uma imagem, é uma presença. É um negativo, como se diz, um testemunho oculto, ousarei dizer um pouco como a Sagrada Escritura, capaz de revelar uma evidência*».

Em 1931, o fotógrafo profissional italiano Giuseppe Enrie tirou uma nova e mais determinante série de fotografias, que incluía detalhes do rosto e fotografias de perto das manchas de sangue. Em 1969 e em 1973 foram tiradas várias fotografias e, em 1978, milhões de visitantes, na exposição daquele ano, puderam utilizar livremente os seus aparelhos fotográficos. Cada melhoria técnica na fotografia a preto e branco revelou, com crescente clareza, as características do negativo.

---

[14] P. Claudel, *Lettre à Monsieur Gérard Cordonnier*, in *Les Nouvelles de l'Association Jean Carmignac*, n.º 45, Maio de 2010, pp. 5-6, a p 5, http://abbe-carmignac.org/bulletins/n45.pdf.

Investigações microscópicas

Em 1969, o Cardeal Michele Pellegrino, Arcebispo de Turim, nomeou uma Comissão de peritos para realizar algumas pesquisas sobre o Sudário. Naquela ocasião, foram tiradas fotografias, também a cores, por Giovanni Battista Judica Cordiglia. Dois fios retirados do Sudário foram examinados por Guido Filogamo, professor de Anatomia Humana Normal da Universidade de Turim, juntamente com o colaborador Alberto Zina[15]. Encontraram grânulos de material amorfo de natureza imprecisa, esporos bacterianos e outros corpos redondos de natureza orgânica que não identificaram. Também Ettore Morano[16], director do Centro de Microscopia Electrónica do Hospital Sant'Andrea de Vercelli, notou uma grande quantidade de material estranho no Sudário, incluindo esporos e hifas fúngicas.

Em 1973, foi nomeada uma Comissão para autenticar as fotografias tiradas em 1969; o botânico Max Frei[17], director do Serviço Científico da Polícia de Zurique, fazia parte dessa Comissão. Especialista em micropistas, notou a presença de uma quantidade considerável de poeira atmosférica no tecido e obteve permissão para tirar 12 amostras de poeira com fitas adesivas.

Depois de três anos de paciente trabalho, comunicou os primeiros resultados: descobriu grânulos de pólen provenientes de plantas desérticas que florescem em diversas épocas na Palestina; outros de plantas do Leste da Turquia; outros dos arredores de Constantinopla;

---

[15] FILOGAMO G., ZINA A., *Esami microscopici sulla tela sindonica*, in *La S.Sindone. Ricerche e studi della commissione di esperti nominata dall'Arc. di Torino, Card. Michele Pellegrino nel 1969*, Suplemento Rivista Diocesana Torinese, Turim 1976, pp. 55-57.

[16] MORANO E., *ASPETTI ULTRASTRUTTURALI AL MICROSCOPIO ELETTRONICO A SCANSIONE DI FIBRE DELLA SINDONE DI TORINO*, IN COERO-BORGA P. (ED.), *LA SINDONE E LA SCIENZA, ATTI DEL II CONGRESSO INTERNAZIONALE DI SINDONOLOGIA*, TURIM 7-8 DE OUTUBRO DE 1978, ED. PAOLINE, TURIM 1979, PP. 201 204 E 379-384.

[17] FREI M., *Il passato della Sindone alla luce della palinologia*, in COERO-BORGA P. (Ed.), *La Sindone e la Scienza*, op. cit., pp. 191-200 e 370-378; FREI M., *Identificazione e classificazione dei nuovi pollini della Sindone*, in COPPINI L., CAVAZZUTI F. (Edd.), *La Sindone, Scienza e Fede, Atti del II Convegno Nazionale di Sindonologia*, Bolonha, 27-29 de Novembro de 1981, CLUEB, Bolonha 1983, pp. 277-284.

outros ainda de espécies existentes na França e na Itália. Isto confirmou as prováveis etapas históricas do Sudário. Os pólenes mais frequentes no lençol eram idênticos àqueles abundantes nos sedimentos do Lago de Genesaré e do Mar Morto, depositados há cerca de dois mil anos.

No fim da exposição de 1978, de 8 a 14 de Outubro, cerca de cinquenta cientistas e investigadores de diferentes nações, principalmente norte-americanos pertencentes ao STURP (Shroud of Turin Research Project), montaram um bem apetrechado laboratório de pesquisa Físico-Química no Palácio Real de Turim e realizaram uma série sistemática de investigações sobre a relíquia, algo que nunca tinha acontecido no passado. Recolheram amostras, mediram e analisaram o Sudário durante 120 horas consecutivas para realizarem uma investigação científica multidisciplinar. Os resultados de tal pesquisa[18] forneceram ampla confirmação da autenticidade do Sudário.

Naquela ocasião, também Frei pôde fazer novos levantamentos e, nos anos sucessivos, continuou os seus estudos, infelizmente interrompidos pela sua morte, em 1983. Para além do pólen, tinha encontrado fragmentos de fibras e tecidos vegetais, esporos fúngicos e partículas mineralógicas.

No que se refere ao pólen, sabe-se que 95% da produção de uma planta se deposita num raio de cerca de 100 metros em torno dela e que o resto atinge, no máximo, algumas dezenas de quilómetros. Os pólenes encontrados no Sudário não são adequados para transportes "ultradistantes", que são, de resto, raros. O estudo dos ventos típicos da região mediterrânica faz deduzir que o *Khamsin*, vento proveniente do Sudeste na Primavera e no Outono, seja responsável pelo transporte, para Jerusalém, de pó e pólen de zonas desérticas.

As espécies identificadas, por Frei, no Sudário são 58: destas, 38 crescem em Jerusalém, mas não existem na Europa, e, entre elas, 17 são típicas e frequentes em Jerusalém e arredores. Isto prova a origem palestiniana deste lençol. Pouco antes de morrer, Frei estava a traba-

---

[18] JUMPER E. J., ADLER A. D., JACKSON J. P., PELLICORI S. F., HELLER J. H., DRUZIK J. R. - *A comprehensive examination of the various stains and images on the Shroud of Turin*, in *Archaeological Chemistry III*, ACS Advances in Chemistry, n.º 205, J. B. Lambert Editor, Capítulo 22, American Chemical Society, Washington D.C., 1984, pp. 447-476.

lhar na identificação de outros 19 pólenes presentes nas amostras sindónicas[19]. É de sublinhar a importância da presença, no Sudário, do *Zygophillum dumosum*, que só cresce de Jerusalém para o Sul, em Israel, numa parte da Jordânia e no Sinai. Uma parte do pólen pode também provir do fabrico de tecidos e das substâncias aromáticas usadas para a sepultura, como o Aloé Socotrina, de que foram encontradas células epidérmicas. As análises de Frei foram sucessivamente confirmadas por outros botânicos[20].

Pierluigi Baima Bollone[21], director do Instituto de Medicina Legal da Universidade de Turim, identificou algumas partículas de aloé e mirra, especialmente nas zonas manchadas de sangue. Também são evidentes no Sudário gotas de cera e vestígios de prata.

Em 1978, o técnico Giovanni Riggi[22] aspirou, com um equipamento especial, algumas amostras de pó do Sudário. Constatou que a composição elementar da poeira recolhida era semelhante àquela encontrada em antigas mortalhas funerárias egípcias, nas quais se encontram elementos ligeiros (Ca, K, Mg, Cl, Na) imputáveis ao uso de *Natrão*, substância utilizada para a desidratação dos cadáveres; semelhantes eram também os pequenos parasitas, interpretáveis como ácaros.

Um novo estudo dos pólenes presentes no Sudário foi conduzido por Marzia Boi[23], palinologista, investigadora da Universidade das

---

[19] Maloney P.C., *The current status of pollen research and prospects for the future*, in *The ASSIST Newsletter*, vol. 2, n.º 1, Junho de 1990, pp. 1-7, a p. 2.

[20] MARINELLI E., *LA QUESTIONE DEI POLLINI PRESENTI SULLA SINDONE DI TORINO E SUL SUDARIO DI OVIEDO*, IN *I CONGRESO INTERNACIONAL SOBRE LA SÁBANA SANTA EN ESPAÑA*, OP. CIT., PP. 1-13, www.sindone.info/VALENC-4.PDF.

[21] BAIMA BOLLONE P., *First results of the research on the threads of the Shroud taken in 1978*, in *Sindon*, Caderno n.º 30, Dezembro de 1981, pp. 31-35; BAIMA BOLLONE P., *La presenza della mirra, dell'aloe e del sangue sulla Sindone*, in COPPINI L., CAVAZZUTI F. (Edd.), *La Sindone, Scienza e Fede*, op. cit., pp. 169-174.

[22] RIGGI G., *Rapporto Sindone 1978/1982*, Il Piccolo Ed., Turim 1982, p. 208.

[23] BOI M., *EL SIGNIFICADO ETNOCULTURAL DEL EMPLEO DE PLANTAS EN RITUALES FUNERARIOS Y SUS POSIBLES IMPLICACIONES EN EL CASO DE LOS PÓLENES DE LA SÁBANA SANTA DE TURÍN*, IN *I CONGRESO INTERNACIONAL SOBRE LA SÁBANA*

Ilhas Baleares. Analisando a lista de pólenes encontrados, por Frei, no Sudário e observando as fotografias por ele publicadas, Boi notou a presença das plantas mais utilizadas para fazer custosos bálsamos que eram usados nos antigos ritos funerários do Médio Oriente.
Escreve Boi:

> «*Os pólenes reconhecidos no Sudário de Turim podem muito bem esclarecer o ritual funerário aplicado ao corpo envolvido como testemunhas e descritores do ambiente e das práticas próprias daquele tempo. Considerando que parte do corpo e a mortalha funerária foram tratados com óleos e pomadas, segundo o ritual e a preparação dos Hebreus de há 2000 anos, é possível que estes produtos gordurosos tenham permitido que os pólenes, como traços invisíveis, persistissem e permanecessem apensos ao tecido até hoje*».

Os pólenes mais abundantes no Sudário são os de *Helichrysum spp.*, *Cistus spp.* e *Cistaceae*, *Ferula spp.* e *Pistacia spp.* Isto indica que o Sudário foi tratado com óleo de *Helichrysum*, resinas de láudano (*Cistus*), óleo de *Cistaceae*, óleo de lentisco (*Pistacia spp.*), terebinto e gálbano aromático (*Ferula spp.*) ou que esteve em contacto com eles num momento do ritual funerário. «*Podemos afirmar* – conclui Boi – *que o tecido e, provavelmente, o corpo envolvido foram tratados com a honra de um rei. O pólen também revela a unção das partes do corpo e do Sudário com o óleo de Helichrysum, que é símbolo da imortalidade, além de conservante do tecido e do corpo*».

Também foram encontrados fragmentos de terriço na ponta do nariz e no joelho esquerdo[24]. Noutras amostras de material terroso, tiradas do Sudário em correspondência aos pés, foi encontrada aragonite com impurezas de estrôncio e ferro; amostras retiradas nas cavernas de Jerusalém foram consideradas muito semelhantes, dado que também essas continham aragonite com estrôncio e ferro[25].

SANTA EN ESPAÑA, OP. CIT., PP. 1-23, www.shroud.com/pdfs/boivspan.pdf; BOI M., *POLLEN ON THE SHROUD OF TURIN. THE TRACE LEFT BY ANOINTING AND EMBALMING*, IN *ATSI 2014*, OP. CIT., PP. 6-11.

[24] PELLICORI S., EVANS M. S., *The Shroud of Turin through the microscope*, in *Archaeology*, vol. 34, n.º 1, Janeiro-Fevereiro de 1981, pp. 34-43.

[25] KOHLBECK J. A. A., NITOWSKI E. L., *New evidence may explain image on Shroud of Turin*, in *Biblical Archaeology Review*, vol. 12, n.º 4, Julho-Agosto de 1986, pp. 23-24.

A datação radiocarbónica do tecido

Teve ampla ressonância a análise do lençol efectuada, em 1988, com o método do Carbono-14 (C-14), que teria datado o Sudário entre 1260 e 1390 d.C.[26]. Este exame utiliza a existência, na natureza, de pequenas quantidades de radiocarbono[27], que se combina com o oxigénio formando dióxido de radiocarbono. É assimilado pelas plantas e, por fim, acaba nos animais e nos humanos.

O C-14 decai com o tempo; à morte do ser vivo, cessa novamente a assimilação do C-14 e prossegue só a decadência. Quanto mais o tempo passa, menos C-14 permanece nos restos do organismo. Medindo o C-14 residual, atribui-se uma "idade radiocarbónica" em proporção. No entanto, se a amostra estiver contaminada por outro C-14 de origem diferente, termina também este na contagem; o objecto revela-se, assim, mais radioactivo e, portanto, para fins de datação, mais "jovem". Os cientistas são, por isso, muito cautelosos na avaliação dos resultados das análises realizados com o método do C-14, pois algumas contaminações não podem ser eliminadas com os normais métodos de limpeza da amostra. A literatura científica contém casos flagrantes de datações radiocarbónicas erradas. Uma múmia egípcia conservada no Museu de Manchester indicou até mesmo datas diferentes para os ossos e as ligaduras; estas últimas eram cerca de 1000 anos mais "novas" do que os ossos[28].

Muitos cientistas foram contra submeter o Sudário à datação com o método do C-14, devido à particularidade do achado, que sofreu mil vicissitudes e está contaminado por muitas substâncias. Bolores, hifas fúngicas, fumo de velas, suor, incêndios, água, contacto com tecidos mais recentes, restauros podem ter alterado significativamente o linho, comprometendo a validade do exame radiocarbónico.

---

[26] DAMON P. E. et al., *Radiocarbon dating of the Shroud of Turin*, in *Nature*, vol. 337, 16 de Fevereiro, 1989, pp. 611-615, www.shroud.com/nature.htm.

[27] SAVARINO P., *La Sindone e le ricerche chimico-fisiche*, in SCHIATTI L. (Ed.), *Il grande libro della Sindone*, Ed. San Paolo, Cinisello Balsamo (MI) 2000, pp. 183-188.

[28] BARRETT J., Science & the Shroud, microbiology meets archaeology in a renewed quest for answers, in The Mission, vol. 23, n.º 1, Primavera de 1996, pp. 6-11, www.sindone.info/BARRETT.PDF.

O relicário com o Sudário foi envolvido pelas chamas no incêndio, de 4 de Dezembro de 1532, em Chambéry; a alta temperatura num ambiente fechado pode provocar trocas de isótopos[29] que levam a um enriquecimento de carbono radioactivo, resultando, em proporção, mais "jovem" o tecido.

Leoncio Garza Valdés[30], investigador do Instituto de Microbiologia da Universidade de San Antonio (Texas), identificou, em alguns fios do Sudário, provenientes da área da amostra para a radiodatação, a presença de um complexo biológico composto por fungos e bactérias que cobre, como uma pátina, os fios e não é eliminável com os normais tratamentos de limpeza. Por conseguinte, isso distorceria a datação radiocarbónica. A possibilidade de que esta poluição tenha influenciado a datação do Sudário despertou o interesse do físico Harry Gove, inventor do moderno método de datação radiocarbónica que utiliza o espectrómetro de massa com acelerador[31].

Os sindonologistas Joseph Marino e M. Sue Benford[32] forneceram uma série de provas da existência de um remendo "invisível", do sé-

---

[29] Brandone A., *Datazione di reperti archeologici: problematiche connesse*, in *Sindon N.S.*, Caderno n.º 1, Junho de 1989, pp. 31-33, a p. 32.

[30] Garza-Valdès L. A., Cervantes-Ibarrola F., *Biogenic varnish and the Shroud of Turin*, in Upinsky A. A. (Ed.), *L'identification scientifique de l'Homme du Linceul: Jésus de Nazareth, Actes du Symposium Scientifique International*, Roma 1993, OEIL-F.-X. de Guibert, Paris (França) 1995, pp. 279-282.

[31] GOVE H. E, MATTINGLY S. J., DAVID A. R., GARZA VALDES L.A., *A PROBLEMATIC SOURCE OF ORGANIC CONTAMINATION OF LINEN*, IN *NUCLEAR INSTRUMENTS AND METHODS IN PHYSICS RESEARCH*, B 123, 1997, PP. 504-507, www.sindone.info/GOVE.PDF.

[32] Marino J., Benford M. S., *Evidence for the skewing of the C-14 dating of the Shroud of Turin due to repairs*, in Marinelli E., Russi A. (Edd.), *Sindone 2000, Atti del Congresso Mondiale*, Orvieto 27-29 de Agosto de 2000, Gerni Editori, San Severo (FG) 2002, vol. I, pp. 57-64 e vol. III, pp. 27-30, https://www.shroud.com/pdfs/marben.pdf; Benford M. S., Marino J., *Discrepancies in the radiocarbon dating area of the Turin Shroud*, in *Chemistry Today* 26, 4 (2008), pp. 4-12; Marino J., Benford M. S., *Invisible mending and the Turin Shroud: historical and scientific evidence*, in Fanti G. (Ed.), *The Shroud of Turin. Perspectives on a multifaceted enigma, Proceedings of the 2008 Columbus International Conference*, Columbus (Ohio, EUA) 2008, Ed. Libreria Progetto, Pádua 2009, pp. 291-298,

culo XVI, na área de onde foi retirada a amostra para a análise radiocarbónica, entre as quais: diferenças de cor, de dimensões dos fios e de textura. A três peritos têxteis foram apresentadas, pelos dois sindonologistas, independentemente e sem dizer que eram do Sudário, uma série de fotografias de uma das amostras tiradas, em 1988, para datação radiocarbónica e da parte restante que não foi utilizada. Os três reconheceram uma textura diferente num dos lados. Segundo os cálculos da *Beta Analytic*, um dos maiores serviços de datação radiocarbónica a nível mundial, uma mistura de 60% de material de 1500 com 40% de material do século I levaria a uma datação de 1200. A proporção do material mais recente foi avaliada com base nas observações dos três peritos têxteis.

No ângulo da amostra para a datação radiocarbónica há, certamente, algum traço de algodão que foi diversamente interpretado.

Gilbert Raes[33], director do Instituto de Tecnologia Têxtil da Universidade de Ghent (Bélgica), dispunha, em 1973, de uma amostra retirada do Sudário naquele ângulo: as investigações laboratoriais revelaram vestígios de fibras de algodão, por ele identificadas como *Gossypium herbaceum*, disseminado no Médio Oriente na época de Cristo. Raes deduziu que o antigo lençol poderia ter sido feito num tear já usado para tecer este tipo de algodão.

Também durante as análises radiocarbónicas realizadas em Oxford, em 1988, foram encontradas fibras de algodão no Sudário. Explica Peter H. South[34], director do Laboratório de Análises Têxteis de Ambergate (Grã-Bretanha):

> «*O algodão é um fio fino, amarelo escuro, provavelmente de origem egípcia e bastante antigo. Infelizmente, é impossível dizer como é que as fibras acabaram no Sudário, que é fundamentalmente feito de linho. Podem ter sido usadas para restauros no passado ou*

---

http://ohioshroudconference.com/papers/p11.pdf; Benford M. S., Marino J., *Discrepancies in the radiocarbon dating area of the Turin Shroud*, in Fanti G. (Ed.), *The Shroud of Turin. Perspectives on a multifaceted enigma*, op. cit., pp. 299-318, http://ohioshroudconference.com/papers/p09.pdf.

[33] RAES G., *RAPPORT D'ANALISE*, IN *LA S. SINDONE. RICERCHE E STUDI DELLA COMMISSIONE DI ESPERTI NOMINATA DALL'ARC. DI TORINO, CARD. MICHELE PELLEGRINO NEL 1969*, OP. CIT., PP. 79-83.

[34] World News Network, *Rogue fibres found in the Shroud*, in *Textile Horizons*, vol. 8, n.º 12, 1988, p. 13, http://www.sindone.info/TEXTILE.PDF.

simplesmente permaneceram entrelaçadas com os fios de linho quando o manufacto foi tecido».

Interessantes análises foram realizadas pelo químico Raymond N. Rogers[35], do *Los Alamos National Laboratory* de Los Alamos (Novo México, EUA), que encontrou incrustações de colorantes e fibrilhas de algodão no linho proveniente da área da amostra para a análise radiocarbónica. Um segmento de fio também apresenta uma particular junção de duas extremidades: um fio mais escuro e mais incrustado é inserido num fio maior e mais claro. O químico norte-americano conclui que a amostra utilizada para a radiodatação não era representativa do tecido sindónico original devido à existência de um remendo.

Rogers também utilizou um outro exame de datação que mede no linho o desaparecimento gradual de um composto, a vanilina. Descobriu que esta estava presente na área analisada em 1988, mas não na parte principal do Sudário. Mesmo as telas encontradas com os pergaminhos do Mar Morto, que datam da época de Cristo, não mostram vanilina. O químico Robert Villareal[36], também ele do *Los Alamos National Laboratory*, confirmou e continuou as pesquisas de Rogers.

Já em 1982, um fio, proveniente da área onde depois será feita a amostra para a análise radiocarbónica do Sudário, foi datado com o método do C-14 no *California Institute of Technology*. Metade do fio parecia estar coberto de amido. O fio foi dividido ao meio: a parte não

---

[35] ROGERS R. N., *Studies on the radiocarbon sample from the Shroud of Turin*, in *Thermochimica Acta*, vol. 425, 2005, pp. 189-194, www.shroud.it/ROGERS-3.PDF; ROGERS R. N., *A chemist's perspective on the Shroud of Turin*, Lulu.com 2008.

[36] Villareal R., Schwortz B., Benford M. S., *Analytical results on threads taken from the Raes sampling area (corner) of the Shroud*, in Fanti G. (Ed.), *The Shroud of Turin. Perspectives on a multifaceted enigma*, op. cit., pp. 319-336, http://ohioshroudconference.com/a17.htm; Villareal R., *A new look at the validity of the Carbon-14 dating of the Shroud*, in *I Congreso Internacional sobre la Sábana Santa en España,*, op. cit., pp. 1-6, http://www.shroud.com/pdfs/villarrealvtxt.pdf; Schoonover J., Villareal R., *Spectroscopic analyses of fibers from the Shroud of Turin. What do they mean?* in *Shroud of Turin, the controversial intersection of faith and science, International Conference*, St. Louis (Missouri, EUA), 9-12 de Outubro de 2014, http://www.shroud.com/pdfs/stlschoonoverppt.pdf.

empertigada resultou de 200 d.C., enquanto a parte empertigada forneceu uma data de 1000 d.C.[37].

É necessário acrescentar que muitas dúvidas e perplexidades surgiram sobre a realização das operações relacionadas com a datação[38]: exclusão de alguns laboratórios para benefício de outros; eliminação de um dos dois métodos de datação com o C-14; recusa de colaboração com outros cientistas e de multidisciplinaridade da parte dos três laboratórios seleccionados, com exclusão de toda uma série de exames, entre as quais a indispensável análise química preliminar das amostras a serem datadas; escolha errada do local de amostragem: de um único ponto e, além disso, de um ângulo muito poluído e restaurado; não dão certo as contas dos pesos e das medidas das amostras do Sudário: a partir dos dados declarados, pesam cerca de duas vezes mais do que deveriam; comportamento anómalo dos laboratórios e alterações de protocolo; farsa do teste duplo-cego, que não foi feito às cegas; função das amostras de controlo completamente frustrada pelo anúncio da sua idade; aquisição anómala e fora do protocolo de uma amostra adicional; falta de um relatório das operações de amostra; obrigação de confidencialidade quebrada; os laboratórios não quiseram dar a conhecer os protocolos completos do trabalho efectuado; falta de homogeneidade das três amostras: segundo o teste estatístico de Pearson (*qui-quadrado*), existem 957 probabilidades, em 1000, de que a data radiocarbónica obtida não seja a do lençol inteiro. Vários estudiosos[39] criticaram as análises estatísticas publicadas na *Nature* com referência à datação do Sudário.

---

[37] MEACHAM W., *The Rape Of The Turin Shroud*, Lulu.com, 2005, p. 102.
[38] MARINELLI E., *Lo scenario della datazione radiocarbonica della Sindone*, in *I Congreso Internacional sobre la Sábana Santa en España*, op. cit., pp. 1-30, www.sindone.info/VALENC-1.PDF.
[39] BRUNATI E., *La corrispondenza con "Radiocarbon" sulla datazione della Sindone*, in *Collegamento pro Sindone Internet*, Fevereiro de 2006, www.sindone.info/BRUNATI2.PDF; DE GIOVANNI L., CONTI P., *Prima appendice*, in Tosatti M., *Inchiesta sulla Sindone*, Edizioni Piemme, Casale Monferrato (AL) 2009, pp. 193-196; RIANI M., FANTI G., CROSILLA F., ATKINSON A. C., *Statistica robusta e radiodatazione della Sindone*, in *SIS-Magazine*, 31 de Março de 2010, http://old.sis-statistica.org/magazine/spip.php?article177; FANTI G., CROSILLA F., RIANI M., ATKINSON A. C., *A robust statistical analysis of the 1988 Turin Shroud radiocarbon dating results*, in DI

Um importante artigo, escrito pelo investigador Tristan Casabianca com o Dr. Giuseppe Pernagallo, analista de dados, a Prof.ª Emanuela Marinelli, sindonologista, e o Prof. Benedetto Torrisi, estatístico, publicado em *Archaeometry*[40], examina, do ponto de vista estatístico, os dados brutos da análise radiocarbónica de 1988, ou seja, os dados derivados das medições individuais. Os laboratórios não aceitaram, durante quase trinta anos, divulgar estes dados brutos. Somente em 2017 é que os concederam a Casabianca, que entrepôs uma acção judicial para obtê-los. A análise estatística mostra que as amostras não eram homogéneas, portanto, não podiam ser consideradas representativas de todo o lençol. O resultado daquele teste, deste modo, não permite considerar o Sudário medieval, como foi afirmado em 1988. É notável que a publicação deste novo artigo tenha ocorrido justamente em *Archaeometry*, revista da Universidade de Oxford, onde – como já foi mencionado – se encontra um dos três laboratórios que, em 1988, dataram o Sudário.

Os métodos alternativos

Existem outros métodos para verificar a antiguidade de um tecido. Um deles avalia o grau de despolimerização da celulose. Trata-se de um exame que, normalmente, é realizado também na Itália nos laboratórios especializados para a investigação têxtil. Silvio Diana[41], do-

---

LAZZARO P. (Ed.), *Proceedings of the IWSAI 2010*, op. cit., pp. 249-253, http://www.acheiropoietos.info/proceedings/RianiWeb.pdf.

[40] Tristan Casabianca, Emanuela Marinelli, Giuseppe Pernagallo, Benedetto Torrisi, *Radiocarbon Dating of the Turin Shroud: New Evidence from Raw Data*, in *Archaeometry*, vol. 61, n.º 5, Outubro de 2019, pp. 1223-1231 https://onlinelibrary.wiley.com/doi/10.1111/arcm.12467.

[41] DIANA S., MARINELLI E., *DETERMINAZIONE DEL GRADO DI DEPOLIMERIZZAZIONE DELLA CELLULOSA SU FIBRE DI TESSUTO O SULLE FIBRE DELLA CARTA IMPASTATA CON POLIMERI NATURALI*, IN LADU T. (ED.), *LA DATAZIONE DELLA SINDONE, ATTI DEL V CONGRESSO NAZIONALE DI SINDONOLOGIA*, CAGLIARI, 29-30 DE ABRIL DE 1990, PRESS COLOR, QUARTU S. ELENA (CA) 1990, PP. 76-81, HTTPS://WWW.ACADEMIA.EDU/862497/DETERMINAZIONE_DEL_GRADO_DI_DE-

cente de Química no Instituto Central de Restauro de Roma, examinou amostras de vários tecidos de diferentes épocas. A análise mostrou unidades de despolimerização significativamente menores e tecidos muito antigos em comparação com aquelas de maior valor que se referem a tecidos em melhores condições por serem mais recentes. A actividade óptica e a racemização de outras amostras também foram examinadas: a mais antiga era mesmo desprovida de actividade óptica.

Em 2006, foi desenvolvido um duplo método de análise que poderia revelar a idade do Sudário. O projecto foi realizado por Luigi Campanella[42], professor de Química Ambiental e dos Bens Culturais da Universidade *La Sapienza* de Roma. Trata-se de dois métodos enzimáticos baseados nos processos de alteração que a celulose sofre ao longo do tempo: a carboxilação e a metilação.

POLIMERIZZAZIONE_DELLA_CELLULOSA_SU_FIBRE_DI_TESSUTO_O_SULLE_FIBRE_DELLA_CARTA_IMPASTATA_CON_POLIMERI_NATURALI; DIANA S., MARINELLI E., *IL DEGRADO DELLA CELLULOSA SU TESSUTI ARCHEOLOGICI*, IN *AGU–ACTA GEOARCHEOLOGICA URBICA*, ANO 1, N.º 2, ABRIL-JUNHO DE 1990, PP. 17-19, https://www.academia.edu/815682/Il_degrado_della_cellulosa_su_tessuti_archeologici; DIANA S., MARINELLI E., *ATTIVITÀ OTTICA E RACEMIZZAZIONE*, IN UPINSKY A. A. (ED.), *L'IDENTIFICATION SCIENTIFIQUE DE L'HOMME DU LINCEUL: JÉSUS DE NAZARETH*, OP. CIT., PP. 183-185, https://www.academia.edu/866998/Attivit%C3%A0_ottica_e_racemizzazione; DIANA S., MARINELLI E., *NATURAL TEXTILE FIBRES, OPTICAL ACTIVITY, RACEMIZATION AND EPIMERIZATION*, IN DOUTREBENTE M.-A. (ED.), *ACHEIROPOIETOS. NON FAIT DE MAIN D'HOMME, ACTES DU III SYMPOSIUM SCIENTIFIQUE INTERNATIONAL DU CIELT*, NICE, 12-13 DE MAIO DE 1997, ÉDITIONS DU CIELT, PARIS (FRANÇA) 1998, PP. 55-56, HTTPS://WWW.ACADEMIA.EDU/867122/NATURAL_TEXTILE_FIBRES__OPTICAL_ACTIVITY_RACEMIZATIOR_AND_EPIMERIZATION.

[42] CAMPANELLA L., *Two archaeometric methods for cellulosic textile finds using enzymatic test*, in DI LAZZARO P. (Ed.), *Proceedings of the IWSAI 2010*, op. cit., pp. 263-265, http://www.acheiropoietos.info/proceedings/CampanellaWeb.pdf.

Três novas análises, realizadas pelo Eng.º Giulio Fanti[43], professor associado de Medições Mecânicas e Térmicas do Departamento de Engenharia Industrial da Universidade de Pádua, datam o Sudário da época de Cristo.

Algumas fibras da relíquia foram submetidas a duas datações químicas baseadas na espectroscopia vibracional. Explica Fanti:

> «*A ideia de base é que o tempo degrada os polímeros das fibras, modificando a sua estrutura química, de modo que as concentrações de certos grupos de átomos, típicos da celulose, variam com o envelhecimento da amostra, grupos que a espectroscopia vibracional pode reconhecer e contar*».

Prossegue Fanti:

> «*Após a correcção de um efeito sistemático de 452 anos, devido ao incêndio de Chambéry, a datação do Sudário, através da análise espectroscópica vibracional FT-IR (do inglês Infravermelho por Transformada de Fourier), foi de 300 a.C. ± 400 anos num nível de confiança de 95%. A análise vibracional Raman deu como datação da Relíquia o valor de 200 a.C. ± 500 anos, sempre num nível de confiança de 95%. Ambas as datas vibracionais são compatíveis com a data do século I d.C. em que Jesus de Nazaré viveu na Palestina*».

O terceiro método de datação é mecânico, resultado do trabalho realizado pelo Eng.º Pierandrea Malfi[44] para a obtenção do Mestrado em Engenharia Mecânica, sob a supervisão de Fanti. Para a realização das provas experimentais mecânicas nas fibras de linho, foi especialmente projectada e construída uma máquina de tracção para fibras têxteis vegetais.

Fanti esclarece:

> «*Neste caso, a ideia de base é que a degradação das cadeias poliméricas das fibras, promovida pelo tempo, quebrando-as e alterando a ordem em que estão dispostas reciprocamente no espaço, é capaz de modificar as suas propriedades mecânicas ao ponto de explorar a propriedade para fins de datação. De facto, verificou-se que cinco propriedades*

---

[43] FANTI G., GAETA S., *Il mistero della Sindone*, Rizzoli, Milão 2013, pp. 79-103.

[44] FANTI G., MALFI P., *SINDONE: PRIMO SECOLO DOPO CRISTO!*, EDIZIONI SEGNO, FILETTO UMBERTO, TAVAGNACCO (UD) 2014.

mecânicas variam biunivocamente ao longo do tempo. A datação mecânica multiparamétrica obtida sobre esses cinco parâmetros significativos, combinados entre eles, levou a uma idade da Relíquia de 400 d.C. ± 400 anos num nível de confiança de 95%».

Conclui:

«A média dos valores resultantes das duas datações químicas e mecânicas fornece a data mais provável do Sudário de 33 a.C. ± 250 anos num nível de confiança de 95%».
As análises físico-químicas e biológicas realizadas nos últimos anos, no entanto, já tinham fornecido uma série impressionante de elementos a favor da autenticidade do achado.

As análises sanguíneas

No Sudário são evidentes algumas áreas vermelhas, cujo aspecto corresponde aos caracteres das manchas de sangue no tecido. Já a partir da observação das fotografias da relíquia, o médico Giuseppe Caselli[45] podia afirmar:

«Quis demostrar como é possível, hoje, estabelecer, com surpreendente exactidão, os vários tipos de sangue que mancharam esta mortalha, nomeadamente para detectar os vários caracteres diferenciais que nos permitem distinguir, à luz dos conhecimentos anátomo-patológicos modernos, as hemorragias de sangue vivo das extravasões pós-mortais; e também as hemorragias de sangue arterial, venoso, misto e o derrame de sangue hipostático».

As primeiras investigações para estabelecer a possível presença de substância hemática no Sudário foram conduzidas por Giorgio Frache[46], director do Instituto de Medicina Legal e Ciências Forenses da

---

[45] CASELLI G., *LE CONSTATAZIONI DELLA MEDICINA MODERNA SULLE IMPRONTE DELLA S. SINDONE*, IN SCOTTI P. (ED.), *LA SANTA SINDONE NELLE RICERCHE MODERNE, RISULTATI DEL CONVEGNO NAZIONALE DI STUDI SULLA SANTA SINDONE*, TURIM 2-3 DE MAIO DE 1939, LICE, TURIM 1941, PP. 29-50, A P. 39.

[46] FRACHE G., MARI RIZZATI E., MARI E., *RELAZIONE CONCLUSIVA SULLE INDAGINI D'ORDINE EMATOLOGICO PRATICATE SU MATERIALE PRELEVATO DALLA SINDONE*, IN *LA S. SINDONE. RICERCHE E STUDI DELLA COMMISSIONE DI ESPERTI NOMINATA DALL'ARC. DI TORINO, CARD. MICHELE PELLEGRINO NEL 1969*, OP. CIT., PP. 49-54.

Universidade de Modena, juntamente com os seus colaboradores, peritos nomeados, em 1969, pelo Cardeal M. Pellegrino. Em 1973, foram realizados testes laboratoriais em alguns fios recolhidos. Os resultados foram publicados em 1976: o resultado foi negativo, seja para as provas genéricas (ataque com solventes, reacção com benzidina, investigações microspectroscópicas, cromatografia), seja para as provas específicas (relativas à espécie humana) e para as provas de grupo (limitadas ao sistema AB0). Os analistas, entretanto, especificaram: «*A resposta negativa das investigações realizadas não permite um juízo absoluto de exclusão da natureza hemática da substância em exame*», tanto pela pequenez do material disponível, como porque investigações deste tipo sobre material antigo só são probatórias se forem positivas.

Os estudos realizados, com técnicas vanguardistas, sobre o material recolhido em 1978, conduziram, finalmente, a resultados significativos: dois cientistas norte-americanos, John H. Heller e Alan D. Adler[47], e um italiano, Pierluigi Baima Bollone[48], chegaram, independentemente entre eles, a demonstrar a presença de sangue no Sudário.

Heller e Adler[49] descreveram, com precisão, os diferentes tipos de fibrilhas e substâncias identificáveis no Sudário, citando, igualmente, as substâncias acidentais encontradas em quantidade limitada: partes de insectos, pólen, esporos, cera, fibrilhas sintéticas modernas, seda vermelha e azul, lã. É interessante notar que as fibrilhas de algumas áreas adjacentes às manchas de sangue são revestidas de uma substância proteica amarela-torrada que resultou como sendo plasma sanguíneo. Isto também foi confirmado por fotografias ultravioletas que mostram halos de plasma sanguíneo em torno dos vestígios da flagelação e nas margens dos coágulos de sangue. As marcas sanguíneas são, portanto, devidas ao contacto com sangue coagulado, no qual é

---

[47] HELLER J. H., ADLER A. D., *BLOOD ON THE SHROUD OF TURIN, IN APPLIED OPTICS*, VOL. 19, N.º 16, 15 DE AGOSTO DE 1980, PP. 2742-2744; ADLER A., *CHEMICAL AND PHYSICAL CHARACTERISTICS OF THE BLOOD STAINS*, IN SCANNERINI S., SAVARINO P. (EDD.), *THE TURIN SHROUD, PAST, PRESENT AND FUTURE, INTERNATIONAL SCIENTIFIC SYMPOSIUM*, TURIM, 2-5 DE MARÇO DE 2000, EFFATÀ EDITRICE, CANTALUPA (TO) 2000, PP. 219-233.

[48] BAIMA BOLLONE P., *Indagini identificative su fili della Sindone*, in *Giornale della Accademia di Medicina di Torino*, nn. 1-12, 1982, pp. 228-239.

[49] HELLER J. H., ADLER A. D., *A chemical investigation of the Shroud of Turin*, in *Canadian Society of Forensic Sciences Journal*, vol. 14, n.º 3, 1981, pp. 81-103.

possível observar as fases de formação do coágulo com a sucessiva formação da crosta e do exsudato seroso. Logo, é inegável que um verdadeiro corpo humano foi envolvido no lençol. As fibras das áreas manchadas de sangue estão cimentadas juntamente pelo fluido viscoso que penetrou no lado oposto do tecido.

No Sudário existem três tipos de compostos de ferro (ferro ligado à celulose, ferro ligado à hemoglobina e óxido de ferro) que devem ser bem distinguidos entre si. A maior parte do ferro presente encontra-se na forma ligada à celulose, juntamente com o cálcio, durante o processo de maceração do linho. Obviamente, o cálcio e este tipo de ferro encontram-se uniformemente em todo o lençol.

As partículas vermelhas não birrefrangentes, presentes nas impressões sanguíneas, são, por outro lado, constituídas de material proteico (sangue) e contêm o segundo tipo de ferro, aquele ligado à hemoglobina.

Finalmente, o terceiro tipo é o óxido de ferro (Fe_2O_3) puro. Resulta da análise das partículas vermelhas birrefrangentes que têm uma dupla proveniência: derivam do sangue queimado e encontram-se nas áreas sanguíneas queimadas; provêm do acúmulo devido à migração de ferro para as margens das manchas de água.

«*A distribuição topográfica do ferro, como é evidente nos mapas* – sublinhou Baima Bollone[50] –, *corresponde, genericamente, àquela detectável em vestígios de sangue*».

As partículas negras encontradas nas áreas queimadas são de natureza bem diferente: trata-se de prata depositada no lençol durante o incêndio de Chambéry (1532).

Após a identificação genérica, Baima Bollone[51] veio a provar que se tratava de sangue humano pertencente ao grupo AB. Interessante a comparação com os estudos semelhantes realizados sobre as descobertas do milagre eucarístico de Lanciano (Chieti). Nesta localidade,

---

[50] BAIMA BOLLONE P., *PRESENZA E SIGNIFICATO DEL FERRO NELLE MACCHIE EMATICHE DELLA SINDONE*, IN *SINDON*, CADERNO N.º 32, DEZEMBRO DE 1983, PP. 5-8.

[51] BAIMA BOLLONE P., JORIO M., MASSARO M. L., *La dimostrazione della presenza di sangue umano sulla Sindone*, in *Sindon*, Caderno n.º 30, Dezembro de 1981, pp. 5-8; BAIMA BOLLONE P., JORIO M., MASSARO M.L., *Identificazione del gruppo delle tracce di sangue umano sulla Sindone*, in *Sindon*, Caderno n.º 31, Dezembro de 1982, pp. 5-9.

no século VIII, na pequena Igreja de São Legonziano, um monge basiliano foi atacado pela dúvida sobre a presença real de Cristo nas espécies eucarísticas. Durante a celebração da Missa, no momento da Consagração, a hóstia tornou-se Carne e o vinho transformou-se em Sangue, que coagulou em cinco glóbulos irregulares e diferentes em forma e tamanho. Das investigações realizadas, em 1970, por Odoardo Linoli[52], livre-docente de Anatomia e Histologia Patológica e de Química e Microscopia Clínica da Universidade de Sena, concluiu-se que a Carne é verdadeiro tecido miocárdio de um coração humano e o Sangue é autêntico sangue humano do grupo AB.

Todavia, um outro artefacto relacionado com a sepultura de Jesus está manchado de sangue pertencente ao grupo AB: é o Sudário de Oviedo (Espanha). As investigações realizadas sobre esta mortalha de linho (83 X 52 cm), conservada, desde o século IX, nas Astúrias, demonstraram que o Sudário de Turim e o Sudário de Oviedo têm a mesma composição merceológica e a mesma técnica de laboração, com a torção "Z" dos fios, mesmo se o Sudário de Turim tem uma textura de espinha de peixe, enquanto o Sudário de Oviedo tem uma simples textura ortogonal. A origem parece ser a mesma: a região Médio-Oriental. Na verdade, os pólenes ajudam na reconstrução do percurso geográfico: ambas as relíquias permaneceram na área de Jerusalém, depois o Sudário de Turim chegou à Europa através da Turquia, enquanto o Sudário de Oviedo atravessou o Norte de África[53]. O processamento informático permitiu afirmar que o mesmo rosto esteve em contacto com os dois tecidos[54].

---

[52] LINOLI O., *Ricerche histologiche, immunologiche e biochimiche sulla carne e sul sangue del miracolo eucaristico di Lanciano (VIII secolo)*, Litogr. Botolini, Retirado dos *Quaderni Sclavo di diagnostica*, vol. 7, fasc. 3, 1971.

[53] RICCI G., *L'Uomo della Sindone è Gesù*, Ed. Cammino, Milão 1985, pp. 226-227 e 233-238.

[54] GOLDONI C., *Estudio hematológico sobre las muestras de sangre del Sudario tomadas en 1978*, em RODRÍGUEZ ALMENAR J.M., CHIRIVELLA GARRIDO J. (Edd.), *El Sudario del Señor, Actas del I Congreso Internacional sobre El Sudario de Oviedo*, Oviedo, 29-31 Ottobre 1994, Servicio de Publicaciones, Universidad de Oviedo, Espanha 1996, pp. 369-378; SÁNCHEZ HERMOSILLA A., *Commonalities between the Shroud of Turin and the Sudarium of Oviedo*, in *ATSI 2014*, op. cit. pp. 1-5; BARTA C., ÁLVAREZ R., ORDÓÑEZ A., SÁNCHEZ A., GARCÍA J., *NEW COINCIDENCE BETWEEN SHROUD OF TURIN AND SUDARIUM OF OVIEDO*, IN *ATSI 2014*, OP. CIT., PP. 28-36.

Pesquisas adicionais sobre o sangue do Sudário permitiram a Baima Bollone[55] determinar a tipificação também em relação com outros factores, para os quais o sangue foi considerado como sendo do grupo MNS. Outras importantes descobertas feitas pelo médico de Turim dizem respeito às manchas hemáticas dos pés, onde encontrou um glóbulo vermelho e algumas células epidérmicas humanas.

O sangue que se encontra no Sudário apresenta-se com uma cor vermelha viva, facto aparentemente estranho para um achado tão antigo; mas a cor viva, enfatiza Alan Adler[56], explica-se com a presença de bilirrubina em grande quantidade e tal sugere que a pessoa de quem este sangue provém tenha sido fortemente traumatizada pouco antes da sepultura. Baima Bollone[57] apontou que a cor vermelha viva deve, no entanto, ser atribuída mais à presença de carboemoglobina no sangue.

Na coagulação, o sangue passa por três fases: a) formação do coágulo em 5-10 minutos; b) retracção do coágulo com separação do plasma sanguíneo em 20-45 minutos; c) formação da crosta num período que varia de acordo com diferentes factores físicos (dimensão do coágulo, temperatura, humidade, etc.).

---

[55] BAIMA BOLLONE, P., GAGLIO A., GRILLO C., ZANIN A., *RICERCA DEGLI ANTIGENI M, N ED S NELLE TRACCE DI SANGUE SULLA SINDONE*, IN *SINDON*, CADERNO N.º 34, DEZEMBRO 1985, PP. 9-13; BAIMA BOLLONE, P., GAGLIO A., *ULTERIORI RICERCHE SUL GRUPPO DELLE TRACCE DI SANGUE UMANO SULLA SINDONE*, IN SINDON, CADERNO N.º 33, DEZEMBRO 1984, PP. 9-13; BAIMA BOLLONE, P., GAGLIO A., *APPLICAZIONI DI TECNICHE IMMUNO-ENZIMATICHE AI PRELIEVI DELLA SINDONE: LA DIMOSTRAZIONE DI ELEMENTI EPIDERMICI*, IN COERO-BORGA P., INTRIGILLO G. (EDD.), *LA SINDONE. NUOVI STUDI E RICERCHE, ATTI DEL III CONGRESSO NAZIONALE DI STUDI SULLA SINDONE*, TRANI, 13-14 OTTOBRE 1984, ED. PAOLINE, CINISELLO BALSAMO (MI) 1986, PP. 169-174.

[56] ADLER A.D., *Aspetti fisico-chimici delle immagini sindoniche*, in BARBERIS B., ZACCONE G. M. (Edd.), *Sindone, cento anni di ricerca*, Istituto Poligrafico e Zecca dello Stato, Libreria dello Stato, Roma 1998, pp. 165-184.

[57] BAIMA BOLLONE P., MARINO C., PESCARMONA G., *Il significato del colore delle macchie di sangue nella Sidone ed il problema della bilirubina*, in Sindon N.S., Caderno n.º 15, Junho de 2001, pp. 19-29.

Os fenómenos de coagulação do sangue e de retracção do coágulo são bem evidentes em numerosas correntes sanguíneas presentes no Sudário. Foram descritos, pela primeira vez, por Pierre Barbet nas fotografias tiradas, por Giuseppe Enrie, em 1931. O fenómeno foi então confirmado, com investigações fotográficas, com análises microquímicas e com análises de fluorescência ultravioleta, durante os exames de 1978.

Do estudo do Sudário, alguns cientistas, entre eles Gilbert Lavoie[58], deduziram que, até pouco antes da morte, fluía sangue das feridas e que o corpo foi envolvido no lençol o mais tardar duas horas e meia após a morte.

Para ter um decalque de sangue no tecido como o observado no Sudário, o corpo deve ter estado em contacto com o lençol durante cerca de 36-40 horas. Neste período, a fibrinólise deve ter desempenhado um papel importante, pois faz com que os coágulos se dissolvam novamente. O estudo da fibrinólise em relação ao Sudário foi desenvolvido por Carlo Brillante[59], livre-docente de Química e Microscopia Clínica na Universidade de Bolonha. Brillante sublinha que os sistemas coagulativo e fibrinolítico estão em equilíbrio dinâmico entre si. O primeiro forma a fibrina, o segundo remove-a. O fenómeno da lise teria ocorrido num tempo relativamente breve, porém não superior às 36-40 horas.

O fenómeno fibrinolítico segue precisas leis baseadas nos tempos de contacto; ou seja, se um certo número de horas não passa, o decalque não ocorre, ou ocorre de maneira rudimentar, enquanto que, se ultrapassar aquele certo número de horas, o sangue suja o tecido (e, portanto, não forma o decalque) devido ao aumento da friabilidade do coágulo. Esta é uma das observações fundamentais que confirma as indubitáveis relações entre fibrinólise e manchas hemáticas sindónicas.

---

[58] LAVOIE G. R. et al., *Blood on the Shroud of Turin*, in *Shroud Spectrum International*, n.º 7, Junho 1983, pp. 15-20 http://www.shroud.com/pdfs/ssi07part5.pdf, e n.º 8, Setembro 1983, pp. 2-10, http://www.shroud.com/pdfs/ssi08part3.pdf.

[59] BRILLANTE C., *La fibrinolisi nella genesi delle impronte sindoniche*, in COPPINI L., CAVAZZUTI F. (Edd.), *La Sindone, Scienza e Fede*, op. cit., pp. 239-241.

O Sudário mostra que a fibrinólise teve início e parou a um tempo "X", provavelmente não superior às 36-40 horas, porque as marcas hemáticas estão perfeitamente decalcadas e delineadas. Permanece inexplicável como o contacto entre o corpo e o lençol se tenha interrompido sem alterar os decalques que se tinham formado.

O pouco tempo que o cadáver permaneceu no lençol também é testemunhado pela ausência de sinais de putrefacção[60]. Perto dos lábios não há vestígios de gases amoniacais que, certamente, estariam presentes no caso de início da putrefacção. Geralmente, esta começa cerca de 40 horas depois da morte. O processo de putrefacção é acelerado quando alguém se encontra na presença de grandes feridas e de focos contusivos, como no caso do Homem do Sudário.

Exame de ADN e características antropométricas

Um grupo de cientistas italianos[61] conduziu a pesquisa de ADN em algumas amostras do Sudário de Turim e do Sudário de Oviedo, constatando, porém, uma contaminação entre ADN masculino e feminino.

Outras amostras foram examinadas por cientistas norte-americanos[62], que confirmaram o grupo AB do sangue presente no Sudário, sublinhando que é o menos frequente (apenas 3,2% dos indivíduos), mas chega a 18% entre os Hebreus "Babilónicos" e do Norte da Palestina. Também identificaram os cromossomas X e Y, clara indicação de que se trata de um homem. O estado de degradação em que se encontra este sangue sugere que é muito antigo.

Na Universidade de Pádua, Fanti[63] e os seus colaboradores realizaram uma análise dimensional com sistemas de visão para avaliar as

---

[60] RODANTE S., *Le realtà della Sindone*, Massimo, Milão 1987, pp. 245-249.

[61] CASARINO L., DE STEFANO F., MANNUCCI A., ZACÀ S., BAIMA BOLLONE P., CANALE M., *Ricerca dei polimorfismi del DNA sulla Sindone e su Sudario di Oviedo*, in Sindon N.S. Caderno n° 8, Dezembro de 1995, pp. 39-47.

[62] GARZA VALDÉS, L., *The DNA of God?*, Doubleday, Nova Iorque (EUA) 1999, pp. 39-41.

[63] FANTI G., MARINELLI E., CAGNAZZO A., *Computerized antropometric analysis of the Man of the Turin Shroud*, in WALSH B.J. (Ed.), *Proceedings*

características antropométricas do Homem do Sudário a partir da imagem corpórea impressa no linho. Este estudo, ao comparar a imagem frontal, a imagem dorsal e a imagem obtida pelo contacto de uma superfície flexível num manequim computadorizado, procura levar em consideração os efeitos da cabeça inclinada, dos joelhos dobrados e dos pés estendidos. O resultado da investigação permitiu atribuir ao Homem do Sudário uma altura igual a 174 cm com uma incerteza de, mais ou menos, 2 cm.

Mediante análise antropométrica computadorizada, verificou-se a compatibilidade anatómica das duas imagens, frontal e dorsal. Também se demonstrou que, enquanto para o Homem do Sudário, os índices antropométricos são compatíveis com os típicos de um homem, no caso da mesma análise aplicada a algumas cópias pictóricas dos séculos XVI e XVII resultam índices antropométricos absolutamente incompatíveis. Evidentemente, um pintor não era capaz de reproduzir os detalhes anatómicos que se podem encontrar ao examinar a imagem corpórea do Homem do Sudário.

Entre os vários índices antropométricos detectados, é significativo o índice tibiofemoral, ou seja, a relação entre o comprimento da tíbia e o do fémur. O índice tibiofemoral do Homem do Sudário foi de 83,8%. Se compararmos os dados com os índices típicos dos diferentes grupos humanos, podemos ver que o valor é muito próximo ao dos Semitas, caracterizado por um índice médio de 83,66%.

---

of the 1999 Shroud of Turin International Research Conference, Richmond, Virginia, 18-20 Junho 1999, Magisterium Press, Glen Allen, Virginia (EUA) 2000, pp. 52-68, www.sindone.info/FANTI3A.PDF; BASSO R., BIANCHINI G., FANTI G., FANTI G., FANTI G., *Compatibilità fra imagine corporea digitalizzata e un manichino antropomorfo computerizzato,* in Marinelli E., Russi A. (Edd.), *Sindone 2000,* op. cit., vol. I, pp. 7-15 e vol. III, pp. 7-10.

CAPÍTULO II

O MISTÉRIO DA IMAGEM

A informação tridimensional

Um ponto decisivo no caminho das investigações científicas sobre o Sudário ocorreu quando, em 1898, como já mencionado, o advogado Secondo Pia fotografou com sucesso o precioso lençol. O resultado foi melhor do que o esperado: a imagem era muito mais evidente e compreensível na chapa fotográfica negativa do que na realidade.

Em 1973, o técnico Paul Gastineau[64] percebeu que na imagem sindónica estava codificada uma informação tridimensional e projectou um dispositivo, com o qual realizou um relevo tridimensional da face sindónica. Em 1977, alguns cientistas americanos[65] mediram, com um densitómetro, a diferente intensidade dos vários pontos da imagem e colocaram-na em relação com as presumidas distâncias corpo-lençol. Utilizando um computador, transformaram as várias intensidades em relevos verticais de diferentes alturas, obtendo, assim, uma imagem tridimensional proporcional e sem distorções. Aplicando o mesmo procedimento a uma pintura ou a uma fotografia normal, obtêm-se imagens deformadas. Mais uma prova de que o Sudário envolveu um verdadeiro corpo humano. Giovanni Tamburelli[66], professor de Comunicações Eléctricas da Universidade de Turim, juntamente com os seus colaboradores, fez progressos consideráveis na elaboração electrónica da imagem, sobretudo no que diz respeito ao rosto.

---

[64] LEGRAND A., *Le Linceul de Turim*, Desclée de Brouwer, Paris (França) 1985, pp. 87-90.

[65] JACKSON J. P., JUMPER E. J., MOTTERN B., STEVENSON K. E., *The tridimensional image on Jesus" burial cloth*, in STEVENSON K. (Ed.), *Proceedings of the USA Conference of Research on the Shroud of Turin*, 23-24 Março 1977, Albuquerque, New Mexico, Holy Shroud Guild, Bronx, Nova Iorque (EUA) 1977, pp. 74-94.

[66] TAMBURELLI G., GARIBOTTO G., *Nuovi sviluppi nell'elaborazione dell'immagine sindonica*, in COERO-BORGA P. (Ed.), *La Sindone e la Scienza*, op. cit., pp. 173-184 e 354-362.

A descoberta das características peculiares da imagem sindónica deu origem às pesquisas científicas que visavam resolver o enigma da sua formação. Até ao momento, nenhuma das hipóteses formuladas é considerada totalmente satisfatória e os estudos ainda estão em curso.

Os cientistas americanos[67] apuraram que a imagem é muito fraca e carece de contornos nítidos. A sua cor, amarela translúcida, não se deve a qualquer substância nos fios: são os próprios fios que são amarelados. Apenas a película superficial das fibrilhas externas do fio mudou de cor e a imagem não está presente no verso do tecido[68].

O claro-escuro não é provocado por diferentes graus de amarelecimento dos fios: a tonalidade é sempre a mesma e é apenas o número diferente de fibras amarelas por unidade de área que dá o efeito, mais ou menos, escuro. O amarelecimento deve-se a uma degradação da superfície externa das fibrilhas, que está oxidada e desidratada. Ao microscópio, as fibrilhas da imagem aparecem desgastadas na superfície; essas reflectem mais do que as outras fibrilhas. A imagem não é alterada pela água ou pelo calor e não é fluorescente à luz ultravioleta, pelo que se deve excluir que seja feita de substâncias orgânicas. Também resistiu a vinte e um reagentes e solventes[69].

O que pode fazer o linho ficar amarelo? Sabe-se que muda de cor à medida que envelhece devido à transformação, causada pela luz, da celulose que o compõe. E todo o Sudário tem a cor do linho antigo. Também o calor e alguns ácidos podem tornar a celulose amarela. Mas quais poderão ter sido as causas que provocaram o maior ama-

---

[67] SCHWALBE L.A., ROGERS R.N., *Physics and chemistry of the Shroud of Turin, a summary of the 1978 investigation*, in *Analytica Chimica Acta*, vol. 135, 1982, pp. 3-49; ADLER A., *The Shroud fabric and the body image: chemical and physical characteristics*, in SCANNERINI S., SAVARINO P. (Edd.), *The Turin Shroud, past, present and future*, op. cit., pp. 51-73.

[68] DI LAZZARO P., MURRA D., SCHWORTZ B., *Pattern recognition after image processing of low-contrast images, the case of the Shroud of Turin*, in *Pattern Recognition*, vol. 46, n. 7, Luglio 2013, pp. 1964-1970.

[69] JUMPER E.J., ADLER A.D., JACKSON J.P., PELLICORI S.F., HELLER J.H., DRUZIK J.R., *Um exame detalhado das várias manchas e imagens do Sudário de Turim*, op. cit.; HELLER J.H., ADLER A.D., *Uma investigação química do Sudário de Turim*, op. cit.

relecimento da área da imagem? Foram realizadas inúmeras experiências para resolver o enigma[70]. No entanto, não se deve esquecer que não existe imagem do corpo sob as manchas de sangue; o sangue, primeiro depositado na tela, protegeu a área abaixo, enquanto, sucessivamente, se formava a imagem.

A teoria da pintura

O principal defensor desta hipótese foi o químico americano Walter McCrone[71]. McCrone teve a possibilidade de examinar, ao microscópio, algumas lâminas contendo fibras retiradas do Sudário e ali encontrou a presença de proteínas, de óxido de ferro e de sulfeto de mercúrio (cinábrio). Chegou à conclusão de que o Sudário era uma pintura em que o artista teria usado uma cola feita de proteínas animais, tanto para o pigmento de óxido de ferro, com o qual teria feito a imagem, quanto para a mistura de cinábrio e óxido de ferro, com o qual teria pintado o sangue. A pasta usada teria ficado amarela ao longo do tempo.

Para estabelecer a validade de uma hipótese de pintura, é necessário identificar tais materiais, mas não basta. Também deve ser demonstrado que estão presentes em quantidades suficientes e localizadas em áreas que justificam o que se vê. É igualmente necessário demonstrar que a sua presença não se pode explicar mais simplesmente com outros processos. Além disso, as conclusões alcançadas devem estar de acordo com os outros estudos realizados, especialmente, neste caso, com as pesquisas físicas e a análise de imagens. Vejamos, de seguida, como estas condições não existem no trabalho de McCrone.

---

[70] MARINELLI E., *I tentativi di riproduzione sperimentale della Sindone*, in REPICE M. (Ed.), *Quattro percorsi accanto alla Sindone*, Edizioni Radicequadrata, Roma 2011, pp. 27-40.

[71] MCCRONE W.C., SKIRIUS C., *Light microscopical study of the Turin 'Shroud' I*, in *The Microscope* 28, n. 3-4, 1980, pp. 105-113; MCCRONE W.C.., *Estudo microscópico de luz do 'Sudário' II de Turim*, in *The Microscope* 28, n. 3-4, 1980, pp. 115-128; MCCRONE W.C., *Microscopical study of the Turin 'Sudário' III*, in *The Microscope* 29, n. 1, 1981, pp.19-39.

Heller e Adler[72] tiraram conclusões muito diferentes do exame das mesmas lâminas. Salientaram que, para identificar as proteínas, McCrone usou o negro de amido, que é um reagente geral e também colora intensamente a celulose pura. As reacções obtidas por McCrone não se deveram, sendo assim, a vestígios de impurezas proteicas no linho, mas à própria celulose do tecido que aceitava a tinta! Por conseguinte, os seus resultados não eram fiáveis.

Heller e Adler utilizaram reagentes muito mais específicos, como o flúor e o verde de bromocresol. Com base nos resultados destes e de outros complexos exames, foi possível afirmar, com certeza, que as manchas vermelhas são constituídas por sangue total coagulado, rodeado de halos de plasma sanguíneo devido à retracção do coágulo. Isto atesta que o sangue coagulou na pele de uma pessoa ferida e, posteriormente, manchou o tecido quando o corpo foi envolvido no lençol; é impossível obter manchas semelhantes aplicando sangue fresco com um pincel.

As proteínas estão presentes apenas nas impressões sanguíneas, enquanto que estão absolutamente ausentes em todas as outras áreas, incluindo as da imagem do corpo. Deste modo, é impossível argumentar que esteja presente um ligante proteico amarelado na imagem do corpo.

A maior parte do ferro presente no Sudário é aquele ligado à celulose. Os exames espectroscópicos e os raio-x mostraram uma concentração uniforme do ferro nas áreas de imagem e de não-imagem; assim, não é o ferro que forma a figura do corpo. Observa-se uma maior concentração de ferro, como é lógico, nas áreas das impressões sanguíneas, onde, ao ferro ligado à celulose, que está por toda a parte, se soma aquele ligado à hemoglobina do sangue.

O óxido de ferro, por outro lado, é uma percentagem muito pequena e deve-se notar que não se encontra óxido de ferro na imagem ou nas manchas de sangue. Então, não falta só o aglutinante de tinta, mas também o pigmento! Como se pode, assim, depois de análises químicas tão precisas, continuar a afirmar que o Sudário foi pintado? Ou se é cientificamente incompetente ou se está de má-fé.

---

[72] HELLER J.H., ADLER A.D., *A Chemical Investigation of the Shroud of Turin*, op. cit., p. 1.

Além disso, observou-se, com uma análise específica, que o óxido de ferro, nos poucos locais onde está presente pelas razões indicadas, é extremamente puro e não contém vestígios de manganês, cobalto, níquel e alumínio acima de 1%. Estes vestígios estão presentes nos pigmentos de pintura minerais.

Foi apenas encontrado um cristalino de cinábrio, que deve ser considerado um achado acidental. O exame de todo o Sudário com a fluorescência de raio-x não revelou nenhum pigmento de tinta, consequentemente, nem sequer cinábrio; esta substância não pode ser responsável pela coloração das manchas vermelhas, aliás, certamente compostas de sangue, simplesmente porque não está presente.

Deve-se considerar que muitos artistas copiaram o verdadeiro Sudário e, à vista disso, a presença ocasional de pigmentos não é inesperada; também porque quase sempre as cópias eram colocadas em contacto com o original para torná-las mais veneráveis[73].

Dois professores da Universidade do Tennessee (EUA), Emily A. Craig e Randall R. Breese[74], afirmam que a imagem do Sudário se pode realizar usando um pigmento de óxido de ferro em pó, distribuído com um pincel, ou com a parte plana de uma colher de pau, com a adição de colagénio que, depois, é dissolvido pelo vapor de uma panela de água a ferver.

Os resultados das análises químicas também contradizem esta teoria. Como é sabido, os cientistas americanos que examinaram o Sudário, usando instrumentos sofisticados, descartaram a presença de qualquer pigmento nele; portanto, a imagem não é absolutamente explicável com a teoria Craig-Breese.

A teoria da câmara escura e do pirógrafo

Procurando explicações alternativas à autenticidade, há quem tenha vindo afirmar que o Sudário seja obra de Leonardo da Vinci. Aqui chegamos verdadeiramente ao absurdo: se nada mais, porque, quando

---

[73] MARINELLI E., MARINELLI M., *The copies of the Shroud*, in DI LAZZARO P. (Ed.), *Proceedings of the IWSAI 2010*, op. cit., pp. 155-160, http://www.acheiropoietos.info/proceedings/MarinelliWeb.pdf

[74] CRAIG E.A., BREESE R.R., *Image formation and the Shroud of Turin*, in *Journal of Imaging Science and Technology*, vol. 34, n. 1, Gennaio-Febbraio 1994, pp. 59-67.

o Sudário foi entregue à família Saboia, por Marguerite de Charny (22 de Março de 1453), Leonardo ainda estava no berço. E a relíquia estava em França há, pelo menos, um século.

Os autores ingleses Lynn Picknett e Clive Prince[75] contornam a dificuldade com grande facilidade: a mortalha não seria a mesma. Entre a chegada do Sudário, vindo de Lirey, às mãos dos Saboia e a exposição pública que teve lugar, em Vercelli, em 1494, haveria cerca de 40 anos de esconderijo. A construção da *Sainte-Chapelle*, na que a relíquia foi colocada em 1502, destinava-se a acolher o novo e "melhor" Sudário. O famoso linho não seria nada menos que um auto-retrato de Leonardo da Vinci, fabricado, em 1492, por encomenda da Igreja, para ter um falso Sudário, que devia substituir o anterior, acidentalmente destruído. Obviamente, não há documentação desta hipótese, porque tudo teria sido feito em segredo sem deixar vestígios... Desse modo, trata-se de meras fantasias.

Segundo os autores ingleses, Leonardo *«pode ter inventado uma primeira forma de fotografia para criar a imagem negativa no Sudário»*. Teria usado uma espécie de câmara escura, algumas lentes e uma tela "sensibilizada" com vários ingredientes. Quais? Picknett e Prince começam com alúmen de cromo e clara de ovo, depois tentam com o sumo de limão e chegam à substância com que obtêm resultados *«mais parecidos com o Sudário»*. Desculpando-se pela indelicadeza, revelam que se trata de *«urina»*. Finalmente, 6-12 horas de exposição diante de um modelo iluminado com lâmpadas UV para simular *«o quente Sol italiano»* e o jogo está feito. Para a perfeição anatómica do modelo, nenhuma dificuldade: *«Leonardo tinha recebido uma permissão especial da Igreja para a dissecção dos cadáveres frescos provenientes dos hospitais»*. Lava-se a tela em água fria, expõe-se ao calor, depois lava-se em água quente e detergente. Assim, resta apenas a imagem "chamuscada" e indelével. Alguns retoques de sangue completam a obra.

Como sempre, os "falsificadores modernos" mostram o que obtiveram, mais ou menos, semelhante ao Sudário: obviamente, aparentemente para ser verificado em laboratório. Onde, no entanto, as diferenças aparecem evidentes.

---

[75] PICKNETT L., PRÍNCIPE C., Sudário de Turim, como Leonardo da Vinci enganou a história, Time Warner Books, Londres (UK) 2006.

«*Não sabemos quanto tempo Leonardo demorou a realiṣá-la*» admitem – bondade para com eles – os dois ingleses. Mas não duvidam do autor. Picknett diz que receberam uma mensagem, através da "escrita automática", assinada por "Leonardo".

Nicholas Allen[76], professor de Belas Artes na Universidade Sul-Africana de Porto Elizabeth e especialista em fotografia, também gosta da teoria da câmara escura. De acordo com este investigador, a imagem do Sudário pode ser realizada com uma lente de quartzo, nitrato de prata e luz solar natural. Obter-se-ia, assim, uma queimadura do linho induzida quimicamente. «*A lente* – especifica Allen – *teria sido colocada a meio caminho entre o corpo e o lençol, que deveria estar a oito metros de distância*». Allen acredita que o Sudário possa ser a fotografia mais antiga do mundo, mas o génio que a fez não seria Leonardo da Vinci, mas um obscuro e engenhoso "pioneiro" medieval que poderia ter pendurado sob o Sol, em posição vertical, um manequim ou um cadáver pintado de branco, «*por um número indeterminado de dias*», diante de uma rudimentar câmara escura contendo um lençol devidamente tratado com nitrato de prata. Teria, depois, fixado a imagem obtida com uma solução amoniacal diluída ou, «*provavelmente, até mesmo urina*».

A hipótese de um cadáver pendurado, durante dias, ao Sol é absurda, quanto mais não seja porque o *rigor mortis* não teria durado tanto tempo. Mas mesmo um manequim não é viável[77]. Como explicar os coágulos de sangue se não pelo contacto directo com um cadáver?

Vittoria Haziel e Irene Corgiat[78] argumentam, por outro lado, que o autor do Sudário seja Leonardo da Vinci, mas a técnica de realização teria sido diferente: o génio toscano teria usado a pirogravura. Para

---

[76] ALLEN N.P.L., *O Sudário de Turim é a primeira fotografia gravada? No entanto, a maioria dos países da África do Sul*, em *South African Journal of Art History*, 11, 11 de Novembro de 1993, pp. 23-32; ALLEN N.P.L., *How Leonardo não falsificou o Sudário de Turim*, em *De Arte*, 52, Aprile 1996, pp. 32-39.

[77] Schwortz B.M., *O Sudário de Turim é uma fotografia medieval? Um exame crítico da teoria*, em Marinelli E., Russi A. (Edd.), *Sindone 2000*, op. cit., vol. I, pp. 85-91 e vol. III, pp. 39-40.

[78] HAZIEL V., *La Passione secondo Leonardo*, Sperling & Kupfer Editori, Milão 1998; Menéndez K., PYROGRAFFITI, IN *Woodcarver*, vol. 7, n. 2, Março-Abril 2003, http://carverscompanion.com/Ezine/Vol7Issue2/KMenendez/KMenendez.html

provar isso, Corgiat reproduziu um rosto sindónico com um pirógrafo eléctrico, acrescentando uma cor têmpera para simular as manchas de sangue. Foram necessárias «*longas horas e um trabalho de precisão muito delicado*», afirma a artista.

Corgiat, no entanto, deveria, pelo menos, ter usado uma ponta de ferro quente, porque Leonardo não tinha, certamente, um pirógrafo eléctrico! Em qualquer caso, as queimaduras produzem a presença de caspa, que não está presente no Sudário. Além disso, a evidência científica que exclui o calor como mecanismo de formação da imagem do Sudário é a fotografia de fluorescência com radiação ultravioleta feita, em 1978, por Vernon Miller[79]. O linho queimado reage sob iluminação específica ultravioleta. Todo o Sudário foi fotografado com luzes especiais e filtros UV. As fotografias resultantes mostraram claramente fluorescência em todas as áreas de queimadura, mas absolutamente nenhuma fluorescência na área da imagem. Assim, o calor foi definitivamente excluído como mecanismo de formação da imagem.

Devemos também considerar que no Sudário há o sangue decalcado por centenas de feridas, não uma cor têmpera; além disso, a própria manufactura do tecido e todos os microtraços encontrados na relíquia (pólenes do Médio Oriente, aloé e mirra, aragonite) colocam a sua origem na Palestina do tempo de Cristo.

No entanto, há quem insista no trabalho de um falsificador, como Nathan Wilson[80], que pintou um rosto numa chapa de vidro, colocou-a num pedaço de linho e deixou-a por um período de tempo ao Sol. A sombra da pintura sobre o pano tê-lo-ia protegido da mudança de cor causada pelo Sol sobre o resto da tela: segundo Wilson, o tecido ter-se-ia clarificado ao Sol! A parte coberta pela pintura teria ficado mais escura. Certamente, não há falta de imaginação para quem tenta explicar a imagem sindónica com a obra de um falsificador, ou melhor, de um grupo de falsificadores, porque era difícil um homem sozinho fazer essa operação, colocando ao Sol um grande lençol para, depois, cobri-lo com uma grande chapa de vidro...

---

[79] MILLER V.D., PELLICORI S.F., *Fotografia fluorescente ultravioleta do Sudário de Turim*, in *Journal of Biological Photography*, vol. 49, n. 3, Luglio 1981, pp. 71-85.

[80] WILSON N.D., *Padre Brown finge o Sudário*, em *Christianity Today*, Marzo-Aprile 2005, http://www.booksandculture.com/articles/2005/marapr/3.22.html?paging=off.

A teoria do baixo-relevo friccionado

A ausência de qualquer vestígio de pinceladas no Sudário levou à elaboração de uma diferente teoria de falsidade: a do baixo-relevo friccionado. O propugnador, Joe Nickell[81], é um ex-prestidigitador privado americano, expoente do Comité de Investigação Científica sobre Fenómenos Paranormais de Buffalo, nos Estados Unidos. Segundo ele, o falsificador teria usado um baixo-relevo friccionado e coberto de óxido de ferro com vestígios de ácido sulfúrico, sobre o qual teria aplicado uma folha embebida em água a ferver; mas os resultados, já mencionados, das análises químicas realizadas no Sudário também contradizem esta teoria. Do mesmo modo, a análise do nível de luminância[82] mostra claramente a diferença entre a imagem sindónica e aquela obtida com o baixo-relevo friccionado.

Nickell acha impossível que o sangue seja tão vermelho e define as correntes sanguíneas como «*correntes muito artísticas que descem graciosamente das feridas*». Não se compreende o que é artístico e gracioso no sangue que flui sobre o Sudário; e, de qualquer maneira, o seu vermelho foi explicado, pelos cientistas, com a abundante presença de bilirrubina e carboxihemoglobina, testemunhas das torturas sofridas por aquele corpo.

Uma outra dificuldade oposta por Nickell é a presumida ausência de deformações na imagem, afirmação esta que engana sempre uma observação superficial do Sudário. O olho especialista de uma pessoa competente, por outro lado, observa que existem algumas anomalias devidas ao envolvimento de um corpo humano real num lençol[83], como se pode observar, por exemplo, na mão direita, com os dedos aparentemente muito longos, ou na imagem frontal das pernas, que parecem desproporcionalmente longas entre os joelhos e os tornozelos. Só o envolvimento de um corpo real num lençol, com as suas dobras, pode explicar as aparentes deformações da imagem.

---

[81] NICKELL J., *Inquest on the shroud of Turin*, Prometheus Books, Buffalo (Nova Iorque, EUA) 1998.

[82] FANTI G., MORONI M., *Comparison of luminance between face of the Turin Shroud Man and experimental results*, in *Journal of Imaging Science and Technology*, vol. 46, n. 2, Marzo-Aprile 2002, pp. 142-154.

[83] RICCI G., *O Homem do Sudário é Jesus*, op. cit., pp. 341-383.

Inspirando-se na hipótese de Nickell, Luigi Garlaschelli[84], professor de Química Orgânica da Universidade de Pavia, realizou uma cópia do Sudário em tamanho real. Para obter a impressão do corpo, foi colocado um lençol sobre um voluntário, enquanto a face foi obtida colocando a mortalha sobre um baixo-relevo de gesso. Para reproduzir a imagem, o tecido foi friccionado com um cotonete embebido em ácido sulfúrico, diluído em água, contendo um pigmento inerte em pó, o aluminato de cobalto. Depois, o pigmento foi removido lavando a mortalha. Sucessivamente, os sinais dos golpes e das feridas do flagelo foram acrescentados utilizando ocre-vermelho, cinábrio e alizarina.

O resultado da experiência foi criticado por Giulio Fanti e Thibault Heinburger[85], que ressaltaram que a imagem de Garlaschelli é diferente da imagem sindónica: não tem os contornos sombreados, não tem continuidade, não está presente nas áreas onde não houve contacto, tem uma pobre tridimensionalidade. A nível microscópico há muitas diferenças, pois a imagem obtida por Garlaschelli apresenta considerável descontinuidade. A cor atinge mais profundamente a fibrilação, enquanto que no Sudário apenas a película externa da fibrilha é amarelada. Além disso, a fibrilha do Sudário é amarelada em toda a sua circunferência externa, enquanto que a fibrilha do experimento de Garlaschelli é colorida apenas no lado exposto ao ácido. Não se deve esquecer que, no Sudário, sob as manchas de sangue não há imagem, mas há halos de plasma sanguíneo ao redor das próprias manchas, todas características impossíveis de reproduzir com o método de Garlaschelli.

---

[84] GARLASCHELLI L., *Reprodução em tamanho real do Sudário de Turim e sua imagem*, in *Journal of Imaging Science and Technology*, vol. 54, n. 4, Luglio-Agosto 2010, pp. 40301-1 - 40301-14.

[85] HEIMBURGER, T., FANTI G., *Scientific comparison between the Turin Shroud and the first handmade whole copy*, in DI LAZZARO P. (Ed.), *Proceedings of the IWSAI 2010*, op. cit., pp. 19-28, http://www.acheiropoietos.info/proceedings/HeimburgerWeb.pdf; FANTI G., HEIMBURGER, T., *Letter to the Editor. Comentários sobre "Life-size reproduction of the Shroud of Turin and its image" por L. Garlaschelli*, in *Journal of Imaging Science and Technology*, vol. 55, n. 2, Marzo-Aprile 2011, pp. 020102-(3).

Também três investigadores franceses[86] tentaram fazer uma cópia do Sudário usando um baixo-relevo. Jacques Di Costanzo, do Centro Hospitalar Universitário de Marselha, utilizou os elementos sugeridos por McCrone. Foi aplicado um tecido ao baixo-relevo e, depois, foi tratado com uma solução contendo óxido de ferro. A cor foi fixada com gelatina rica em colagénio. Para simular as manchas de sangue, foi adicionado cinábrio. Paul-Éric Blanrue e Patrick Berger, no Museu de História Natural de Paris, também criaram, com esta técnica, em apenas *«cinco minutos»*, uma falsificação indelével que definiram como *«100% idêntica ao original»*. De facto, segundo os novos falsificadores, o seu linho *«contém em si todas as informações presentes no original conservado em Turim»*.

Uma verificação que incluísse análises laboratoriais poderia facilmente desmentir esta pretensiosa afirmação: os experimentadores diligentes, de facto, utilizaram, precisamente, as substâncias indicadas por McCrone, cuja presença na imagem sindónica foi definitivamente excluída. Aplicada com o pincel ou com um baixo-relevo, a mancha de pigmentos com o colagénio não pode absolutamente reproduzir o Sudário, porque na relíquia aquela mistura não está presente.

Um olhar sobre o resultado obtido por De Blanrue e Berger, no entanto, já é suficiente para se ter uma ideia destes novos mestres. Certamente, é preciso muita coragem para exibir esta confusão pretendendo que seja idêntica ao Sudário. Seria interessante, pois, verificar a presença de pólenes do Médio Oriente, da aragonite de Jerusalém, do aloé e da mirra, etc., mas seriam subtilezas.

Reproduzir um Sudário *«não é nada complicado»*, afirmou Blanrue, que, descaradamente, acrescentou: *«Nenhum vestígio de sangue jamais foi encontrado no Sudário»*. A este ponto, quaisquer outros comentários são supérfluos.

Costanzo, por sua vez, tentou uma outra experiência: obter uma imagem humana por vaporografia, *«simulando as reacções químicas que ocorrem no corpo de um homem torturado»*. Uma vez que não se obtém nenhuma imagem, deduz-se que o Sudário não pode ter sido impresso pelo corpo de Cristo. Evidentemente, exclui a possibilidade de que o

---

[86] BOURDIAL I., *Saint suaire: la science aveuglée par la passion*, in *Science et Vie*, n. 1054, Luglio 2005, pp. 110-125.

cadáver de Jesus se possa ter comportado de maneira diferente da de qualquer ser humano...

A teoria do baixo-relevo aquecido

Vittorio Pesce Delfino[87], professor de Antropologia na Universidade de Bari, afirma que a imagem tenha sido produzida, antes de 1350, por um falsificador, com um baixo-relevo aquecido a 220°C, que, posteriormente, teria simulado o sangue usando um pigmento à base de ocre.

Esta teoria baseia-se em algumas semelhanças existentes entre as ligeiras queimaduras e a imagem sindónica, mas as diferenças também devem ser consideradas. A imagem obtida com o baixo-relevo aquecido, ao contrário da sindónica, passa de lado a lado e é também visível no verso do tecido. Além disso, como já visto em relação à teoria do pirógrafo, as fotografias de fluorescência ultravioleta mostraram, de forma clara, a fluorescência de todas as áreas de queimadura no Sudário, enquanto nenhuma fluorescência aparece na área da imagem. O calor foi definitivamente excluído como mecanismo de formação da imagem e, portanto, também a teoria do baixo-relevo aquecido não é sustentável.

Também neste caso, como para o experimento de Nickell, a análise do nível de luminância[88] destaca a diferença entre a imagem sindónica e aquela obtida com o baixo-relevo aquecido. Também no Sudário há sangue, não ocre, logo a simulação do sangue com o pigmento à base de ocre não faz nenhum sentido. Uma explicação só pode ser plausível se estiver cientificamente bem fundamentada do ponto de vista físico, químico, biológico e médico. Devemos ter presente, como ponto de partida, que, dentro daquele lençol, esteve um cadáver ensanguentado[89]. Como apoiar, então, a hipótese do falsificador que cria a imagem com um baixo-relevo aquecido?

---

[87] PESCE DELFINO V., *E l'uomo creò la sindone*, Ed. Dedalo, Bari 2000.

[88] FANTI G., MORONI M., *Comparação da luminância entre a face do Sudário de Turim e os resultados experimentais*, op. cit., p. 1.

[89] BAIMA BOLLONE, P., *Sindone, storia e scienza 2010*, Priuli & Verlucca, Ivrea (TO) 2010; Lavoie G., Turin *Shroud: a medical forensic study of its blood marks and image*, in Di Lazzaro P. (ED.), Proceedings *of the IWSAI 2010, op.* cit., pp. 187-194, http://www.acheiropoietos.info/proceedings/LavoieWeb.pdf

Há também problemas de execução, já que teria sido necessário operar, com um longo lençol, sobre dois baixos-relevos aquecidos, de cerca de dois metros cada um, a serem mantidos a uma temperatura uniforme. O falsificador teria que, antes de tudo, colocar o ocre nas áreas apropriadas do lençol e, de seguida, teria que aplicá-lo no baixo-relevo quente; mas teria havido a dificuldade de fazer combinar as manchas nos pontos certos. E, se tivesse usado sangue em vez de ocre, isso teria sido alterado em contacto directo com o baixo-relevo aquecido a 220°C.

A hipótese do artefacto também é excluída por muitas outras considerações. O falsificador deveria ter colocado detalhes invisíveis a olho nu sobre o Sudário, como alguns sinais de flagelo tão finos como arranhões e a terra nos calcanhares, nos joelhos e no nariz; deveria ter espalhado, sobre a mortalha, pólenes de plantas inexistentes na Europa e vestígios dos aromas usados para a sepultura; tudo isto dois séculos antes da invenção do microscópio. Também teria imaginado os buracos dos pregos na palma da mão, como sempre representaram os artistas, e não nos pulsos, como se observa no Sudário; e teria colocado os pés na posição de apoio sobre um apoio para os pés, outro detalhe comum nas representações das crucificações, não flexionados para a frente devido ao prego directamente contra a madeira da cruz, como se pode deduzir do Sudário. Não teria pensado numa coroa em forma de capacete e no transporte do *patibulum,* ao invés da cruz inteira, outros elementos que se encontram no Sudário.

Finalmente, a aplicação, de modo diferenciado, do sangue venoso e arterial, nos pontos anatomicamente justos da testa e do sangue pós-mortal na ferida do costado e aos pés, é impossível numa época em que esses conhecimentos científicos ainda não existiam.

Outras teorias insustentáveis

Foi levantada a hipótese de que a imagem sindónica tenha sido causada por um raio globular[90] ou, durante um terramoto[91], por um

---

[90] FANTI G., *Sudário. A ciência explica a fé*, Messaggero Edizioni Padova, Pádua 2010.

[91] JUDICA CORDIGLIA G.B., *The Shroud electrostatic image?* em CO-ERO-BORGA P., INTRIGILLO G. (Edd.), *The Shroud, New Studies and Research*, op. cit., pp. 313-327.

campo eléctrico, com efeito corona, na presença de uma emissão abundante de radão[92] ou por um fluxo de neutrões devido a reacções piezonucleares[93]. Mas não há provas de que, nestas condições, se forme uma imagem como a do Sudário.[94] Já um dos primeiros defensores de relâmpagos e terramotos para explicar a imagem sindónica, o letrado francês Arthur Loth[95], admite que estas eram apenas hipóteses.

Em torno da relíquia há outras alegações que não têm nenhuma base científica. Por exemplo, a hipótese de M. Straiton[96], que considera o Homem do Sudário um cruzado crucificado pelos Sarracenos, no século XIII, segundo as descrições evangélicas, para um cruel escárnio da sua Fé, é completamente infundada. De qualquer forma, as dificuldades não seriam certamente menores do que as de uma obra de arte. Numerosos elementos colocam a origem do Sudário no século I; e, então, como explicar a semelhança do Rosto sindónico com os ícones antigos? Os carrascos teriam crucificado um... sósia de Jesus? E como obter a imagem em negativo, ainda inexplicável e irreproduzível?

Infelizmente, foram ditos muitos disparates sobre o linho sagrado e um elenco completo das teorias absurdas está fora do alcance desta breve discussão. Por conseguinte, só nos interessam as afirmações

---

[92] DE LISO G., LATTARULO F., FANTI G., *Turin Shroud-like electric imaging connected to earthquakes*, in *ATSI 2014*, op. cit., pp. 47-51.

[93] CARPINTERI A., LACIDOGNA G., MANUELLO A., BORLA O., *Piezonuclear neutrons from earthquakes as a hypothesis for the image formation and the radiocarbon dating of the Turin Shroud*, in *Scientific Research and Essays*, vol. 7, n. 29, 30 Luglio 2012, pp. 2603-2612; CARPINTERI A., LACIDOGNA G., BORLA O., *Is the Shroud of Turin in relation to the Old Jerusalem historical earthquake?* in *Meccanica*, 2014, pp. 1-12.

[94] FULBRIGHT D., DI LAZZARO, P., *Earthquake-induced piezonuclear reactions and the image on the Shroud of Turin: critical remarks*, in *Shroud of Turin, the controversial intersection of faith and science*, Conferência Internacional, op. cit., p. 1., http://www.shroud.com/pdfs/stlfulbrightabstract.pdf

[95] LOTH A., *Le portrait de N.-S. Jésus-Christ d'après le Saint-Suaire de Turim*, Librairie Religieuse H. Oudin, Paris (França) 1900, a pp. 53-55.

[96] STRAITON M., *The Man in the Shroud. Uma acção-reprodução da crucificação do século XIII*, in *Catholic Medical Quarterly*, Agosto 1989, pp. 135-143.

mais conhecidas que provocaram agitação nos jornais ou que, apanhadas por alguém que não tem nada melhor para fazer, regressam ciclicamente à ribalta.

Entre estas teorias, além das já comentadas, contrárias à autenticidade do Sudário, há uma que parte de uma confiança absoluta na autenticidade do venerado lençol. Aceite a identificação do Homem do Sudário com Jesus, alguns autores tentam demonstrar que o Sudário é uma prova da sua morte aparente. Jesus teria sido tirado da cruz inconsciente ou em coma[97]. Estes escritores não consideram a ferida do costado, da qual sai sangue já parcialmente coagulado e plasma sanguíneo separado. Isto não pode acontecer numa pessoa viva.

O exame da impressão sindónica permitiu afirmar, com certeza, que o homem que foi envolvido no lençol já tinha sido colocado morto[98] e em estado de rigidez. Basta observar a posição dos pés: num sujeito deitado, relaxado, os pés estão paralelos ou até mesmo divergentes. No Sudário, observa-se que as pontas dos pés convergem, posição que não é natural, mas deriva da cravação, na cruz, dos dois pés sobrepostos. *O rigor mortis* fixou no cadáver este ângulo das extremidades.

Nas bordas das manchas de sangue não há vestígios de movimento: não há manchas ou estrias de sangue, prova de que o corpo estava imóvel no lençol. Mesmo o fim do contacto foi feito sem mover o pano. Ninguém abriu aquele linho para remover o corpo, senão ver-se-ia uma alteração dos coágulos hemáticos.

Algumas observações precisas sobre o assunto foram feitas pelo médico Sebastiano Rodante[99]. Rodante sublinhou como as marcas sanguíneas presentes no Sudário se formaram no lençol devido ao contacto com um corpo em estado de absoluta imobilidade, porque,

---

[97] KERSTEN H., GRUBER E., *The Jesus Conspiracy*, Element Books Ltd., Longmead (UK) 1994; HOARE R., *The Turin Shroud is Genuine*, Souvenir Press, London (UK) 1994; LORENTE M., *42Giorni*, Editrice Nord, Segrate (MI) 2010; FELZMANN H., *Resurrected or Revived?* Felzmann Verlag, Holzkirchen (Alemanha) 2012.

[98] BAIMA BOLLONE P., *L'Uomo della Sindone era coravere*, em *Sindon*, Caderno n. 7, Junho de 1994, pp. 39-47.

[99] RODANTE S., *Intervenção após a comunicação de Rodney Hoare*, em COPPINI L., CAVAZZUTI F. (Edd.), *O Sudário, Ciência e Fé*, op. cit. pp. 223-225.

com indiscutível certeza, estava morto. Se tivesse havido um movimento de respiração, ainda que mínimo, a impressão digital das mãos ficaria confusa. Além disso, o anídrico carbónico da respiração teria determinado a alteração da marca das narinas, porque teria reagido com o aloé e a mirra com que tinha sido embebido o lençol.

Uma outra hipótese fantasiosa levantada[100] é que as aparições de Jesus ressuscitado foram, na realidade, exposições do Sudário. Teoria gratuita, sem fundamento algum, que foi, de modo justo, rejeitada e criticada[101].

A teoria da vaporografia e do contacto

Muitos estudiosos tentaram explicar a imagem sindónica admitindo que um cadáver esteve envolvido na mortalha. Alguns deles colocaram a possibilidade de que a imagem não se tenha formado imediatamente, mas somente depois de muitos anos: é a teoria da imagem latente.

A hipótese mais antiga, a vaporográfica, tem sido defendida pelo biólogo e filósofo Paul Vignon[102] desde o início de 1900. Vignon observou que o claro-escuro das impressões sindónicas varia de intensidade, nos diferentes pontos, em relação à presumida distância entre a mortalha e o corpo que lá foi envolvido. Isto teria sido provocado por vapores amoniacais, formados pela alteração da ureia contida no sangue e no suor, que teriam impressionado a tela, polvilhada de aromas sensíveis, como o aloé, em proporção inversa à distância. Em tempos mais recentes, o físico Giovanni Imbalzano[103] propôs a hipótese de uma termografia com efeitos vaporográficos.

---

[100] DE WESSELOW T., *The Sign*, Penguin Books, Londres (UK) 2012.

[101] ANTONACCI M., BYRNE P., *Combined review of: "O Sinal" de Thomas de Wesselow e "Ressuscitado ou Revivido?" de Helmut Felzmann*, 2012, http://holyshroudguild.org/uploads/2/7/1/7/2717873/shroud_books_reviewed.pdf

[102] VIGNON P., *O Sudário de Cristo. Estudo científico*, Masson e C. Publishers, Paris (França) 1902; Vignon P., *The Holy Shroud of Turin before Science, Archaeology, History, Iconography, Logic*, Masson and C. Editores, Paris (França) 1939.

[103] IMBALZANO G., *Um método quimioterápico de impressão com efeitos tridimensionais*, em COPPINI L., CAVAZZUTI F. (Edd.), *O Sudário, Ciência e Fé*, op. cit., pp. 361-364.

Note-se, porém, que a difusão dos vapores nunca é ortogonal, mas é directa em todos os sentidos; além disso, a quantidade de suor presente no corpo não estava uniformemente distribuída e suficiente para determinar uma marca tão extensa e homogénea como a do Sudário.

A pele do cadáver tende a ser ácida, não alcalina; além disso, segundo a hipótese de Vignon, deveria haver uma diferença entre as marcas dorsal e frontal, o que não existe na imagem sindónica. As pesquisas feitas por cientistas americanos revelaram uma outra dificuldade: os vapores amoniacais penetrariam no tecido, enquanto a imagem é apenas superficial.

Numerosos investigadores tentaram reproduzir a imagem por contacto. Giovanni Judica Cordiglia[104], professor de Medicina Legal na Universidade de Milão, aspergiu o rosto de um cadáver com uma mistura 1:1 de aloé e pó de mirra e aplicou uma tela, embebida em terebintina e azeite, na proporção 2:1. Para obter as imagens sombreadas, colocou as telas em ambiente húmido. Sucessivamente[105], fez alguns experimentos usando, em vez de aloé e mirra, outra especiaria, a galha, e notou que só depois de uma longa exposição ao Sol é que as marcas apareceram.

Ruggero Romanese[106], director do Instituto de Medicina Legal e Forense da Universidade de Turim, impregnou algumas mortalhas com pó de aloé e mirra, em partes iguais, e sobrepô-las, sobre as faces de cadáveres, ligeiramente humedecidas com água ou solução fisiológica difundida com um nebulizador. Depois de alguns minutos, o aloé oxidou e formou-se uma marca que se tornou mais desvanecida com o passar das horas. O médico Pietro Scotti[107] conjecturou uma dupla

---

[104] JUDICA CORDIGLIA G., *Ricerche ed esperienze sulla genesi delle impronte della Sindone*, in SCOTTI P. (Ed.), *The Holy Shroud in Modern Research*, op. cit., pp. 51-68.

[105] JUDICA CORDIGLIA G., *O Homem do Sudário é o Jesus dos Evangelhos?* Ed. Fondazione Pelizza, Chiari (BS) 1974, pp. 106-109.

[106] ROMANESE R., *Contribuição experimental para o estudo da génese das marcas do Santo Sudário*, em SCOTTI P. (Ed.), *O Santo Sudário na Pesquisa Moderna*, op. cit., pp. 69-82.

[107] Scotti P., *Holy Shroud Footprints and Recent Chemistry Research*, em SCOTTI P. (Ed.), *The Holy Shroud in Modern Research*, op. cit., pp. 97-120.

acção de contacto nas zonas mais escuras e de evaporação nas zonas mais claras.

Sebastiano Rodante[108] obteve algumas marcas utilizando um molde cerâmico sobre o qual tinha pulverizado uma solução constituída por duas partes de suor e uma parte de sangue, adicionando, seguidamente, pó de aloé e mirra em partes iguais e sobrepondo uma mortalha de linho durante cerca de 36 horas. De seguida, obteve melhores resultados usando mortalhas embebidas em aloé e mirra em solução aquosa.

A teoria da imagem latente foi apoiada pelo artista e historiador Antoine Legrand[109], que atribui a marca sindónica aos líquidos emitidos pelo cadáver, que teriam feito amarelecer o linho com o passar do tempo. Como prova desta possibilidade, o farmacêutico Jean Volkringer[110] trouxe as marcas de vegetais que se formam naturalmente nos antigos herbários pelo simples contacto da planta com o papel. Esta hipótese foi novamente proposta pelo biofísico John A. De Salvo[111], que atribuiu muita importância ao ácido láctico presente no suor.

A hipótese da imagem latente foi, mais tarde, retomada pelo físico Samuel Pellicori[112], que tratou um tecido de linho com camadas muito finas de suor, azeite, mirra, aloé e, depois, aqueceu-o no forno para simular o envelhecimento. O tecido estava amarelado. Segundo Pellicori, as substâncias por ele usadas só tinham a função de catalisadores. A imagem desenvolver-se-ia ao longo do tempo com a exposição do Sudário à luz.

Não se pode negar que, em muitos pontos, o corpo esteve em contacto próximo com o lençol: de facto, nas fotografias fluorescentes é possível distinguir, bem definidos, os mais pequenos sinais de

---

[108] RODANTE S., *Il swedore di sangue e le impronte della Sindone*, in *Sindon*, Caderno n.º 21, Abril de 1975, pp. 6-11; RODANTE S. *As realidades do Sudário*, op. cit.

[109] LEGRAND A., op.cit. pp. 96-100.

[110] VOLCKRINGER J., *o Santo Sudário. A ciência confronta as impressões digitais*, The Runciman Press, Manly, Austrália 1991.

[111] DE SALVO J., *The image formation process of the Shroud of Turin and its similararities to Volkringer Patterns*, in *Sindon*, Quaderno n. 31, Dicembre 1982, pp. 43-50.

[112] Pellicori S., Evans M.S., *O Sudário de Turim através do microscópio*, op cit.

flagelo, subtis como arranhões. O problema é como explicar a transferência da imagem sobre o tecido, já que, com o contacto, não é possível reproduzir as suas gradações de intensidade e a superficialidade.

No entanto, deve-se pressupor um mecanismo físico que possa ter gerado as nuances, criando a imagem mesmo quando o lençol não estava em contacto com o corpo.

A teoria da radiação

Já em 1930 tinha surgido a hipótese, proposta por Noguier de Malijay[113], de que a marca presente no Sudário poderia ter sido causada por um fenómeno fotofulgurante ligado à ressurreição de Jesus. Em 1966, Geoffrey Ashe[114] repetiu tal hipótese, que mais tarde foi aceite por muitos outros, entre os quais Giovanni Judica Cordiglia[115] e Sebastiano Rodante[116].

O físico John Jackson[117] considerou algumas aquisições inquestionáveis: a grande definição dos detalhes da figura humana, que se fosse por difusão ou irradiação seria muito mais desfocada; a imagem é devida ao amarelecimento das individuais fibrilhas superficiais, cujo número, por unidade de superfície, determina a maior ou menor intensidade da figura; a elaboração tridimensional é possível graças a uma correlação entre a intensidade da figura e a distância mortalha-corpo; a natureza química da imagem deve-se à degradação, por desidratação e oxidação, das fibrilhas superficiais sem substâncias de enchimento;

---

[113] NOGUIER DE MALIJAY N., *La Santa Sindone di Torino*, Libreria del S.Cuore, Torino 1930, p. 51.

[114] ASHE G., *que tipo de fotografia?* In *Sindon*, Quaderno n. 10, Aprile 1966, pp. 15-19.

[115] JUDICA CORDIGLIA G., *Ipotesi sulla genesi delle immagini che si trovvengono sulla Sindone*, in COERO-BORGA P. (Ed.), *La Sindone e la Scienza*, op. cit., pp. 499-502.

[116] RODANTE S., *Um flash de luz no limiar do terceiro milênio*, em BAIMA BOLLONE P., LAZZERO M., MARINO C. *Sudário e Ciência. Bilanci e programmi alle soglie del terzo millennio*, Actos do III Congresso Internacional de Estudos sobre o Sudário, Turim, 5-7 de Junho de 1998, pp. 1-9.

[117] JACKSON J.P., *A imagem no Sudário deve-se a um processo até agora desconhecido da ciência moderna?* in *Shroud Spectrum International*, n. 34, Marzo 1990, pp. 2-29, http://www.shroud.com/pdfs/ssi34part3.pdf

a imagem é uma projecção vertical da figura sobre um plano horizontal: há uma correspondência vertical entre o corpo e os pontos correspondentes da imagem; a mortalha envolveu um cadáver real: as manchas de sangue devem-se ao contacto directo com as feridas de um corpo humano; não há vestígios de imagem corpórea lateral, enquanto há manchas de sangue laterais; sob as manchas de sangue não há imagem do corpo: o sangue, depositando-se primeiro na mortalha, protegeu a área abaixo, enquanto, sucessivamente, a imagem se formava.

Com base nessas considerações, Jackson conjecturou que a mortalha, enquanto se formava a imagem do corpo, tenha assumido uma posição diferente daquela que tinha enquanto se formavam as manchas de sangue. O lençol ter-se-ia manchado de sangue enquanto estava colocado sobre o corpo humano deitado; a imagem, todavia, ter-se-ia formado devido a um fornecimento de energia por contacto, enquanto que o lençol, de forma lenta, amolecia enquanto atravessava o corpo, tornando-se mecanicamente transparente.

Os pontos, anteriormente em contacto com a pele, deslocavam-se lateralmente e a imagem amarelada da figura formou-se na mortalha à medida que, descendo por gravidade, encontrava o contorno do corpo. Por exemplo, as manchas de sangue que vemos nos cabelos ter-se-iam formado onde a mortalha, num primeiro momento, tocava as bochechas. O contributo energético pode ter sido dado por raios ultravioleta ou por raios-x moles.

Muito interessantes são também as experiências do biofísico Jean-Baptiste Rinaudo[118], investigador de medicina nuclear em Montpellier. Segundo este cientista, a oxidação ácida das fibrilhas superficiais do Sudário nas áreas da imagem, a informação tridimensional contida na figura e a projecção vertical dos pontos que compõem a marca podem ser explicadas com uma irradiação de protões que teriam sido

---

[118] Rinaudo J.-B., *Nouvelle hypothèse sur la formation de l'image du Linceul de Turim invalidant son âge radiocarbone*, in *Montre-Nous Ton Visage*, n. 3, 1990, pp. 9-12; Rinaudo J.-B., *Hypothèse protonique sur la formation de l'image du Linceul de Turim. O veredicto experimental*, em *Montre-Nous Ton Visage*, n. 6, 1991, pp. 7-14; Rinaudo J.-B., *Nouveau mécanisme de formation de l'image sur le Linceul de Turim, ayant pu entraîner une fausse radiodatation médiévale*, em Upinsky A.A. (Ed.), *L'identification scientifique de l'Homme du Linceul: Jésus de Nazareth*, op. cit., pp. 293-299.

emitidos pelo corpo sob o efeito de uma fonte de energia desconhecida.

Rinaudo acredita que os átomos envolvidos no fenómeno são os do deutério presente na matéria orgânica: é o elemento que necessita de menos energia para extrair um protão do seu núcleo, que é formado por um protão e por um neutrão. É um núcleo estável, por isso foi preciso um fornecimento de energia para o destruir. Os protões teriam formado a imagem, enquanto os neutrões teriam irradiado o tecido com o consequente enriquecimento em C-14 que teria distorcido a datação. É interessante notar que o posterior envelhecimento artificial das amostras reforça a coloração das oxidações obtidas.

Um outro estudo significativo foi conduzido por um médico, August Accetta[119], que promoveu um experimento em si mesmo, injectando uma solução de difosfato de metileno contendo tecnécio-99m, um isótopo radioactivo que decai rapidamente. Cada átomo de tecnécio emite um único raio gama, que pode ser registado por um especial dispositivo de detecção. O objectivo era criar uma imagem provocada por uma radiação emitida por um corpo humano. Segundo Accetta, de facto, a imagem no Sudário poderia ter sido causada pela energia libertada dentro do corpo de Cristo no momento da ressurreição.

Na ENEA (Agência Nacional para as Novas Tecnologias, a Energia e o Desenvolvimento Económico Sustentável), em Frascati, Roma, um grupo de físicos[120] realizou experiências muito importantes. Alguns tecidos de linho foram irradiados com um laser excimer,

---

[119] ACCETTA A., LYONS K., JACKSON J.P., *Nuclear medicine and its relevance to the Shroud of Turin*, in Marinelli E., Russi A. (Edd.), *Sindone 2000*, op. cit., vol. I, pp. 3-6; vol. III, pp. 3-5.

[120] BALDACCHINI G., DI LAZZARO P., MURRA D., FANTI G., *Coloring linens with excimer laser to simulate the body image of the Turin Shroud*, in *Applied Optics*, vol. 47, n. 9, 20 Marzo 2008, pp. 1278-1285; DI LAZZARO P., MURRA D., SANTONI A., BALDACCHINI, G…, *Sub-micrômetro profundidade de coloração de linhos por radiação ultravioleta profunda*, em DI LAZZARO P. (Ed.), *Actas do IWSAI 2010*, op. cit., pp. 3-10, http://www.acheiropoietos.info/proceedings/DiLazzaroWeb.pdf; DI LAZZARO P., MURRA D., SANTONI A., NICHELATTI E., BALDACCHINI G…, *Colorazione simil-sindonica di tessuti di lino tramite radiazione nel lontano ultravioletto*, in *RT/2011/14/ENEA*, Novembre 2011, http://www.frascati.enea.it/fis/lac/excimer/sindone/Di%20Lazzaro% LAZZARO P., MURRA D., NICHELATTI E., SANTONI A., BALDACCHINI, G.., *Coloração superficial e tipo Sudário de linho por pulsos curtos de laser no*

que emite uma radiação ultravioleta a alta intensidade. Os resultados, comparados com a imagem sindónica, mostram interessantes analogias: a coloração é semelhante e é limitada à parte superficial do tecido. Isto confirma a possibilidade de que a imagem sindónica tenha sido provocada por uma radiação ultravioleta direccional. A coloração do linho torna-se mais intensa com o passar do tempo.

Enfatiza o físico Giuseppe Baldacchini[121]:

«São necessários estímulos de luz ultravioleta muito forte, que durem menos de cem milésimos de segundo e com potências de, pelo menos, algumas centenas de megawatts, mas não demasiado. Então, estaremos na presença de processos de limiar e janela de um tipo fotoquímico e não fototérmico, que, em vez disso, induzem queimaduras».

Baldacchini prossegue:

«Com uma série de raciocínios lógicos e de factos experimentais e históricos, é possível demonstrar, além de qualquer dúvida razoável, que o Sudário foi realmente o lençol funerário usado para cobrir o cadáver de Jesus Cristo, há cerca de 2000 anos, depois de ter sido flagelado e crucificado, em Jerusalém, como foi descrito nos Evangelhos».

Conclui o físico:

«Resta descobrir, porém, como foi criada a imagem do corpo sobre o lençol funerário e como é que o corpo de Jesus saiu do túmulo e, em particular, do Sudário, que, na manhã seguinte à ressurreição, estava simplesmente pousado (afrouxado) sobre a pedra do sepulcro. As nossas medidas dizem-nos que uma explosão de energia radiante é compatível com a formação da imagem corpórea».

Com efeito, esta experiência atinge o limiar do enigma daquela marca que recorda o mistério central da Fé cristã.

---

ultravioleta de vácuo, em *Óptica Aplicada*, vol. 51, n. 36, 20 Dicembre 2012, pp. 8567-8578; DI LAZZARO P., MURRA D., *Sudário como coloração de linho, medidas de conservação e percepção de padrões sobre o Sudário de Turim*, em ATSI 2014, op. cit., pp. 79-84, http://www.shs-conferences.org/articles/shsconf/pdf/2015/02/shsconf_atsi2014_00005.pdf

[121] BALDACCHINI G., *Gli ultimi studi sulla Sindone*, in *Gesù confido in te*, n. 25, Março-Abril 2012, pp. 12-15.

CAPÍTULO III

O PANO ESCONDIDO

De França a Turim

No que respeita aos últimos séculos, a documentação do Sudário é extensa e contínua[122]. Entre 1353 e 1356, o Sudário esteve em França, nas mãos de Godofredo I de Charny, cavaleiro cruzado e senhor das terras de Lirey, que, em 1342, se casou, em segundas núpcias, com a nobre Joana de Vergy. O cruzado, que nunca revelou como tinha entrado na posse da relíquia, tombou na batalha de Poitiers, a 19 de Setembro de 1356, deixando um filho, Godofredo II.

Não há outras notícias do Sudário até 1389, quando Godofredo II de Charny obteve, de Pedro de Thury, Cardeal de Santa Susana e legado papal a Carlos VI, Rei de França, permissão para mostrar «*uma semelhança ou representação do Sudário de Nosso Senhor*»[123]. No entanto, não foi pedida autorização a Pedro d'Arcis, Bispo de Troyes, que se ressentiu também pela pompa das cerimónias e pela grande multidão de peregrinos que foram atraídos pelo Sudário e que, assim, desertaram de Troyes.

O Bispo dirigiu uma longa carta ao antipapa Clemente VII, em que afirmava que a primeira exposição do Sudário, que ele diz ter ocorrido por volta de 1355, tinha sido feita sem a permissão de Henrique de Poitiers, seu antecessor como Bispo de Troyes. Este tinha, por conseguinte, promovido um inquérito. Teólogos experientes e homens de confiança tinham-lhe assegurado que o Sudário de Lirey não poderia ser autêntico, porque, se tivesse sido visível uma marca no lençol funerário de Cristo, os Evangelhos tê-lo-iam, certamente, referido. Além disso, o facto de ser falso foi confirmado pela declaração do próprio pintor que o tinha pintado. D'Arcis não tinha documentos e

---

[122] FOSSATI L., *o Santo Sudário. História documentada de uma veneração secular*, Editrice Elledici, Leumann (TO) 2000; ZACCONE G.M., *La Sindone. História de uma Imagem*, Paoline Editoriale Libri, Milão 2010.

[123] FOSSATI L., *o Santo Sudário. Nova luz sobre documentos antigos*, Borla Editore, Turim 1961.

provas para as suas afirmações, que, no entanto, pareciam muito persuasivas.

A 6 de Janeiro de 1390, Clemente VII emitiu uma Bula e duas cartas adicionais que autorizavam a exibição do lençol; ainda assim, foi necessário, durante a exposição, declarar explicitamente que aquele não era o verdadeiro Sudário de Nosso Senhor, mas uma *pictura seu tabula*, uma pintura feita à semelhança do Sudário. A expressão indica claramente um trabalho manual.

É muito significativa a substituição da expressão *pictura seu tabula*, da Bula de 6 de Janeiro de 1390, pela simples indicação de *figura seu rapresentacio* (que aparece em todos os outros documentos papais) afixada na cópia do Resumo Vaticano (Reg. Aven. 261, f.259v). A correcção data de 30 de Maio de 1390, véspera da última Bula de 1 de Junho de 1390, na qual são concedidas indulgências especiais aos visitantes da Igreja de Santa Maria di Lirey, onde se conserva *venerabiliter figura seu rapresentacio sudarii Domini nostri Jesu Christi.*ù

A 22 de Março de 1453, Margarida de Charny, que tinha herdado o Sudário do seu pai, Godofredo II, entregou-o a Ana de Lusignano e ao seu marido, o Duque Ludovico de Sabóia. A relíquia será colocada na *Sainte-Chapelle* do Castelo de Chambéry. O sagrado linho permaneceu na posse dos Saboia até à morte do Rei Humberto II (18 de Março de 1983), quando, por sua vontade testamentária, foi doado ao Papa.

Três acontecimentos principais deste período são a aprovação da Missa e do Ofício do Santo Sudário, pelo Papa Júlio II, que permitiu o seu culto público (1506), o incêndio de Chambéry (1532) e a transferência do Santo Sudário para Turim, decidida pelo Duque Emanuel Felisberto, por ocasião da peregrinação de São Carlos Borromeu, Arcebispo de Milão (1578). A 1 de Junho de 1694, o Sudário foi colocado na Capela do arquitecto Guarino Guarini, anexa à Catedral de Turim.

Nos quatro séculos de permanência em Turim, sucederam-se exposições para ocasiões especiais ou para celebrar eventos da Casa da Saboia. Depois da exposição pública da relíquia por ocasião da Exposição de Arte Sacra de 1898 e da exposição, de 3 a 24 de Maio de 1931, para celebrar o casamento do Príncipe Humberto de Saboia com Maria José da Bélgica, uma outra exposição teve lugar em 1933, de 24 de Setembro a 15 de Outubro, para comemorar o XIX centenário da Redenção.

Durante a Segunda Guerra Mundial, o Sudário esteve escondido, de 25 de Setembro de 1939 a 28 de Outubro de 1946, na Abadia de Montevergine (Avellino).

De 16 a 18 de Junho de 1969, foi realizado um reconhecimento por uma comissão de estudo nomeada pelo Cardeal Michele Pellegrino, Arcebispo de Turim. O Sudário foi fotografado, pela primeira vez a cores, por Giovanni Battista Judica Cordiglia.

A relíquia começou a ser conhecida pelo grande público durante a primeira exibição televisiva em directo, ocorrida a 23 de Novembro de 1973. Nessa ocasião, procede-se a um novo reconhecimento e são recolhidas amostras para novos estudos.

Quase quatro milhões de peregrinos chegaram a Turim, em 1978, para a celebração do quatro centenário da transferência do Sudário de Chambéry para Turim, solenizado com uma exposição pública, de 26 de Agosto a 8 de Outubro, e um congresso internacional de estudo. Realizaram-se, no fim da exposição, medições e análises da relíquia

O sucessivo teste, por outro lado, causou muita perplexidade. A 21 de Abril de 1988, foi recolhida uma amostra de tecido do Sudário para datação radiocarbónica. De acordo com esta análise, o Sudário remonta à Idade Média, a um período compreendido entre 1260 e 1390 d.C.. As modalidades da operação de recolha e a confiabilidade do método para tecidos que sofreram vicissitudes como as do Sudário são, todavia, consideradas insatisfatórias por um número relevante de estudiosos.

A 24 de Fevereiro de 1993, o Sudário foi temporariamente transferido para trás do altar-mor da Catedral de Turim para permitir a necessária restauração da Capela Guarini. O relicário foi colocado numa custódia de cristal com paredes de 39 mm de espessura.

Na noite de 11 para 12 de Abril de 1997, um incêndio provocou danos muito graves na Capela do Sudário. Apesar disso, os Bombeiros foram capazes de se aproximar da especial custódia de cristal para parti-la e salvar a relíquia. A 14 de Abril, uma comissão de peritos, composta também pelo Cardeal Giovanni Saldarini, Arcebispo de Turim e Guardião Papal do Sudário, examinou o estado do lençol e constatou que não tinham ocorrido danos.

De 18 de Abril a 14 de Junho de 1998, realizou-se uma exposição pública do Sudário para celebrar o centenário da primeira fotografia, tirada, pelo advogado Secondo Pia, entre 25 e 28 de Maio de 1898. Nesse mesmo ano também se assinalavam os 1600 anos do Concílio Provincial dos Bispos da Gália, acolhido, por São Máximo, em Turim, os 400 anos da instituição da Confraria do Santo Sudário e os 20 anos da precedente exposição. O Santo Padre João Paulo II foi a Turim, no dia 24 de Maio, e ficou em oração diante da venerada relíquia.

Por ocasião do Grande Jubileu de 2000, de 12 de Agosto a 22 de Outubro, realizou-se uma exposição pública do Sudário. Foi feita uma nova custódia para a preservação do precioso linho. Foi criada a partir de um bloco único de alumínio oportunamente escavado para evitar a soldadura. O lençol, que é mantido estendido no escuro na presença de um gás inerte, é protegido por um vidro à prova de bala, mantido à prova de água através de vários sistemas de controlo e em condições climáticas constantes.

Entre 20 de Junho e 23 de Julho de 2002, o Sudário sofreu uma importante intervenção que envolveu a remoção dos remendos e da tela da Holanda, que tinham aplicado, em 1534, as Clarissas de Chambéry. Na parte de trás do Sudário foi cosida uma nova tela. Além disso, foi efectuada uma escansão digital completa, tanto na superfície onde a imagem do Homem do Sudário é visível, como na parte de trás que, depois, tornou a ser escondida pelo novo revestimento. Finalmente, foi feita uma documentação fotográfica completa e foram recolhidas algumas amostras de material.

A fim de permitir um controlo da custódia através da alta tecnologia em que é conservada, na segunda-feira, 21 de Janeiro de 2008, o Sudário foi transferido para a nova sacristia da Catedral de Turim. Na terça-feira, 22 de Janeiro, os técnicos da empresa Hal9000, de Novara, tiraram 1650 fotografias que levaram, após um longo processamento informático, à criação de uma imagem de altíssima resolução (1250 dpi) útil também para estudos científicos.

Uma nova exposição do Sudário foi realizada de 10 de Abril a 23 de Maio de 2010. Em 2013, houve uma exposição televisiva no Sábado Santo, 30 de Março. A exposição de 2015 abrangeu um longo período: de 19 de Abril a 24 de Junho.

O escondimento dos primeiros séculos

Nos séculos anteriores, uma considerável ajuda veio não só dos documentos escritos, mas também do estudo da semelhança entre o rosto sindónico e a maior parte das representações de Cristo conhecidas na arte, tanto Oriental como Ocidental[124]. Tal semelhança é evidente e não pode ser atribuída a um puro acaso; deve ser o resultado de uma dependência, mediata ou imediata, de uma imagem de outra e de todas de uma fonte comum[125].

Paul Vignon foi o primeiro a argumentar que o rosto de Cristo, tal como o apresenta a arte, deve depender do Sudário; isto é, existe uma semelhança entre o tipo clássico do rosto de Cristo com a barba e a imagem sindónica[126].

Podem-se identificar vários elementos irregulares no Sudário, difíceis de atribuir à imaginação dos artistas, que nos fazem compreender como as antigas representações do rosto de Cristo dependem da venerada relíquia: o cabelo é comprido e bipartido; muitos rostos mostram dois ou três fios de cabelo no meio da testa: pode ser uma maneira artística de representar a corrente sanguínea, em forma de *épsilon*, na fronte do rosto sindónico; os arcos das sobrancelhas são pronunciados; muitos rostos têm uma sobrancelha mais alta do que a outra, como o rosto sindónico; na raiz do nariz alguns rostos têm um sinal como de um quadrado desprovido do lado superior e, debaixo de si, há um sinal V.

Além disso, o nariz é comprido e direito; os olhos são grandes e profundos, bem abertos, com íris enormes e grandes olheiras; as maçãs do rosto são muito pronunciadas, às vezes com manchas; uma área bastante larga, entre as faces do rosto sindónico e os seus cabelos, está sem marca, de modo que os bandós dos cabelo aparecem como

---

[124] MARINELLI E., *La Sindone e l'iconografia di Cristo*, in *Sudário de Turim, a polêmica intersecção entre fé e ciência, Conferência Internacional,* op. cit., http://www.sindone.info/STLOUIS1.PDF

[125] Pfeiffer H., *The Shroud of Turin and the Face of Christ in Early Christian, Byzantine and Western Medieval Art, Emaús 2,* Quaderni di Studi Sindonici, Centro Romano di Sindonologia, Roma 1982, p. 13.

[126] Vignon P., *O Sudário de Cristo. Étude scientifique,* op. cit., pp. 163-192; P. Vignon, *Le Saint Suaire de Turim devant la Science, l'Archéologie, l'Histoire, l'Iconographie, la Logique,* op. cit., pp. 113-191.

muito destacados do rosto; uma bochecha está muito inchada, por causa de um trama, por isso o rosto aparece assimétrico; os bigodes, muitas vezes inclinados, estão assimetricamente dispostos e descem de cada lado, para lá dos lábios, com um ângulo diferente; a boca é pequena, não escondida pelo bigode; existe uma zona sem barba debaixo do lábio inferior; a barba, não muito comprida, bipartida e, por vezes, tripartida, é ligeiramente deslocada de um dos lados.

A inspiração sindónica é evidente, por exemplo, nos sinais existentes entre as sobrancelhas, na testa e na bochecha direita do rosto de Cristo (século VIII) da Catacumba de Ponciano, em Roma[127]. Portanto, é indispensável procurar, na História, os documentos, as dicas, as descrições deste objecto singular, para entender até que ponto possa ter influenciado as representações de Cristo ao longo dos séculos[128].

É legítimo pensar que, nos primeiros tempos da Igreja, o Sudário tenha estado escondido por diversos motivos: antes de tudo, tratava-se de uma recordação muito preciosa, tendo envolvido o corpo do Redentor. Além disso, havia o receio de que algum adversário fora da comunidade, ou mesmo dentro dela, a roubasse e destruísse. Os Judeus, segundo a Lei mosaica (Nm 19, 11-22), consideravam impuro tudo o que tinha entrado em contacto com um cadáver e São Paulo recordava: «*Nós pregamos um Messias crucificado, escândalo para os Judeus e loucura para os Gentios*» (1 Cor 1, 23). Era natural que os guardiões do Sudário considerassem imprudente exibir este impressionante testemunho da ignominiosa crucificação.

A posição dos panos funerários foi um testemunho indiscutível da ressurreição[129]. O monge beneditino Maurus Green afirmava: «*O facto de que os panos funerários de Nosso Senhor e a sua disposição tenham constituído*

---

[127] Wilson I., *ícones inspirados no Sudário*, em Coppini L., Cavazzuti F. (Edd.), *Le icone di Cristo e la Sindone*, Ed. San Paolo, Cinisello Balsamo (MI) 2000, pp. 72-88, p. 78.

[128] Drobot G., *O rosto de Cristo, fidelidade a um modelo santo*, em Coppini L., Cavazzuti F. (Edd.), *Le icone di Cristo e la Sindone*, op. cit., pp. 57-71, p. 60.

[129] Morini E., Manservigi F., *A questão da posição dos panos de sepultamento de Jesus num texto poético da Liturgia Ortodoxa e em testemunhas Iconográficas*, em *ATSI 2014*, op. cit., pp. 52-57, a p. 56, http://www.academia.edu/8504722/The_matter_of_the_position_of_Jesus_burial_cloths_in_a_poetic_text_of_the_Orthodox_Liturgy_and_in_Iconography_witnesses.

a primeira prova material da ressurreição, deporia para a sua conservação apesar da sua natureza impura»[130].

Os apócrifos falam dos panos funerários de Jesus. São Jerónimo (século IV), em *De viris illustribus*, relata uma passagem do *Evangelho segundo os Hebreus*[131] (século II): «*O Senhor, tendo dado a mortalha funerária (sindonem*[132]*) ao servo do sacerdote, foi a Tiago e apareceu-lhe*»[133]. Alguns escritos do século II-IV são conhecidos sob diferentes nomes[134]: *Evangelho de Nicodemos, Actos de Pilatos, Evangelho de Gamaliel, Mistérios dos Actos do Salvador*[135]. Esses relatam que o Senhor, depois da ressurreição, mostra, no sepulcro, o lençol e o sudário a José de Arimateia[136].

Na *Inlatio* da *Missa de sabbato Pasche ante octavas*, do *Liber Mozarabicus Sacramentorum* (século VI-VII), lê-se que Pedro, com João, corre para o sepulcro e «*vê no linho os recentes vestígios do defunto e ressuscitado*»[137]. Não há nada de inverosímil em supor que o Sudário tenha sido cuidadosamente recolhido e não tenha desaparecido na indiferença; esta é também a opinião de São Bráulio, Bispo de Saragoça (século VII), que, na carta XLII, afirma acreditar que os panos funerários do Senhor foram conservados pelos apóstolos para os tempos futuros[138]. Assim que as perseguições terminaram, o Papa Silvestre I (314-335), no Concílio Provincial de 325, nas Termas de Trajano, em Roma, or-

---

[130] Green M., *Enshrouded em silêncio. Em busca do Primeiro Milênio do Santo Sudário*, em *The Ampleforth Journal* 3, 1969, pp. 321-345, a p. 327.

[131] Savio P., *Ricerche storiche sulla Santa Sindone*, SEI, Turim 1957, pp. 60 e 152-160.

[132] Fulbright D., *Jesus deu o seu Sudário ao "servo de Pedro"?* in DI LAZZARO P. (Ed.), *Proceedings of the IWSAI 2010*, op. cit., pp. 129-132, http://www.acheiropoietos.info/proceedings/FulbrightServantWeb.pdf

[133] Dubarle A.-M., *Histoire ancienne du linceul de Turim*, O.E.I.I.L., Paris (França) 1985, p. 120.

[134] *Ibid.*, pp. 125-126.

[135] Savio P., *Ricerche storiche sulla Santa Sindone*, op. cit., pp. 63 e 166-168.

[136] Amiot F. (Ed.), *Gli Evangeli apocrifi*, Massimo, Milão, 1979, p. 123.

[137] Dubarle A.-M., *Histoire ancienne du linceul de Turim*, op. cit., pp. 130-132; Savio P., *Ricerche storiche sulla Santa Sindone*, op. cit., p. 70.

[138] Dubarle A.-M., *Histoire ancienne du linceul de Turim*, op. cit., pp. 128-129; Savio P., *Ricerche storiche sulla Santa Sindone*, op. cit., pp. 68 e 174-178; Savio P., *Prospetto sindonologico*, in *Sindon*, Quaderno n. 3, agosto 1960, pp. 16-31, p. 24.

denou que a Santa Missa fosse celebrada sobre um linho branco, consagrado pelo Bispo, em memória daquele em que o Senhor esteve envolvido[139].

O corporal de puro linho, que se estende sobre o altar, é figura do Sudário em que Jesus foi envolvido: esta é a interpretação comum dos antigos liturgistas orientais e latinos, como São João IV Nesteuta, Patriarca de Constantinopla (século VI). São Germano, Bispo de Paris, escreveu: «*O corporal, sobre o qual se coloca a oblatio, por esta razão é de puro linho, porque o corpo do Senhor foi envolvido em puros linhos no sepulcro*»[140]. É também recordado por São Beda, o Venerável (século VII-VIII), São Rábano Mauro, Arcebispo de Mainz (século IX), e Remígio de Auxerre (século IX-X)[141]. «*Sindone, quam solemus Corporale nominare*», afirmava Amalário de Métis, liturgista e teólogo, que, em 813, foi legado de Carlos Magno a Constantinopla. Honório de Autun[142] (século XII) escreveu que o cálice é coberto pelo corporal «*que representa o Sudário com o qual José de Arimateia envolveu o corpo de Cristo*». Todo o corpo de Jesus, deitado sobre um lençol, aparece no corporal de linho que se estende sobre o altar para celebrar a Eucaristia no Rito Bizantino. É indicativo notar que, ainda hoje, o corporal é chamado Sudário no Rito Ambrosiano[143].

Uma semelhança evidente

No que diz respeito à aparência de Jesus, é necessário ter presente que a Sagrada Escritura não transmite nenhuma descrição da pessoa física do Salvador; as proibições da antiga lei (Ex 20, 4; Dt 5, 8) impediram, certamente, que os primeiros discípulos fixassem a sua fisionomia em pinturas ou estátuas, embora a lenda atribua algumas a

---

[139] Calisi A., *L'immagine della Sindone e l'Iconografia Bizantina*, in *Chi ha visto me ha visto il Padre*, Actas da III Conferência Nacional de Iconógrafos e Amigos da Iconografia, Roma, 24-26 de Setembro de 2010, pp. 1-10, p. 8.
[140] Savio P., *Prospetto sindonologico*, op. cit., p. 23.
[141] Savio P., *Prospetto sindonologico*, op. cit., pp. 25-27.
[142] Filippi M., Monacelli A., *Sindon, sudário, linteamina na interpretação alegórica medieval da liturgia*, in *ATSI 2014*, op. cit., pp. 119-124.
[143] Calisi A., *L'immagine della Sindone e l'Iconografia Bizantina*, op. cit., p. 8.

São Lucas ou a Nicodemos[144]. Irineu (século II) e Orígenes (século III) consideram legítima a representação de Deus numa imagem[145]; nos primeiros tempos do cristianismo, no entanto, foram usados apenas símbolos como o cordeiro, o pão e o peixe, cujo nome grego, *icthus*, é formado pelas iniciais das palavras: *Jesus Cristo, Filho de Deus, Salvador*. A imagem do peixe eucarístico pode-se observar, por exemplo, em Roma, na cripta de Lucina, nas Catacumbas de São Calisto (século II-III).

Uma alternativa era aplicar, à figura de Cristo, semelhanças derivadas de outras religiões não-cristãs. Entre as imagens mais antigas, recordamos o *Christus Sol Invictus*, do Mausoléu dos Júlios, na Necrópole Vaticana (século III), em que Jesus é representado como o deus Sol, em oposição ao pagão *Helios*[146]. Durante este período foram também apresentadas as figuras humanas do Bom Pastor, do Taumaturgo e do Mestre[147]. Deste tipo é o Cristo que cura a hemorroíssa, da Catacumba de Marcelino e Pedro, em Roma (século III). Jesus é representado inocente para enfatizar a sua natureza divina[148].

Depois da vitória do cristianismo, ratificada por Constantino, em 313, com o Édito de Milão, começou-se a difundir uma imagem diferente do rosto de Jesus, caracterizado por uma barba não muito longa, bigode, rosto estreito, alto e majestoso, cabelos longos, que caem sobre os ombros, e, por vezes, mostram uma linha central que os divide[149]. Uma das primeiras representações de Cristo com barba aparece, em Roma, no Hipogeu dos Aurélios (século III). Entre as

---

[144] Marinelli E., *Three "Acheiropoietos" Images in comparison with the Turin Shroud*, in *International Interdisciplinary Conference on the Acheiropoietos Images*, Toruń, Poland, 11-13 Maggio 2011, pp. 1-7,
https://www.academia.edu/867143/Three_Acheiropoietos_images_in_comparison_with_the_Turin_Shroud

[145] Egger G., *L'icona del Pantocrator e la Sindone*, in COERO-BORGA P. (Ed.), *La Sindone e la Scienza*, op. cit., pp. 91-94, on p. 91.

[146] Cecchelli C., *Rapporti fra il Santo Volto della Sindone e l'antica iconografia bizantina*, in SCOTTI P. (Ed.), *The Holy Shroud in Modern Research*, op. cit., p. 1. pp. 195-211, pp. 199-200.

[147] Egger G., *L'icona del Pantocrator e la Sindone*, op. cit., p. 91.

[148] Pfeiffer H. *O Sudário de Turim e a Face de Cristo na antiga arte cristã, bizantina e medieval ocidental*, op. cit., pp. 20-21.

[149] *Ibid.*, p. 17.

obras que o mostram com barba, há alguns sarcófagos, da época teodosiana (século IV), ainda conservados, por exemplo, no antigo Museu Lateranense do Vaticano, em São Sebastião fora dos Muros, em Roma, em Santo Ambrósio, em Milão, e no Museu Lapidário de Arles.

Jesus com barba também se encontra na abside da Basílica de Santa Pudenciana (século IV), em Roma; do mesmo tipo são o Cristo que ensina, no Cubículo de Leão, na Catacumba de Comodilla (século IV), e o Cristo entronizado entre Pedro e Paulo, na Catacumba de Marcelino e Pedro (século IV). Em todas as representações do Salvador, a semelhança com o rosto sindónico é sempre marcada: observe-se, por exemplo, a antiga imagem do Santíssimo Salvador venerada no Oratório de São Lourenço, *in Palatio*, chamado *Sancta Sanctorum*, em Roma, cujo ícone original remonta ao século V-VI; o mosaico (século VII) da Capela de São Venâncio, junto do Baptistério de São João de Latrão; o Cristo da Catedral de Tarquinia (século XII); o Salvador da Catedral de Sutri (século XIII); e o mosaico (século XIII) da abside da Basílica de São João de Latrão[150].

A partir do século VI, também se difundiu, no Oriente, um particular tipo de retrato de Jesus inspirado no Sudário: é o Cristo majestoso, com barba e bigode, chamado *Pantocrator* (Omnipotente), de que há esplêndidos exemplos na Capadócia[151]. É evidente a inspiração, no Sudário, do rosto de Cristo do vaso de prata, do século VI, encontrado em Homs, na Síria, agora preservado no Louvre, em Paris, e no do relicário de prata de 550, proveniente de Quersoneso, na Crimeia, que se encontra no Hermitage de São Petersburgo[152].

---

[150] Zaninotto G., *L'Acheropita del SS. Salvatore nel Sancta Sanctorum del Laterano*, em Coppini L., Cavazzuti F. (Edd.), *Le icone di Cristo e la Sindone*, op. cit., pp. 164-180, a pp. 178-179.

[151] Manton L., *Os afrescos capadócios em relação ao Sudário de Turim*, em DOUTREBENTE M.-A. (Ed.), *Acheiropoietos. Non fait de main d'homme*, op. cit., pp. 119-126.

[152] Moroni M. *O ícone de Cristo nas moedas bizantinas. Testemunhos numismáticos do Sudário em Edessa*, em Coppini L., Cavazzuti F. (Edd.), *Le icone di Cristo e la Sindone*, op. cit., pp. 122-144, p. 124.

O *Pantocrator* também está presente na era pós-Bizantina e permanecerá substancialmente inalterado até hoje[153]. No Oriente, esta imagem tornar-se-á a única para toda a arte figurativa e também prevalecerá sempre no Ocidente[154]. No *Pantocrator* (século XIII) de Santa Sofia (Istambul) e no *Pantocrator* (século XIV) de São Salvador em Chora (Istambul) encontramos bochechas e maçãs do rosto côncavas salientes e assimétricas. Quanto ao detalhe no meio da testa, que pode ser uma madeixa ou uma dupla madeixa de cabelos, ou alguma linha ou mancha vermelha ou branca, por vezes até uma ruga vertical, é sempre pintado na região central e muda, não a forma essencial, mas o seu conteúdo, nas várias imagens dos diferentes séculos. Isto revela, mesmo nas diferentes interpretações, uma origem única: a característica corrente sanguínea na fronte do rosto sindónico.

Também se pode notar o fio de cabelo, simples ou duplo, por exemplo, no *Pantocrator* (século IX) do Oratório de São Lourenço, *in Palatio,* em Roma, no *Pantocrator* (século XII) de Cefalù (Palermo), no *Pantocrator* (século XII) de Monreale (Palermo), no *Pantocrator (século XII)* de Santo Ângelo em Formis, em Cápua (Caserta), e no *Pantocrator* (século XII) da igreja do Mosteiro de Dafne, nos arredores de Atenas[155], enquanto aparece como verdadeira corrente sanguínea, na testa de Cristo, no painel da crucificação de um dos vitrais do Portal dos Reis, na Catedral de Chartres (século XII)[156].

A observação da face sindónica também condiciona a representação de Cristo nas moedas bizantinas a partir do século VII[157]. O primeiro Imperador a mandar representar o rosto de Jesus em moedas foi Justiniano II (Imperador bizantino de 685 a 695 e de 705 a 711).

---

[153] Gharib G., *ícones bizantinos e retrato de Cristo*, em Coppini L., Cavazzuti F. (Edd.), *Le icone di Cristo e la Sindone*, op. cit., pp. 35-56, p. 35.

[154] Pfeiffer H. *O Sudário de Turim e a Face de Cristo na antiga arte cristã, bizantina e medieval ocidental,* op. cit., p. 20.

[155] Gharib G., *Le icone di Cristo, storia e culto*, Città Nuova Ed., Roma 1993, p. 153.

[156] Falcinelli R., *Testimonianze sindoniche a Chartres*, em BAIMA BOLLONE P., LAZZERO M., MARINO C. *Sudário e Ciência. Orçamentos e programas no limiar do terceiro milénio*, op. cit., pp. 300-311, pp. 303 e 310.

[157] Moroni M. *O ícone de Cristo nas moedas bizantinas. Testemunhos numismáticos do Sudário em Edessa*, op. cit., pp. 122-144.

No seu *solidus* áureo (692-695) aparece um *Pantocrator* que tem características fortemente semelhantes às do Sudário: cabelos ondulados caindo atrás dos ombros, barba longa, bigode e característica pequena madeixa na fronte.

Infelizmente, muito poucas imagens de Cristo sobreviveram ao terrível período da fúria iconoclasta (730-843), em que prevaleceu a negação das representações sagradas. Uma vez terminadas as lutas iconoclastas, o rosto sindónico de Cristo será novamente reproduzido nas moedas. No *solidus* áureo de Miguel III (842-867) aparece um *Pantocrator* fortemente sindónico, expressivo, com olhos grandes, cabelos longos e barba.

Com a técnica de sobreposição em luz polarizada[158], ficou demonstrado que o rosto sindónico coincide, em vários pontos, com aquela, devidamente ampliada, do *Pantocrator* representado nas moedas: há mais de 140 pontos de correspondência, ou seja, pontos de sobreposição, com o *solidus* e com o *tremissis* do primeiro reinado de Justiniano II. Isso atende amplamente ao critério forense dos EUA, para o qual 45 a 60 pontos de correspondência são suficientes para estabelecer a identidade ou a similaridade de duas imagens. A mesma técnica foi aplicada a um dos mais belos exemplos de *Pantocrator*, o do Mosteiro de Santa Catarina do Monte Sinai (século VI), que tem 250 pontos de congruência[159]. Uma outra comparação da face sindónica foi feita com a técnica de elaboração digital. Acontece que os traços e os contornos do rosto do Sudário podem ser sobrepostos aos do Cristo do *solidus* de Justiniano II e do ícone do Sinai[160].

Nas fontes literárias bizantinas, a imagem do *Pantocrator* é chamada de *acheiropoietos* – não feita pelas mãos – ou *apomasso* – marca – e,

---

[158] Whanger A.D., Whanger M., *Polarized image overlay technique: a new image comparison method and its applications*, in *Applied Optics*, 24, 6, 1985, pp. 766-772.

[159] Whanger A.D. *Ícones e Sudário. Comparação por meio da técnica de polarização de imagem sobreposta*, em Coppini L., Cavazzuti F. (Edd.), *Le icone di Cristo e la Sindone*, op. cit., pp. 145-151.

[160] Haralick R.M., *Analysis of Digital Images of The Shroud of Turin*, Spatial Data Analysis Laboratory, Virginia Polytechnic Institute and State University, Blacksburg, VA, 1 Dicembre 1983, pp. 1-97; Balossino N., Tamburelli G., *Icone e Sindone. Analisi comparativa con metodologie informatiche*, in Coppini L., Cavazzuti F. (Edd.), *Le icone di Cristo e la Sindone*, op. cit., pp. 152-157.

segundo a tradição, remonta a um pano, por isso é chamada *Mandylion*. Este retrato canónico de Cristo é considerado, até hoje, a única representação válida, não só pela Igreja Ortodoxa, mas também pela Igreja Católica[161].

É interessante notar que as portas de madeira da Basílica de Santa Sabina, em Roma (século V), apresentam Cristo com barba nas cenas da paixão, enquanto que está sem barba em todas as precedentes cenas da sua vida. Esta distinção também caracteriza os mosaicos de Santo Apolinário Novo, em Ravena (século VI)[162]. Havia, portanto, uma razão para relacionar a representação de Cristo com barba com a sua paixão; esta razão pode ser uma imagem pré-existente, claramente ligada aos momentos de sofrimento de Jesus. É natural pensar no Sudário, na Verónica e nos outros testemunhos, escritos e iconográficos, de uma marca deixada por Jesus, num tecido, com o seu suor e o seu sangue. Todas as lendas, as tradições e os indícios da existência de tal imagem são preciosos para reconstruir um itinerário do Sudário nos séculos obscuros que precederam o seu aparecimento na Europa e para compreender por que existem tantas referências à existência de uma imagem de Cristo sobre um pano.

A imagem de Cristo sobre um pano

Uma carta, atribuída a Santo Epifânio de Salamina (século IV), narra que, na entrada de uma igreja em Anablata, não muito longe de Jerusalém, foi pendurado um véu com a imagem de um homem que poderia ser Jesus ou um santo. Epifânio arranca-o porque acredita que é contrário às Escrituras. Aos guardiões do lugar, indignados com o acto iconoclasta, promete enviar um novo véu sem figura humana. Também aconselha os guardiões a usarem o véu rasgado para o funeral de um pobre. A mortalha era, por conseguinte, de grandes dimensões[163].

Santo Adamnano (século VII), Abade da Abadia de Iona, nas Hébridas, em *De locis sanctis*, descreve a Terra Santa a partir do relato de São Arculfo, um Bispo da Gália que estava hospedado na Abadia

---

[161] Egger G., *L'icona del Pantocrator e la Sindone*, op. cit., p. 93.
[162] Pfeiffer H. *O Sudário de Turim e a Face de Cristo na antiga arte cristã, bizantina e medieval ocidental*, op. cit., pp. 19-25.
[163] *Ibid.*, pp. 3-8.

por causa de um naufrágio que ocorreu no regresso da sua viagem à Palestina. Deste texto foi produzido um compêndio pelo Venerável Beda (século VII). Arculfo relatou que tinha visto o *sudarium* que tinha estado sobre a cabeça de Jesus: este *linteum* media cerca de oito pés (aproximadamente 2,50 m). Havia também um *linteamen* maior, cuja tecelagem era atribuída a Nossa Senhora, no qual estavam *intextæ* (tecidas) as *formulae* dos doze apóstolos (os artigos do Símbolo Apostólico) e a *imago* do próprio Senhor[164].

A presença, em Jerusalém, de um *sudarium* de Cristo, na Basílica do Santo Sepulcro, é também testemunhada pelo *Commemoratorium de casis Dei vel monasteriis*, escrito, por volta de 808, para o Imperador Carlos Magno[165]. Porém, um peregrino anónimo de Placência, no século VI, tinha visto, numa caverna às margens do Jordão, o *sudarium* e, em Mênfis, no Egipto, um linho com o qual o Senhor tinha secado o seu rosto e no qual tinha deixado a sua imagem no momento da fuga para o Egipto[166].

Particularmente interessantes são os testemunhos sobre a imagem de Edessa (uma cidade da antiga Arménia, hoje Urfa, no Sudeste da Turquia), que o historiador Ian Wilson[167] identificou com o Sudário. No Museu de Urfa é preservado um mosaico da face de Cristo (século VI) que se assemelha muito a um detalhe do ícone dos Santos Sérgio e Baco (século VI), proveniente do Mosteiro de Santa Catarina do Monte Sinai, agora preservado no Museu de Arte Ocidental e Oriental de Kiev, na Ucrânia. Ambas as representações apresentam traços inspirados no Sudário[168].

Eusébio de Cesareia[169] (século IV) narra que Abgar, Rei de Edessa na época de Cristo, estava doente. Sabendo da existência de Jesus de Nazaré, que operava milagres, enviou-lhe uma carta pedindo-lhe que

---

[164] Dubarle A.-M., *Histoire ancienne du linceul de Turim*, op. cit., p. 132; Pfeiffer H. *O Sudário de Turim e o Rosto de Cristo na arte primitiva cristã, bizantina e medieval ocidental*, op. cit., pp. 8-11.

[165] Dubarle A.-M., *Ancient History of the Shroud of Turin*, op. cit. p. 133.

[166] *Ibid.*, pp. 126-127.

[167] Wilson I., *O Sudário de Turim. O pano de enterro de Jesus Cristo?* Doubleday & C., Garden City, Nova Iorque, 1978.

[168] Wilson I., *o Sudário. Fresh light on the 2000-year-old Mystery...* Transworld Publishers, Londres (UK) 2010, pp. 188-189.

[169] Eusébio de Cesaréia, *História Eclesiástica*, Livro I, 13.

fosse à corte de Edessa. Jesus não foi, mas o apóstolo Tadeu foi a Edessa[170] com a carta de resposta escrita por Jesus. O Rei testemunhou uma grande visão que apareceu no rosto de Tadeu e prostrou-se diante dele. O apóstolo impôs as mãos sobre Abgar e curou-o. O Rei acreditou em Jesus e ordenou a todos os habitantes da cidade que se reunissem para ouvir a pregação de Tadeu. Riccardo Pane[171], teólogo e estudioso da Igreja da Arménia, afirma que a tradição apócrifa e hagiográfica da primeira evangelização da Arménia está ligada à era apostólica, em particular à pregação dos apóstolos Judas Tadeu e Bartolomeu.

Uma tradição paralela ao texto de Eusébio é recolhida na *Doutrina de Addai* (o equivalente siríaco de Tadeu)[172]. Este texto remonta ao século IV-V[173] ou a meados do século VI[174]. É uma composição siríaca que inclui várias lendas. Segundo esta versão, Abgar enviou o seu arquivista e pintor Hannan com a carta. Jesus encarregou Hannan de trazer uma resposta oral ao Rei, mas o arquivista decidiu fazer mais:

> «*Quando Hannan, o arquivista, viu que Jesus lhe falava assim, pois também era pintor do Rei, tomou as cores escolhidas, pintou a imagem de Jesus e levou-a a Abgar, o Rei, seu senhor. Quando Abgar, o Rei, viu a imagem, recebeu-a com grande alegria e pô-la com grande honra num dos seus palácios*»[175].

Jesus também prometeu a segurança de Edessa. O retrato e a protecção da cidade faltam na narração de Eusébio, enquanto a pro-

---

[170] Di Genua A., Marinelli E., Polverari I., Rep. D., *Giuda, Taddeo, Addai: possíveis ligações com os eventos do Mandylion Edessen-Constantinopolitan e possíveis perspectivas de investigação*, in ATSI 2014, op. cit., pp. 12-17, http://www.sindone.info/BARI1.PDF

[171] Pão R., *Cristianismo Arménio. Da primeira evangelização ao final do século IV*, em *Constantino I, Enciclopédia Constantina sobre a figura e a imagem do imperador do chamado Édito de Milão, 313-2013*, vol. Eu, Roma, Instituto da Enciclopédia Italiana fundada por Giovanni Treccani, 2013, pp. 833-847.

[172] Wilson I., *o Sudário. Luz fresca sobre o Mistério de 2000 anos...*, op. cit., p. 412.

[173] Ramelli I., *Possíveis traços históricos na Doutrina Addai*, em *Hugoye: Journal of Syriac Studies*, vol. 9, n. 1, 2006, pp. 1-66.

[174] Dubarle A.-M., *Ancient History of the Shroud of Turin*, op. cit. p. 107.

[175] *Ibid.*, pp. 107-108.

messa do envio do discípulo e a visão sobre o seu rosto estão presentes em ambos os textos, que colocam estes acontecimentos no ano 30 d.C., quando Jesus foi crucificado[176].

A *História Universal*, de Agapios de Menbidj (século X), e a *Crónica*, de Miguel, o Sírio (século XII), concordam tanto em apresentar uma forma da carta de Jesus sem a promessa final de protecção, quanto em contar a execução de um retrato pintado por Hannan. Estas obras contêm elementos de seguro arcaísmo, porque se referem a documentos semelhantes, mas não idênticos, aos de Eusébio e antecedentes a estes últimos[177].

Moisés de Corene, historiador arménio do século V[178], cujo texto poderia remontar ao século VIII[179], nomeia «*a imagem do Salvador, que ainda hoje está na cidade de Edessa*»[180]. Egéria, peregrina a Edessa, entre 384 e 394[181], refere que o Bispo da cidade, ao fazê-la visitar os lugares notáveis, conduziu-a à Porta dos Bastiões, de onde entrou Hannan, o mensageiro de Abgar, levando a carta de Jesus; mas o relato do que viu não menciona uma imagem do Salvador presente no lugar[182].

Wilson elenca algumas pistas razoáveis para pensar que os factos narrados na *Doutrina de Addai* tenham um fundamento histórico e se refiram a Abgar V, que reinava na época de Jesus. Quando morreu, em 50 d.C., o seu filho, Ma'nu V, sucedeu-lhe. Quando este último morreu, em 57 d.C., o reino passou para as mãos do outro filho de Abgar V, Ma'nu VI, que voltou ao culto pagão e perseguiu os cristãos. Portanto, é razoável pensar que a imagem teve de ser escondida e a sua memória precisa desvaneceu-se até à sua redescoberta, ocor-

---

[176] Wilson I., *o Sudário. Luz fresca sobre o Mistério de 2000 anos...*, op. cit., p. 163.

[177] Dubarle A.-M., *Histoire ancienne du linceul de Turim*, op. cit., pp. 109-119.

[178] Ramelli I. *Do Mandilião de Edessa ao Sudário: algumas notas sobre os testemunhos antigos*, em *Ilu. Revista de Ciencias de las Religiones*, n. 4, 1999, pp. 173-193, pp. 173-173.

[179] Guscin M., *The Image of Edessa*, Brill, Leiden 2009, pp. 160-161.

[180] Ramelli I. *Do Mandilion de Edessa ao Sudário: algumas notas sobre os testemunhos antigos*, op. cit., pp. 173-174.

[181] Wilson I., *o Sudário. Luz fresca sobre o Mistério de 2000 anos...*, op. cit., p. 171.

[182] Dubarle A.-M., *Ancient History of the Shroud of Turin*, op. cit. p. 108.

rida no século VI. Na época de Eusébio e de Egéria já não era possível mostrar a imagem; assim, pode-se explicar o seu silêncio sobre o assunto[183]. A lenda pode ter tido origem na época de Abgar VIII (século II)[184].

A descoberta do Mandylion

Em 525, o Daisan, o rio que atravessa Edessa, provocou uma inundação catastrófica. Justiniano, o futuro Imperador, empreendeu uma reconstrução monumental, que também beneficiou a igreja principal, Santa Sofia. É muito plausível que a imagem, há muito esquecida, tenha sido encontrada nessa altura. Foi-lhe destinada uma pequena capela à direita da abside; era conservada num relicário e não era exposta à vista dos fiéis[185].

A descoberta da sagrada mortalha também poderia ter acontecido durante o cerco persa de 544, do Rei Cosroes I Anoushirvan, de quem Procópio de Cesareia fala, na sua obra *A guerra persa*, sem mencionar a imagem[186]; a preciosa efígie teria sido redescoberta dentro de um nicho na muralha que dá para o portão da cidade[187]. À imagem foi atribuída o poder de ter contribuído para repelir os agressores. Testemunhos disto podem-se encontrar na *História Eclesiástica*, de Evágrio Escolástico (594), que fala da libertação da cidade, do cerco de 544, graças à sagrada representação *theóteuctos*, «obra de Deus»[188].

Em 787, durante o Segundo Concílio de Niceia, que tratou da veneração das imagens, falou-se da veneração daquela de Edessa, não feita por mão de homem e enviada a Abgar; foi citada como principal argumento em defesa da legitimidade do uso de representações sagradas contra as teses adversas dos iconoclastas. O texto de Evágrio foi lido durante a quinta sessão e, logo depois, Leo, um leitor da Igreja

---

[183] Wilson I., *o Sudário. Luz fresca sobre o Mistério de 2000 anos...*, op. cit., pp. 159-174.

[184] Scavone D., *Edessan fontes para a lenda do Santo Graal*, em DI LAZZARO P. (Ed.), *Proceedings of the IWSAI 2010*, op. cit., pp. 111-116, a p. 112, http://www.acheiropoietos.info/proceedings/ScavoneGrailWeb.pdf

[185] Dubarle A.-M., *Histoire ancienne du linceul de Turim*, op. cit., pp. 100-101.

[186] *Ibid.*, p. 96.

[187] Von Dobschütz E., *Immagini di Cristo*, Ed. Medusa, Milão 2006, p. 130.

[188] Dubarle A.-M., *Histoire ancienne du linceul de Turim*, op. cit., pp. 95-96.

de Constantinopla, deu um testemunho pessoal: «*Estive em Edessa e vi a santa imagem, não feita por mão de homem, honrada e venerada pelos fiéis*»[189]. Não há dúvida de que, em Edessa, no século VI, havia a convicção de se possuir uma imagem de Cristo, uma obra divina e não humana[190].

Nos siríacos *Actos de Mar Mari*, escritos no século VI, mas baseados em material anterior e contendo traços históricos, os pintores enviados a Jerusalém por Abgar encontraram-se em dificuldade:

> «*Não podiam retratar a imagem da adorável humanidade de Nosso Senhor. O Senhor, então, (...) pegou num pano [seddona, em grego sindón], pressionou-o sobre o seu rosto (...) e saiu como ele mesmo era. E este pano foi levado e, como fonte de auxílio, foi colocado na igreja de Edessa até ao dia de hoje*»[191].

Um hino siríaco celebra a inauguração da nova Catedral de Edessa, oito anos depois da inundação que destruiu o edifício anterior, em 525[192]. No hino é mencionada a imagem não feita por mão de homem e é comparado o esplendor do mármore da Catedral: «*O seu mármore é semelhante à imagem não fabricada e as suas paredes são por ele cobertas harmoniosamente. E, pelo seu esplendor todo limpo, todo branco, reúne em si a luz*»[193].

Uma fonte interessante é a *Narratio de Imagine Edessena*[194], atribuída a Constantino VII Porfirogénito, Imperador de Constantinopla de 912 a 959. Este texto fornece uma descrição interessante da imagem:

> «*Quanto à razão pela qual, graças a uma secreção líquida sem matéria colorante nem arte pictórica, a aparência do rosto se formou no tecido de linho e de que modo aquilo que veio de uma matéria tão corruptível não tenha sofrido qualquer corrupção ao longo do tempo, e todos os outros argumentos que gosta de procurar cuidadosamente aquele que se aplica à realidade como físico, devemos deixá-los à inacessível sabedoria de Deus*»[195].

---

[189] *Ibid.*, pp. 83-84.
[190] *Ibid.*, p. 105.
[191] Ramelli I. *Il Mandylion di Edessa, cioè la Sindone*, in *Il Timone*, n. 85, Julho-Agosto de 2009, pp. 28-29, p. 28.
[192] Guscin M., *The Image of Edessa*, op. cit., p. 169.
[193] Dubarle A.-M., *Histoire ancienne du linceul de Turim*, op. cit., pp. 99-100.
[194] Guscin M., *The Image of Edessa*, op. cit., pp. 7-69.
[195] Dubarle A.-M., *Ancient History of the Shroud of Turin*, op. cit. p. 69.

Num apócrifo composto por volta de 900, os *Actos de André*, a imagem de Edessa é descrita como «*não fabricada por mão de homem, formada imaterialmente na matéria*»[196]. Do mesmo período é a *Carta de Abgar*, em que se lê: «*O Senhor tomou água nas suas mãos, lavou o rosto e, colocando o pano no seu rosto, ali ficou pintado. As semelhanças de Jesus ali se fixaram para a maravilha de todos os que estavam sentados com ele*»[197].

O relato da *Narratio de Imagine Edessena* refere a tradição mais difundida sobre a origem da imagem: a troca de cartas entre Abgar e Jesus, a tentativa de um pintor de fixar numa tela as características do Mestre enquanto pregava, a impressão milagrosa de uma imagem no tecido com que Cristo secou o seu rosto acabado de lavar.

Prossegue o texto:

> «*Quanto ao ponto principal do tema, todos concordam que a forma foi impressa, de modo maravilhoso, no tecido, pelo rosto do Senhor. Mas, no que diz respeito a um detalhe do acontecimento, isto é, ao momento, esses diferem, o que, de modo algum, prejudica a verdade, se tal aconteceu mais cedo ou mais tarde. Aqui está a outra tradição. Quando Cristo se aproximava da sua paixão voluntária, quando mostrou a fraqueza humana e se viu em agonia a rezar, quando o seu suor gotejou como gotas de sangue, segundo a palavra do Evangelho, então, diz-se, recebeu, de um dos seus discípulos, este pedaço de tecido que agora vemos e, com ele, secou a efusão do seu suor. E, de modo imediato, ficou impressa essa marca visível dos seus traços divinos*»[198].

As duas tradições afirmam que a imagem não é composta de cores materiais, mas a segunda acrescenta o detalhe do sangue e isto concorda com o que se pode ver no Sudário[199]. Na *Narratio de Imagine Edessena* também podemos ler em que consistia a visão do Rei Abgar, colocando-a em relação com a imagem de Jesus: Tadeu «*colocou a imagem na sua própria testa e assim entrou para Abgar*». O Rei viu-o entrar de longe e pareceu-lhe ver uma luz que emanava do seu rosto, demasiado brilhante para olhar, emitida pela imagem que o cobria[200].

Abgar ordenou, então, a destruição da estátua de uma divindade pagã que se encontrava por cima da porta da cidade e, no seu lugar, mandou pôr a imagem, num nicho semicircular, fixada a uma tábua

---

[196] *Ibid.*, p. 91.
[197] *Ibid.*, p. 91.
[198] *Ibid.*, pp. 69-70.
[199] *Ibid.*, p. 70.
[200] Guscin M., *The Image of Edessa*, op. cit., p. 27.

de madeira e adornada com ouro. O filho de Abgar respeitou a vontade do pai, mas o seu filho quis voltar ao paganismo e, como o seu avô havia destruído o ídolo que estava acima do portão da cidade, assim queria ele tratar do mesmo modo a imagem de Cristo. Mas o Bispo da cidade escondeu-a, cobrindo-a com uma telha, colocando, na frente, uma lâmpada e cercando o nicho.

Durante o cerco de Cosroe, numa noite, o Bispo Eulálio teve uma visão que lhe revelou onde estava escondida a imagem: por cima de uma das portas da cidade. O Bispo foi e encontrou-a reproduzida no azulejo, com a lâmpada ainda acesa[201]. Os bizantinos chamarão a imagem de *Mandylion*[202] (do árabe *mindîl*[203]) e a telha de *Keramion*[204]. Note-se que a palavra *mandylion* (em latim *mantilium*, em aramaico *mantilla*), normalmente, embora nem sempre, se refere a um tecido relativamente grande, como o manto de um monge ou uma espécie de toalha[205].

---

[201] *Ibid.*, pp. 31-37.

[202] Wilson I., *o Sudário. Luz fresca sobre o Mistério de 2000 anos...*, op. cit., pp. 233-234.

[203] Boubakeur H., *versão islâmica do Santo Sudário*, in *Collegamento pro Sindone*, Maio-Junho de 1992, pp. 35-41, página 36.

[204] Wilson I., *o Sudário. Luz fresca sobre o Mistério de 2000 anos...*, op. cit., p. 181.

[205] Guscin M., *The Image of Edessa*, op. cit., p. 205.

CAPÍTULO IV

A REDESCOBERTA DO SUDÁRIO

Judas Tadeu e a Santa Face

No claustro do Mosteiro de Santa Catarina do Monte Sinai, é preservado um ícone do século X, proveniente de Constantinopla, provavelmente feito por comissão imperial. Originalmente, as duas partes deste ícone seriam as duas portas de um tríptico que dava para fechar. Ao centro podia-se encontrar um *Mandylion* como o da Basílica de São Silvestre, *in Capite* (Roma), actualmente nas colecções pontifícias do Vaticano, ou o de São Bartolomeu dos Arménios (Génova)[206]. Ambos afirmam ser a autêntica imagem de Edessa; são pintados sobre tela e fixados a uma tábua de madeira do mesmo tamanho, compatível com a perdida parte central do tríptico[207]. A hipótese parece plausível, também porque o ícone do Sinai está montado sobre uma estrutura que mantém as duas valvas juntas: isto é claro pelo facto de que, no meio, há um corte preciso não devido a um acidente temporal.

Na parte superior, à esquerda, há um santo, identificável como Tadeu. É muito provável que o santo em questão não seja um dos 72 discípulos, mas o próprio apóstolo Judas Tadeu. Na parte superior direita está representado o Rei Abgar, representado com as características da face do Imperador Constantino VII[208]. O santo representado à esquerda tem um rosto semelhante ao do personagem à direita que entrega o *Mandylion* ao Rei Abgar. A combinação é interessante: de facto, Judas Tadeu é colocado à mesma altura de Abgar e senta-se numa cadeira semelhante, para enfatizar uma igual dignidade e uma certa continuidade do texto pictórico; como que dizendo que, entre o santo e a entrega do *Mandylion* a Abgar, há uma espécie de conexão natural devida ao conhecimento de textos e tradições orais

---

[206] Pfeiffer H. *O Sudário de Turim e a Face de Cristo na arte primitiva cristã, bizantina e medieval ocidental*, op. cit., p. 26.
[207] Belting H., *Il culto delle immagini*, Roma, Carocci 2004, pp. 258-259.
[208] *Ibid.*, pp. 259-261.

que relacionavam os dois personagens. A análise pictórica do ícone tende a justificar essas hipóteses[209].

Em São Pedro, no Vaticano, venera-se uma Santa Face que se diz ter sido a de Verónica, a mulher que, segundo uma tradição do século XII, limpou, na Via Dolorosa, o rosto ensaguentado de Jesus[210]. O relicário encontra-se na Capela de Santa Verónica, na coluna homónima da cúpula de São Pedro[211]. O nome Verónica, segundo Gervásio de Tilbury (século XIII), deriva do «*verdadeiro ícone*»[212]; o núcleo mais antigo da lenda, que data do século IV, transmite o nome da protagonista como Berenice[213].

Segundo o jesuíta Heinrich Pfeiffer[214], professor de História da Arte Cristã na Pontifícia Universidade Gregoriana, o véu de Verónica seria o rosto *acheiropoietos* de Camulia[215], que chegou, em 574, a Constantinopla. Perderam-se os seus vestígios por volta de 705; nessa altura foi transferido para Roma e foi chamado véu de Verónica. Esta sagrada efígie foi mostrada pela última vez aos peregrinos em 1601. A imagem original terá sido roubada, de Roma, em 1618; nesse ano foi transferida para Manoppello, Pescara, onde ainda se venera uma Santa Face, que é um véu de textura muito fina, perfeitamente sobreponível à face sindónica. Este véu poderia ser uma pintura do século XVI[216].

---

[209] Di Genua A., Marinelli E., Polverari I., Rep. D., *Giuda, Taddeo, Addai: possíveis ligações com os eventos do Mandylion Edessen-Constantinopolitan e possíveis perspectivas de investigação*, in ATSI 2014, op. cit., pp. 12-17.

[210] Pfeiffer H. *O Sudário de Turim e a Face de Cristo na antiga arte cristã, bizantina e medieval ocidental*, op. cit., p. 37.

[211] *Ibid.*, p. 28.

[212] Von Dobschütz E., *Imagens de Cristo*, op. cit., p. 164.

[213] *Ibid.*, p. 152.

[214] Pfeiffer H., *Il Volto Santo di Manoppello*, Carsa Ed., Pescara 2000.

[215] Morini E., *Ícones e Sudário. Alteridade, identidade, transcendência*, in: Coppini L., Cavazzuti F. (Edd.), *Le icone di Cristo e la Sindone*, op. cit., pp. 17-34, p. 25.

[216] Falcinelli R., *O Véu de Manoppello: obra de arte ou autêntica relíquia? Conferência Internacional Dallas sobre o Sudário de Turim*, Dallas (USA) 8-11 de setembro de 2005, pp. 1-11; Falcinelli R., *The face of Manoppello and the veil of Veronica: new studies*, in DI LAZZARO P. (Ed.), *Proceedings of the IWSAI 2010*, op. cit., pp. 227-235, http://www.acheiropoietos.info/proceedings/FalcinelliManoppello-Web.pdf

Quatro elementos são comuns entre as tradições do *Mandylion* e de Verónica: a representação do rosto de Cristo está logo sobre um pano em vez de sobre uma tábua; a imagem é produzida através do contacto directo com o rosto de Cristo; a marca é produzida pela água, pelo suor ou pelo suor de sangue; versões excepcionalmente diferentes de ambas as tradições falam de uma imagem sobre um linho que abrange todo o corpo de Jesus. Estas narrativas tentam explicar o carácter misterioso de um semblante numa peça de tecido, claramente não pintada, que aparece como a marca directa de um rosto. Nas suas versões posteriores, querem dar mais conta do carácter extraordinário da imagem da qual contam a história. Tais reformulações estão cada vez mais próximas da realidade sindónica e, em algumas fontes, começa-se a falar de todo o corpo de Jesus[217].

O Sudário dobrado

Nos últimos anos tem havido um animado debate entre os estudiosos que não aceitam a identificação da imagem de Edessa com o Sudário, como o patrólogo Pier Angelo Gramaglia[218], o historiador Antonio Lombatti[219] e o historiador Victor Saxer[220], e aqueles que

---

[217] Pfeiffer H. *O Sudário de Turim e a Face de Cristo na antiga arte cristã, bizantina e medieval ocidental*, op. cit., pp. 38-39.

[218] Gramaglia P.A., *La Sindone di Torino: alcuni problemi storici*, in *Rivista di Storia e Letteratura Religiosa*, ano XXIV, n. 3, 1988, pp. 524-568; Gramaglia P.A., *Ancora la Sindone di Torino*, in *Rivista di Storia e Letteratura Religiosa*, ano XXVII, n. 1, 1991, pp. 85-114; Gramaglia P.A., *Giovanni Skylitzes, il Panno di Edessa e le "sindoni"*, in *approfondfondimento Sindone*, ano I, vol. 2, 1997, pp. 1-16; Gramaglia P.A. *The Christian relics of Edessa*, in *Deepening the* Shroud, ano III, vol. 1, 1999, pp. 1-51.

[219] Lombatti A., *Impossível identificar o Sudário com o manequim: mais confirmações de três códigos latinos. Com uma edição crítica do Codex Vossianus latinus Q69, ff. 6v-6r*, em *Depfondimento Sindone*, ano II, vol. 2, 1998, pp. 1-30; Lombatti A., *noventa e cinco fontes históricas e literárias que não podem ser descartadas. Uma resposta a D. Scavone*, in *Deepening the Shroud*, ano III, vol. 2, 1999, pp. 67-96.

[220] Saxer V., *La Sindone di Torino e la storia*, in *Rivista di Storia della Chiesa in Italia*, anno XLIII, n. 1, 1989, pp. 50-79; Saxer V., *Le Suaire de Turin aux prises avec l'histoire*, in *Revue d'Histoire de l'Église de France*, vol. 76, 1990, pp. 1-55.

apoiam tal identificação, como o historiador Karlheinz Dietz[221], o historiador Daniel Scavone[222] e o historiador Gino Zaninotto[223].

Ainda hoje está aberta a discussão entre aqueles que, como o historiador Andrea Nicolotti[224], pensam que a imagem de Edessa é «*um pequeno pano de tecido do tamanho de uma toalha*» e aqueles que, como Mark Guscin[225], especialista em manuscritos bizantinos, acreditam que, a partir das fontes, se podem tirar diferentes conclusões:

> «*Deve-se salientar que não há representações artísticas da imagem de Edessa como uma imagem de todo o corpo ou com manchas de sangue e a maioria dos textos não se referem a uma ou a outra característica; mas, ao mesmo tempo, é inegável que, nalgum momento da história da imagem de Edessa, alguns escritores estavam convencidos, qualquer que fosse a razão, que essa fosse, de facto, a imagem de um corpo inteiro sobre um grande tecido que tinha sido dobrado (provavelmente, para que apenas o rosto fosse visível) e que continha manchas de sangue*».

No século VI, há um refazimento da *Doutrina de Addai*, intitulado *Actos de Tadeu*[226]; este texto poderia ser posterior e remontar ao século VII-VIII[227]. Diz-se que Lebeus, um nativo de Edessa, foi baptizado por João Baptista, tomando o nome de Tadeu e tornando-se um dos

---

[221] Dietz K., *Some hypotheses concerning the early history of the Turin Shroud*, in *Sindon N.S.*, Quaderno n. 16, Dicembre 2001, pp. 5-54.

[222] Scavone D., *Comments on the article of A. Lombatti, "Impossibile identificare la Sindone…"*, in *A.S., II. 2 (1998)*, in *Approfondimento Sindone*, anno III, vol. 1, 1999, pp. 53-66; Scavone D., *Constantinople documents as evidence of the Shroud in Edessa*, in *Shroud of Turin, the controversial intersection of faith and science*, Conferência Internacional, op. cit., p. 3.

[223] Zaninotto G., *O Sudário de Turim e a imagem de Edessa. Novas contribuições*, em *Sindon N.S.*, Caderno n. 9-10, dezembro de 1996, pp. 117-130; Zaninotto G. *Razões de Lombatti na Primeira Cruzada contra o Sudário*, in *Collegamento pro Sindone*, Setembro-Outubro de 2000, pp. 22-34.

[224] Nicolotti A., *Do Mandylion de Edessa ao Sudário de Turim. Metamorfoses de uma lenda*, Ed. dell'Orso, Alessandria 2011, p. 7. Este trabalho foi revisto criticamente: Marinelli E., *A small cloth to be destroyed*, in *Shroud Newsletter*, no. 75, June 2012, pp. 28-54, http://www.sindone.info/SN-75ENG.PDF, tradução inglesa: *Un piccolo panno da distruggere*, http://www.sindone.info/SN-75ITA.PDF

[225] Guscin M., *The Image of Edessa*, op. cit., p. 215.

[226] Von Dobschütz E., *Imagens de Cristo*, op. cit., p. 102.

[227] Guscin M., *The Image of Edessa*, op. cit., p. 145.

doze discípulos de Jesus. No relato, o mensageiro de Abgar, além de transmitir o convite do Rei, por sua indicação tinha que «*observar atentamente Cristo, o seu aspecto, a sua estatura, os seus cabelos, numa palavra, tudo*». Ananias partiu.

> «*Depois de entregar a carta, olhava atentamente para Cristo e não conseguia alcançá-lo. Mas ele, que conhece os corações, apercebeu-se e pediu* (o que era necessário) *para se lavar. Foi-lhe dado um lençol tetrádiplon* (dobrado quatro vezes[228]). *Depois de se lavar, secou a cara. Como a sua imagem estava impressa no tecido (sindón), deu-a a Ananias, instruindo-o a levar uma mensagem oral ao seu mestre. Este, recebendo o seu enviado, prostrou-se e venerou a imagem; depois, foi curado da sua doença*[229]».

Uma interessante variação encontra-se no manuscrito *Vindobonensis hist. gr. 45*, que remonta ao século IX-X. Lê-se que o mensageiro de Abgar devia ter uma pintura de «*todo o seu corpo*»[230]. Portanto, era pedida a descrição de todo o corpo de Jesus.

Importantes indicações sobre a imagem de Edessa encontram-se no *Synaxarion*, um livro litúrgico com a vida dos santos da Igreja Ortodoxa, e no *Menaion*, que também contém hinos e poemas. Os textos base de ambos tiveram origem com Simeão Metafrasta (século X)[231]. Em alguns manuscritos de *Menaion*, existentes nos Mosteiros do Monte Athos, que vão do século XII ao século XVIII[232], está escrito: «*Olhando para todo o aspecto humano da tua imagem...*»[233]. Em alguns manuscritos do *Synaxarion*, do século XIII ao século XVIII[234], sempre nos Mosteiros do Monte Athos, Abgar pede a Ananias que «*fizesse um desenho de Jesus, mostrando, em todos os detalhes, a sua idade, os seus cabelos, o seu rosto e a aparência de todo o corpo, já que Ananias conhecia muito bem a*

---

[228] Dietz K., *Algumas hipóteses a respeito da história inicial do Sudário de Turim*, op. cit., pp. 10-25; Wilson I., *O Sudário. Luz fresca sobre o Mistério de 2000 anos...*, op. cit., pp. 190-192.
[229] Dubarle A.-M., *Ancient History of the Shroud of Turin*, op. cit. p. 105.
[230] Guscin M., *The Image of Edessa*, op. cit., p. 146.
[231] Guscin M., *O Sudário e a Imagem de Edesa. Pesquisa nos mosteiros do Monte Athos (Grécia)*, em *Linteum*, n. 34, Gennaio-Giugno 2003, pp. 5-16, a p. 13.
[232] Guscin M., *The Image of Edessa*, op. cit., p. 124.
[233] *Ibid.*, p. 129.
[234] *Ibid.*, p. 88.

arte da pintura». Também se lê: «*Em vida, modelaste o teu aspecto num sudário, estando morto, foste deposto no sudário definitivo*»[235].

Em algumas das representações, como a da Igreja da Anunciação do Mosteiro de Gradac, na Sérvia (século XIV), o *Mandylion* é um grande rectângulo, muito mais largo do que alto, no meio do qual só se vê a cabeça de Cristo. O resto da superfície mostra uma grelha de losangos, cada uma com uma flor no centro. Nas bordas podem-se ver as franjas do tecido. Poder-se-ia supor que o tecido tivesse espessuras diferentes, daí o uso do neologismo *tetrádiplon*[236]; dobrando o Sudário em oito, tem-se, precisamente, o rectângulo largo com a cabeça ao centro que se vê nas cópias do *Mandylion*. Esta é a interessante dedução de Wilson[237].

A decoração em losango, que se vê na superfície do tecido[238], poderia ser uma recordação do ornamento dourado colocado por Abgar[239]. Embora, no *Mandylion*, seja sempre apenas visível o rosto de Jesus, por vezes, as notáveis dimensões do pano deixam claro que não se tratava de um pequeno pano. O *Mandylion* da Igreja de Cristo Pantocrator do Mosteiro de Visoki Decani, no Kosovo (século XIV), e o *Mandylion* da Igreja de Panayia Phorviotissa, em Asinou, no Chipre (século XIV), são exemplos claros disto. De particular interesse é a *Ms. lat. 2688* da Biblioteca Nacional de Paris, que data do século XIII[240]. No fólio 77r vê-se uma miniatura em que o *Mandylion* é um longo tecido que desce para fora da sua moldura.

---

[235] *Ibid.*, p. 91.
[236] Dubarle A.-M., *Histoire ancienne du linceul de Turim*, op. cit., pp. 105-106.
[237] Wilson I., *o Sudário. Luz fresca sobre o Mistério de 2000 anos...*, op. cit., pp. 190-192.
[238] *Ibid.*, p. 229.
[239] Wilson I., *O Sudário de Turim. O pano de enterro de Jesus Cristo?* op. cit., pp. 100-101.
[240] Ragusa I. *A iconografia do ciclo Abgar em Paris MS. Latim 2688 e sua relação com os ciclos bizantinos*, em *Miniatura*, n. 2, 1989, pp. 35-51; Tomei A. *O manuscrito latino 2688 da Bibliothèque Nationale de France: la Veronica em Roma*, na Quintavalle A.C. (Ed.), *Medioevo: immagine e racconto, Atti del Convegno internazionale di studi*, Parma, 27-30 de Setembro de 2000, Electa (MI) 2003, pp. 398-406.

A prova contra a iconoclastia

Um excepcional respeito é dado à imagem de Edessa, que também foi usada, como prova autorizada, para legitimar a existência das imagens sagradas durante o período da iconoclastia. Numa carta de 715-731, atribuída ao Papa Gregório II, fala-se da imagem de Cristo «*não feita por mão de homem*»[241].

Nos mesmos anos, Germano I, Patriarca de Constantinopla (relatado pelo cronista Jorge, o Monge, do século IX), afirmava:

> «*Na cidade de Edessa há a imagem de Cristo não feita por mão de homem, que opera incríveis maravilhas. O próprio Senhor, depois de ter impresso, num soudárion, o aspecto da Sua própria forma, enviou* (a imagem) *que conserva a fisionomia da Sua forma humana pelo apóstolo Tadeu a Abgar, toparca da cidade de Edessa, e curou a sua doença*[242]».

O próprio Jorge, o Monge, dizia dos iconoclastas:

> «*Eles combatem manifestamente Cristo, que tomou um esplêndido pano e limpou a sua divina figura soberanamente brilhante e bela; ele enviou-a ao líder de Edessa, Abgar, que lhe rezava com Fé. Daquele tempo até hoje, graças à tradição e à exortação apostólica, com o objectivo de reconhecer e de recordar o que Cristo fez e sofreu por nós, como narrado nas páginas santas do Evangelho, fazemos imagens e venerámo-las com respeito, apesar dos adversários de Cristo*[243]».

Palavras, depois de doze séculos, ainda tremendamente relevantes.

Por volta de 726, André de Creta, na sua obra *Sobre a veneração das imagens*, referindo-se à «*venerável imagem de Nosso Senhor Jesus Cristo sobre um tecido*», afirma: «*Era uma marca da sua fisionomia corporal e não teve necessidade da pintura a cores*»[244]. No mesmo período, São João Damasceno elenca, entre as coisas a que os fiéis prestam culto, os linhos funerários de Cristo[245]. Contra a iconoclastia, defendeu a legitimidade

---

[241] Dubarle A.-M., *Histoire ancienne du linceul de Turim*, op. cit., pp. 80-81.
[242] *Ibid.*, p. 81.
[243] *Ibid.*, p. 90.
[244] *Ibid.*, p. 80.
[245] Savio P., *Ricerche storiche sulla Santa Sindone*, op. cit., pp. 72-73; Dubarle A.-M., *Histoire ancienne du linceul de Turin*, op. cit., pp. 133-134.

das imagens referentes à de Edessa. Lê-se no tratado *Sobre a fé ortodoxa*: «*O próprio Senhor aplicou um pano no seu rosto divino e vivificante e imprimiu nele a sua aparência*». No *Discurso sobre as Imagens,* escreve que Jesus «*pegou no tecido e colocou-o sobre o seu rosto; a sua própria fisionomia ficou nele gravada*»[246]. É interessante notar que, enquanto no segundo texto o termo que indica o pano é *rákos*, que é comumente usado para o tecido em que a imagem ficou impressa, no primeiro texto é *imátion*, que, normalmente, indica um manto[247].

Por volta de 764, João de Jerusalém, secretário de Teodoro, Patriarca de Antioquia, compôs um discurso a favor das imagens sagradas para refutar o concílio iconoclasta realizado, em Hieria, em 754, sob convocação do Imperador Constantino V Coprónimo. João de Jerusalém escreveu:

> «*Efectivamente, o próprio Cristo fez uma imagem, aquela que se diz não ter sido feita por mão de homem, e até hoje essa existe e é venerada e ninguém, entre as pessoas sãs de espírito, diz que é um ídolo. Porque, se Deus soubesse que seria uma ocasião de idolatria, não a teria deixado na terra*»[248].

O Patriarca Nicéforo I de Constantinopla, entre 814 e 820, afirmou, no *Antirrheticus*: «*Se Cristo, impulsionado por um crente, imprimiu a sua fisionomia divina num pano e o enviou, por que são culpados os que o representam?*». E, no texto *Contra os Iconómacos,* insiste, dizendo que se deve questionar «*o próprio Cristo, que, realizando a princípio a representação de si mesmo em aspecto divino, o enviou àqueles que o haviam pedido*»[249]. No mesmo período, São Teófanes, o Cronógrafo, recordava: «*Cristo não enviou a Abgar a sua própria imagem não feita por mão de homem?*»[250].

Jorge, o Monge, que tinha sido secretário de Tarásio, Patriarca de Constantinopla (784-806), depois da morte deste último, escreveu, no seu *Resumo Cronográfico,* que a chegada de Tadeu a Edessa e a cura do Rei Abgar ocorreram no ano 36 da Encarnação. O apóstolo «*iluminou todos os habitantes com as suas palavras e os seus actos. Toda a cidade o

---

[246] Dubarle A.-M., *Ancient History of the Shroud of Turin*, op. cit. p. 82.
[247] Guscin M., *The Image of Edessa*, op. cit., pp. 151-152.
[248] Dubarle A.-M., *Histoire ancienne du linceul de Turim*, op. cit., pp. 82-83.
[249] *Ibid.*, pp. 87-88.
[250] *Ibid.*, p. 86.

venera até hoje; também veneram a fisionomia do Senhor, não feita por mão de homem[251].

Numa carta sinodal de 836, endereçada ao Imperador Teófilo pelos Patriarcas do Oriente, Cristóvão de Alexandria, Jacob de Antioquia e Basílio de Jerusalém, lê-se:

> «*O mesmo Salvador imprimiu a marca da sua santa forma num soudárion, enviou-a a um certo Abgar, toparca da grande cidade de Edessa, através de Tadeu, o apóstolo da linguagem divina; limpou o divino suor do seu rosto e ali deixou todas as suas características*»[252].

A imagem do corpo inteiro

Para argumentar contra os iconoclastas, São Teodoro Estudita (século IX) fala do Sudário «*no qual Cristo foi envolvido e deitado no túmulo*» e da imagem não feita por mão de homem que foi enviada a Abgar: «*Para que a sua divina fisionomia nos fosse claramente confiada, o nosso Salvador, que a tinha revestido, imprimiu a forma do seu próprio rosto e representou-a tocando o tecido com a sua própria pele*»[253].

A *Lenda de Santo Aleixo*, composta, em Constantinopla, no século VIII, conta-nos que, em Edessa, havia «*a imagem, não feita por mão de homem, da fisionomia do nosso Mestre, o Senhor Jesus Cristo*»[254]; neste texto, o tecido no qual está impresso a imagem é chamado *sindón*[255]. Mesmo na *Nouthesia Gerontos* (século VIII), Jesus imprime o seu rosto numa *sindón*[256]. Na *Vida de Santo Aleixo*, que poderia remontar ao século IX, a imagem de Edessa é chamada de «*sanguínea*»[257].

Às peregrinações de Santo Aleixo a Roma, pode-se aproximar o discurso do Papa Estêvão III que, em 769, no Concílio Regional de

---

[251] *Ibid.*, p. 86.
[252] *Ibid.*, pp. 89-90.
[253] Dubarle A.-M., *Ancient History of the Shroud of Turin*, op. cit. p. 89.
[254] *Ibid.*, p. 84.
[255] Wilson I., *Descobrindo mais da história inicial do Sudário*, in *I Congreso Internacional sobre la Sabana Santa en España*, op. cit., pp. 1-32, a p. 7.
[256] Guscin M., *The Image of Edessa*, op. cit., p. 154.
[257] Zaninotto G., *The Shroud/Mandylion in the Silence of Constantinople (944-1242)*, em Marinelli E., Russi A. (Edd.), *Sudário 2000*, op. cit., vol. II, pp. 463-482 e vol. III, pp.131-133, na p. 466.

Latrão, interveio em favor da legitimidade do uso das imagens sagradas, referindo-se à de Edessa, que conhecera graças ao relato dos fiéis das regiões do Oriente[258]. No sermão também se fala da imagem gloriosa «*do rosto e de todo o corpo*» de Jesus sobre um tecido[259]. Esta parte do texto, que pode ser uma interpolação, certamente anterior a 1130, explica como ocorreu a impressão do corpo de Jesus:

> «*Estendeu todo o seu corpo sobre um tecido, branco como a neve, sobre o qual a imagem gloriosa do rosto do Senhor e o comprimento de todo o seu corpo estavam tão divinamente transfigurados que era suficiente, para aqueles que não podiam ver o Senhor pessoalmente em carne e osso, olhar para a transfiguração produzida no pano*»[260].

Por volta de 1212, Gervásio de Tilbury retomou este texto na sua obra *Otia Imperialia*[261].

O *Codex Vossianus Latinus Q 69* ff. 6r-6v, preservado no Rijksuniversiteit de Leiden (Holanda), é um manuscrito, do século X, que se refere a um original siríaco anterior ao século VIII, período em que foi traduzido para o latim pelo arquiatro Smira. Lê-se que, na sua resposta à carta de Abgar, Jesus escreve: «*Se queres ver como é corporalmente o meu aspecto, envio-te este lençol no qual poderás ver não só o meu rosto retratado, mas poderás olhar para a forma de todo o meu corpo divinamente transfigurado*».

Mais à frente, o texto prossegue:

> «*O mediador entre Deus e os homens, para satisfazer em tudo e por tudo o Rei, estendeu-se com todo o seu corpo sobre um lençol cândido como a neve. E, então, aconteceu um facto maravilhoso a ver e a ouvir. A gloriosa imagem do rosto do Senhor, assim como a mais nobre forma do seu corpo, por divina virtude, transformou-se repentinamente sobre o lençol. Assim, para aqueles que não viram o Senhor aparecer no corpo, é suficiente, para vê-lo, a transfiguração produzida no lençol. Ainda incorruptível, apesar da sua antiguidade, o lençol encontra-se na Mesopotâmia da Síria, perto da cidade de Edessa,*

---

[258] Dubarle A.-M., *Ancient History of the Shroud of Turin*, op. cit. p. 85.
[259] Ramelli I. *Do Mandilião de Edessa ao Sudário: algumas notas sobre os testemunhos antigos*, op. cit., p. 179.
[260] Wilson I., *O Sudário de Turim. O pano de enterro de Jesus Cristo?* op. cit., p. 135.
[261] Dubarle A.-M., *Histoire ancienne du linceul de Turim*, op. cit., pp. 58-59.

num espaço da igreja principal. Durante o ano, por ocasião das festividades mais importantes do Senhor Salvador, entre hinos, salmos e cantos especiais, o tecido é retirado de um cofre dourado e venerado, com grande reverência, por todo o povo»[262].

Foi também feita, por volta de 1140, por Orderico Vital, uma referência à imagem de todo o corpo. Na sua *História Eclesiástica*, nomeou Abgar «*a quem o Senhor Jesus enviou uma sagrada carta e um linho precioso, com o qual limpou o suor do rosto e no qual brilha a imagem do próprio Salvador, pintada de modo admirável, que oferece aos seus olhos a aparência e a estatura do corpo do Senhor*»[263]. Um autor muçulmano, Massûdî, escreveu, em 944, que, em Edessa, havia um tecido «*que tinha sido usado para secar Jesus de Nazaré quando saiu das águas do baptismo*»[264].

A transladação para Constantinopla

A imagem de Edessa pertencia à Igreja Ortodoxa/Melquita. Os Nestorianos fizeram uma cópia, no século VI, e os Monofísicos Jacobitas uma outra no século VIII[265]. Segundo o historiador árabe jacobita Yahya ibn Jarir[266] (século XI), a imagem de Edessa era conservada dobrada e posta entre duas telhas sob o altar da Grande Igreja de Edessa, oficiada pelos melequitas. Quando o Imperador bizantino Romano I Lecapeno quis tomar posse da imagem, falhados os pedidos por via diplomática, enviou o exército sob o comando do general arménio João Curcuas. Ao Bispo de Samosata, Abraão, que recebeu a imagem em nome do Imperador, também foram mostradas as duas cópias dos Nestorianos e Monofísicos, para verificar qual era a autêntica[267]. Mas, na realidade, todas as três confissões acreditavam que tinham o único ícone autêntico e pensavam que os das outras duas

---

[262] Zaninotto G. *A imagem de Edessena: marca de toda a pessoa de Cristo. Novas confirmações do códice Vossianus Latinus Q 69 do século X*, em Upinsky A.A. (Ed.), L'Identification scientifique de l'Homme du Linceul: Jésus de Nazareth, op. cit., pp. 57-62.

[263] Dubarle A.-M., *Ancient History of the Shroud of Turin*, op. cit. p. 57.

[264] *Ibid.*, p. 149.

[265] Zaninotto G., *The Shroud/Mandylion in the Silence of Constantinople (944-1242)*, em Marinelli E., Russi A. (Edd.), *Sudário 2000*, op. cit., vol. II, pp. 463-482 e vol. III, pp.131-133, a pp. 463-464.

[266] *Ibid.*, p. 467

[267] Von Dobschütz E., *Imagens de Cristo*, op. cit., p. 123.

comunidades eram cópias[268]. Uma destas imagens do rosto de Cristo será levada a Constantinopla entre 1163 e 1176[269].

O relicário, que continha a preciosa efígie dada a Abraão, chegou a Constantinopla, a 15 de Agosto de 944, rodeada de uma recepção triunfal. Foi colocada, para uma primeira veneração, na Igreja de Santa Maria de Blaquerna e, no dia seguinte, uma solene procissão acompanhou o transporte do relicário, pelas ruas de Constantinopla, até Santa Sofia. Daqui foi levado ao *Bukoleon* (o Palácio Imperial) e colocado na Igreja da Virgem do Farol junto com as outras relíquias da paixão[270]. O evento foi lembrado com uma festa litúrgica no aniversário, a 16 de agosto[271]. Alguns hinos, compostos para tal festa, mencionam a imagem, particularmente venerada, à qual se atribui um poder taumatúrgico[272].

Existe uma outra aquisição a favor da identificação da imagem da Edessa com o Sudário: o *Codex Vat. Gr. 511* ff. 143-150v.[273], que remonta ao século X. Nele relata-se a Oração de Gregório, Arcediago e Referendário da Grande Igreja de Constantinopla (Santa Sofia). Depois de uma cuidadosa listagem das cores usadas para desenhar os rostos dos ícones, o orador afirma que a imagem não foi produzida com cores artificiais, pois é apenas «*esplendor*». Eis como Gregory explica a marca:

> «*Este reflexo, porém* – e que cada um se inspire na explicação –, *foi impresso apenas pelo suor do rosto d'"Aquele que criou a vida", "suor que caía como gotas de sangue" e "graças ao dedo de Deus". Portanto, estas são as belezas que deram cor à verdadeira Imagem de Cristo. Depois que as gotas caíram, essa foi embelezada com gotas do seu próprio lado. Ambas são coisas altamente instrutivas – sangue e água lá, aqui*

---

[268] *Ibid.*, p. 114.

[269] Desreumaux A., *Histoire du roi Abgar et de Jésus*, Brepols, Turnhout 1993, p. 168.

[270] Von Dobschütz E., *Imagens de Cristo*, op. cit., p. 124.

[271] Gharib G. *La festa del Santo Mandylion nella Chiesa Bizantina*, in CO-ERO-BORGA P. (Ed.), *La Sindone e la Scienza*, op. cit., pp. 31-50.

[272] Dubarle A.-M., *Histoire ancienne du linceul de Turim*, op. cit., pp. 73-74.

[273] Dubarle A.-M., *L'homélie de Grégoire le Riférendaire pour la réception de l'image d'Edesse*, in *Revue des Etudes Byzantines*, 55, 1997, pp. 5-51.

suor e imagem. Igualdade de acontecimentos, depois de ambos terem tido origem na mesma pessoa»[274].

Na imagem de Edessa, por conseguinte, podíamos ver não só o rosto, mas também o peito, pelo menos até à altura do lado[275].

O relicário de *Mandylion* deve ter sido aberto em Constantinopla e, assim, compreendeu-se que incluía não só o rosto, mas todo o corpo de Jesus com os sinais da paixão. O tecido *tetrádiplon* deve ter sido parcialmente desdobrado: só assim se pode compreender a criação artística, durante o século XII, da *Imago pietatis*, que representa o Cristo morto, em posição erecta, no túmulo[276]. Um esplêndido exemplo disso é o *Imago pietatis* da Basílica da Santa Cruz em Jerusalém, em Roma, que remonta ao século XIV[277]. Do mesmo período é a *Imago pietatis* da Basílica dos Santos Quatro Mártires Coroados, em Roma[278]. Também é interessante o ícone do *Mandylion,* juntamente com o *Imago pietatis* (século XVI), preservado no Museu Kolomenskoye, em Moscovo. Além dos braços cruzados à frente, Jesus, nessas imagens, tem sempre a cabeça reclinada à direita; Pfeiffer assinalou que, ao unir as duas dobras presentes no Sudário à altura do pescoço, se obtém uma flexão da cabeça precisamente daquele lado[279].

---

[274] Romano R., *Gregory the Referendary, Sermon Around the Eden Image*, in *Studies on the Christian East*, 18, 1, 2014, pp. 19-37, p. 29.

[275] Dubarle A.-M., *L'Image d'Edesse d'l'homélie de Grégoire le Référendaire*, in Upinsky A.A. (Ed.), *L'Identification scientifique de l'Homme du Linceul: Jésus de Nazareth*, op. cit., p. 1, pp. 51-56; Zaninotto G., *Orazione di Gregorio il Referendario in occasione della traslazione a Costantinopoli dell'immagine Edessena nell'anno 944*, in Rodante S. (Ed.), *La Sindone. Investigações científicas*, Actas do IV Congresso Nacional de Estudos sobre o Sudário, Siracusa, 17-18 de Outubro de 1987, Edições Paoline, Cinisello Balsamo (MI) 1988, pp. 344-352.

[276] Pfeiffer H. *A imagem do Sudário e a de Verônica*, em *La Sindone, la Storia, la Scienza*, op. cit., pp. 41-51 e tavv. I-XII, na p. 48.

[277] Scavone D., *Greek Epitaphioi e outras evidências do Sudário em Constantinopla até 1204*, em WALSH B.J. (Ed.), *Proceedings of the 1999 Shroud of Turin International Research Conference, Richmond, Virginia*, op. cit., pp. 196-211, a pp. 199-200.

[278] Pfeiffer H. *As Chagas de Cristo na Arte e no Sudário*, em Coppini L., Cavazzuti F. (Edd.), *Le icone di Cristo e la Sindone*, op. cit., pp. 89-104, p. 94.

[279] Pfeiffer H. *As Chagas de Cristo na Arte e o Sudário*, op. cit., p. 92; Pfeiffer H. *A imagem do Sudário e a de Verônica*, em *O Sudário, História, Ciência*, op. cit., tabela IX.

Os testemunhos iconográficos

No século XII, começam também as representações de todo o corpo de Jesus num lençol. O véu litúrgico *aèr*, do Rito Bizantino, é bordado com a figura do Cristo jacente[280]. É a partir desse período que o afresco *Fonte de Vida*, na Igreja da Mãe de Deus, na Messénia, no Peloponeso, é o mais antigo exemplo de *melismòs* (a *fractio panis*)[281]. Nos lados do tecido, notam-se as franjas, que recordam aquelas presentes nas antigas representações do *Mandylion*. Do afresco, que se perdeu, resta um esboço de G. Millet. Um outro exemplo, também do século XII, está no relicário de esmalte da antiga Colecção Stroganoff, actualmente no Hermitage de São Petersburgo. Posteriormente, este tipo de representação estará presente no véu litúrgico bizantino chamado *Epitáfios Thrênos* (lamentação fúnebre)[282] e no *Plaščanica* (Sudário), na arte sacra russa[283]. A referência ao Sudário também é evidente num marfim bizantino (século XII) conservado no Victoria and Albert Museum de Londres.

Um precioso epitáfio é o véu de Estêvão Uros II Milutino, Rei da Sérvia entre 1282 e 1321, actualmente no Museu da Igreja Ortodoxa Sérvia, em Belgrado[284]. É de notar o fundo estrelado que está presente na maior parte dos epitáfios. Muito significativos são também

---

[280] Morini E., *As mortalhas bordadas. Simbologia e iconologia dos véus litúrgicos no rito bizantino*, em Zaccone G.M. Ghiberti G. *Olha para o Sudário. Quinhentos anos de liturgia sindônica*, Effatà Editrice, Cantalupa (TO) 2007, pp. 229-257, p. 233.

[281] *Ibid.*, pp. 233-234.

[282] Theocharis M., *"Epitáfios" da liturgia bizantina e do Sudário*, em Coppini L., Cavazzuti F. (Edd.), *Le icone di Cristo e la Sindone*, op. cit., pp. 105-121, pp. 106-108.

[283] Cazzola P., *Il Volto Santo e il Sudario di Cristo (Plaščanica) nell'arte sacra russa*, in COERO-BORGA P. (Ed.), *La Sindone e la Scienza*, op. cit., pp. 51-57; Cazzola P., *I Volti Santi e le Pietà*, in Coppini L., Cavazzuti F. (Edd.), *Le icone di Cristo e la Sindone*, op. cit., pp. 158-163.

[284] Wilson I., *Ícones inspirados no Sudário*, em Coppini L., Cavazzuti F. (Edd.), *Os ícones de Cristo e o Sudário*, op. cit., p. 84.

o epitáfio de Tessalónica (século XIV), preservado no Museu da Civilização Bizantina de Tessalónica[285], e o epitáfio do Mosteiro de Stavronikita, no Monte Athos (século XIV-XV)[286], ambos com o tecido do Sudário em espinha de peixe, que lembra o linho sindónico original.

De grande interesse é o afresco da Igreja de São Pantaleão, em Gorno Nerezi, Macedónia, que data de 1164: Jesus é retratado deitado sobre um grande lençol que tem desenhos geométricos semelhantes aos que, muitas vezes, acompanham as reproduções da imagem de Edessa[287]. Um outro motivo presente na iconografia da imagem de Edessa é uma decoração floral estilizada; pode-se ver, por exemplo, na Santa Face (século XIII) na Catedral de Laon, França. Um motivo similar encontra-se no lençol da deposição de Cristo do Saltério de Melisenda f. 9r (1131-1143), conservado na Biblioteca Britânica de Londres.

É clara a inspiração sindónica numa miniatura do *Código de Oração* da Biblioteca Nacional de Budapeste, que data de 1192-1195[288]. Na cena superior do fólio 28r é representada a unção de Cristo, deposto da cruz sobre um lençol: o corpo está completamente nu e as mãos estão cruzadas a cobrir o abdómen inferior. Não se veem os polegares. Na testa há um sinal que lembra o fluxo de sangue semelhante ao observado no Sudário. Na cena inferior vê-se a chegada ao sepulcro das piedosas mulheres, as mirófaras, a quem o anjo mostra o lençol vazio.

A parte superior do lençol vazio tem um desenho que imita o tecido em espinha de peixe do Sudário, enquanto pequenas cruzes vermelhas cobrem a parte inferior. Sob o pé do anjo notam-se dois traços vermelhos serpeantes que podem representar duas correntes san-

---

[285] Theocharis M., *"Epitáfios" da liturgia bizantina e do Sudário*, em Coppini L., Cavazzuti F. (Edd.), *Le icone di Cristo e la Sindone*, op. cit., pp. 105-121, p. 117.

[286] Guscin M., *O Sudário e a Imagem de Edesa. Pesquisa nos mosteiros do Monte Athos (Grécia)*, op. cit., pp. 11-12.

[287] Wilson I., *Holy Faces, Secret Places*, Doubleday, Londres (UK) 1991, p. 152.

[288] Dubarle A.-M., *L'icona del "Manoscritto Pray"*, em Coppini L., Cavazzuti F. (Edd.), *Le icone di Cristo e la Sindone*, op. cit., pp. 181-188, na p. 181.

guíneas. Em ambas as partes do tecido notam-se alguns círculos, dispostos na mesma sequência de um grupo de quatro buracos de queimadura que, no Sudário, é repetido quatro vezes[289]. Este dano da relíquia é, certamente, anterior ao incêndio de 1532: de facto, aqueles sinais são relatados numa cópia pictórica, de 1516, guardada na Colegiada de São Gomário, em Lierre, na Bélgica[290].

Os testemunhos escritos

A presença do Sudário em Constantinopla é documentada por outras provas escritas, a maioria das quais remonta aos séculos XI-XII. Por volta de 1095, uma carta, atribuída ao Imperador Aleixo I Comneno, elenca, entre as relíquias guardadas na cidade, «*os tecidos que foram encontrados no sepulcro após a ressurreição*»[291]. Guilherme de Tiro narra que, em 1171, Manuel I Comneno mostrou a Amalrico I, Rei de Jerusalém, as relíquias da paixão, entre as quais se encontrava o Sudário. Os linhos sepulcrais de Jesus, em Constantinopla, também são mencionados, em 1151-1154, por Nicolau Soemundarson, Abade do Mosteiro de Thyngeyr, na Islândia[292], e, em 1207, por Nicolau de Otranto[293], Abade do Mosteiro de Casole, que, provavelmente, os viu em Atenas[294].

Em 1201, Nicolau Mesarita, guardião das relíquias conservadas na Igreja da Virgem do Farol, teve que defendê-las do saque e fê-lo recordando, aos sediciosos, a santidade do lugar onde estavam guardadas, entre outras coisas, o *soudárion* com os tecidos sepulcrais. «*Esses* – sublinha Mesarita – *ainda cheiram ao perfume, desafiam a corrupção, porque envolveram o inefável morto, nu e embalsamado depois da paixão*». É lógico deduzir que, ao mencionar o corpo nu, Mesarita se refira à imagem

---

[289] *Ibid.*, pp. 186-187.
[290] Fossati L., *O Valor Documental do Sudário de Lier*, em DOUTREBENTE M.-A. (Ed.), *Acheiropoietos. Non fait de main d'homme*, op. cit., pp. 195-196.
[291] Dubarle A.-M., *Ancient History of the Shroud of Turin*, op. cit. p. 54.
[292] *Ibid.*, pp. 53-54.
[293] Savio P., *Ricerche storiche sulla Santa Sindone*, op. cit., pp. 119-120.
[294] Scavone D. , *O Sudário de Turim em Constantinopla, a prova documental*, em *Sindon N.S.*, Quaderno n. 1, Giugno 1989, pp. 113-128, a pp. 120-121.

de todo o corpo do Salvador num lençol[295]. Falando aos rebeldes, depois de enumerar dez das relíquias mais preciosas, Mesarita continua: «*Mas, agora, ponho diante dos vossos olhos o Legislador, fielmente retratado num pano e esculpido num frágil barro, com tal arte de desenho, que se vê que isto não vem de mãos humanas*»[296].

Em 1207, Mesarita faz uma outra referência à imagem de Jesus sobre um tecido no elogio fúnebre do seu irmão João, onde afirma: «*O indescritível, tornando-se semelhante aos homens (Fil 2, 7), como podemos descrevê-lo, tendo sido impresso num modelo sobre toalhas*». Comenta o teólogo André-Marie Dubarle: «*O que é notável é que, para ele, a imagem milagrosa é o modelo, o modelo das imagens feitas pelo homem e a sua justificação*»[297].

Na sua obra *La conquête de Constantinople*, Roberto de Clari, cronista da Quarta Cruzada, escreveu sobre as maravilhas que podiam ser vistas antes da queda da cidade (12 de Abril de 1204) nas mãos dos cruzados latinos:

> «*Entre elas, estava uma igreja chamada Santa Maria de Blaquerna, onde se encontrava o Sudário (Sydoines) no qual Nosso Senhor foi envolvido, que todas as sextas-feiras se elevava todo direito para que fosse possível ver bem a figura de Nosso Senhor. Ninguém, nem Grego, nem Francês, sabia o que aconteceu com este Sudário quando a cidade foi conquistada*»[298].

O filólogo Carlo Maria Mazzucchi[299] acredita que a descoberta da verdadeira natureza do *Mandylion* e a transferência para Santa Maria de Blaquerna pode ter ocorrido entre 1201 e 1203, anos entre os mais convulsivos da história de Bizâncio. Recorde-se que, quando chegou a Constantinopla, como já foi dito, a imagem de Edessa foi primeiro trazida a Santa Maria de Blaquerna e, depois, foi colocada na Igreja da Virgem do Farol; portanto, não é improvável uma mudança entre

---

[295] Dubarle A.-M., *Ancient History of the Shroud of Turin*, op. cit. p. 39.
[296] *Ibid.*, p. 40.
[297] Dubarle A.-M., *Histoire ancienne du linceul de Turim*, op. cit., pp. 41-42.
[298] Savio P., *Ricerche storiche sulla Santa Sindone*, op. cit., pp. 190-191; P. Savio, *Le impronte di Gesù nella Santa Sindone*, in *Sindon*, Quaderno n. 9, Maio 1965, pp. 12-23.
[299] Mazzucchi C.M., *La testimonianza più antica dell'esistenza di una sindone a Costantinopoli*, in *Aevum*, anno 57, n. 2, Maio-Agosto 1983, pp. 227-231, p. 230.

as duas igrejas. Além disso, por volta de 1100, o historiador bizantino Jorge Cedreno escreveu que, no Inverno de 1036-1037, o *Mandylion* foi levado, em procissão a pé, do Palácio Imperial até Santa Maria de Blaquerna para implorar o fim de uma longa seca.

A deslocação para a Europa

O Sudário visto por Roberto de Clari, contudo, desapareceu, em 1204, de Constantinopla. Foi, provavelmente, Otão de la Roche, que tinha sido um dos protagonistas da Quarta Cruzada, que transferiu o venerado lençol para França, depois de tê-lo trazido para Atenas. Em meados de 1300, o Sudário apareceu em Lirey, França, na posse de Godofredo de Charny, cuja esposa, Joana de Vergy, era descendente de Otão de la Roche[300]. Além disso, Godofredo de Charny era homónimo e, provavelmente, parente de um Templário que foi parar à fogueira em 1314[301]. Segundo Wilson, a relíquia pode ter sido guardada e venerada pelos Cavaleiros Templários durante um período[302].

Durante a Segunda Guerra Mundial, uma interessante representação foi encontrada, num painel de madeira, em Templecombe, Inglaterra. O lugar deve o seu nome ao facto de, desde 1185 até ao início

---

[300] Piana A., *Sindone: gli anni perduti. Da Costantinopoli a Lirey: nuove prove*, Sugarco Edizioni, Milano 2007; Piana A. , *"Anos em falta" do Santo Sudário*, em DI LAZZARO P. (Ed.), *Actas da IWSAI 2010*, op. cit., pp. 95-102, http://www.acheiropoietos.info/proceedings/PianaMYHSWeb.pdf; Piana A., *La Sindone. Un mistero lungo duemila anni*, Mimep-Docete, Pessano con Bornago (MI) 2014; Piana A., *Othon de La Roche e o Sudário. Uma hipótese entre História e Historiografia*, in *ATSI 2014*, op. cit., pp. 58-63, https://www.academia.edu/9490977/Othon_de_La_Roche_and_the_Shroud._An_hypothesis_between_History_and_Historiography; Scavone D., *Documenting the Shroud missing years*, in DI LAZZARO P. (Ed.), *Proceedings of the IWSAI 2010*, op. cit., pp. 87-94, http://www.acheiropoietos.info/proceedings/ScavoneBesanconWeb.pdf

[301] Wilson I., *o Sudário. Luz fresca sobre o Mistério de 2000 anos...*, op. cit., p. 274.

[302] Wilson I., *O Sudário de Turim. O pano de enterro de Jesus Cristo?* op. cit., pp. 154-165.

do século XIV, ter sido o local de uma Preceptoria Templária[303]. Aparece no painel um rosto com barba e com contornos desfocados. Não há dúvida de que retrata Jesus: basta compará-lo com o *Santo Rostro*[304], uma Santa Face, do século XIV, conservada na Catedral de Jaén, em Espanha. E é inequivocamente semelhante ao Sudário: com a técnica de sobreposição em luz polarizada, foram encontrados 125 pontos de congruência entre as duas imagens[305]. As objecções[306] a respeito das diferenças entre a face do Sudário e a de Templecombe, que tem a boca e os olhos abertos, não levam em conta a observação do Sudário ao natural, onde, de facto, se pode parecer ver a boca e os olhos abertos; é o negativo fotográfico que revela que estão fechados. Também a falta de sangue e de lesões não é significativa: há muitas outras Santas Faces de Jesus, inspiradas pelo Sudário, que são alteradas pelos sinais do sofrimento. Basta pensar no ícone do *Santo Mandylion* (século XIV) da Galeria Tretiakov de Moscovo.

Com o método do radiocarbono, o painel de Templecombe foi datado entre 1280 e 1440 d.C. e os cientistas que realizaram o exame comentaram: «*As datas são completamente compatíveis com um corte de madeira no período 1280-1310 d.C. e, portanto, a pintura poderia ser associada aos Cavaleiros Templários, talvez encomendada antes da sua supressão, em 1307, pelo Rei Filipe, o Belo, de França*»[307].

O painel de Templecombe pode ter sido a tampa de uma caixa de madeira na qual foi guardado o Sudário. É curioso que, quando foi descoberto, o painel tinha cores vivas, azul e vermelho brilhantes.

---

[303] Wilson I., *o Sudário. Luz fresca sobre o Mistério de 2000 anos...*, op. cit., p. 266.

[304] Wilson I., *Holy Faces, Secret Places*, op. cit., p. 35.

[305] Morgan R., *Testemunho iconográfico do Sudário em Inglaterra*, em Coppini L., Cavazzuti F. (Edd.), *Le icone di Cristo e la Sindone*, op. cit., pp. 189-194, pp. 193-194.

[306] Nicolotti A., *I Templari e la Sindone, storia di un falso*, Salerno Ed., Roma 2011, p. 82. Este trabalho foi revisto criticamente: Marinelli E., *Wiping the slate clean*, in *Shroud Newsletter*, n. 74, dezembro de 2011, pp. 45-70, http://www.sindone.info/SN-74ENG.PDF, tradução inglesa: *Un colpo di spugna*, http://www.sindone.info/SN-74ITA.PDF

[307] Hedges R.E.M. et al., *Radiocarbon dates of the Oxford AMS system: Archaeometry datelist 6*, in *Archaeometry*, vol. 29, n. 2, 1987, pp. 289-306, a p. 303.

Além disso, nota-se um fundo estrelado na reconstrução[308]. Este detalhe recorda o que Simeão de Tessalónica (século XV) escreveu na sua *De Sacra liturgia*: «*No fim, o sacerdote cobre o altar com o epitáfio. Este último simboliza o firmamento, onde se encontra a estrela, e recorda também o sudário funerário que envolveu o corpo de Jesus aspergido com mirra: o mistério é-nos apresentado como se estivesse sobre uma mesa pintada*»[309].

Os documentos escritos e iconográficos concordam, pois, em confirmar a existência do Sudário nos séculos precedentes ao seu aparecimento na Europa. A História da Arte, em particular, revelou-se uma ajuda preciosa, não só para a datação do linho antigo, mas também para a identificação do Homem das Dores, cujas características, misteriosamente impressas, se contemplam na relíquia venerada.

---

[308] Morgan R., *os Templários levaram o Sudário para Inglaterra? Nova evidência de Templecombe*, em Berard A. (Ed.), *History, Science, Theology and the Shroud, Proceedings of the St. Louis Symposium*, St Louis, Missouri (USA), 22-23 Giugno 1991, The Man in the Shroud Committee of Amarillo, Amarillo (Texas, USA) 1991, pp. 205-232.

[309] Theocharis M., *"Epitáfios" da liturgia bizantina e do Sudário*, em Coppini L., Cavazzuti F. (Edd.), *Le icone di Cristo e la Sindone*, op. cit., pp. 105-121, p. 108.

CAPÍTULO V

OS SINAIS DA PAIXÃO

Um homem torturado

No Sudário, nota-se uma dupla imagem humana, frontal e dorsal, pontuada por manchas de sangue. É a marca de um homem que sofreu um suplício entre os mais cruéis e desonrosos de todos os tempos: a crucificação. Quem é este homem? Temos possibilidade de descobrir? A comparação com as narrações dos Evangelhos provou ser de válida ajuda para a identificação do Homem do Sudário: de facto, tudo coincide com a história da crucificação e morte de Jesus.

O biblista Giuseppe Ghiberti aponta:

«Há, de longe, a mais ampla concordância entre os detalhes da tortura sofrida pelos protagonistas dos dois relatos, o Jesus dos Evangelhos e o homem do Sudário. Esta é a correspondência mais incrível da nossa investigação, porque os dois relatos reflectem-se e complementam-se de modo surpreendente»[310].

É cientificamente certo que o Sudário envolveu realmente o cadáver de um homem torturado[311], que deixou nele as suas marcas inconfundíveis que podem ser elencadas de forma esquemática:

1. O seu corpo foi cruelmente flagelado;
2. A sua cabeça tem numerosos ferimentos causados por um conjunto de objectos cortantes: um capacete de espinhos;
3. Os seus ombros estão marcados por uma marca oblíqua deixada pelo *patibulum*, a trave horizontal da cruz;
4. Os seus joelhos bateram em superfícies rugosas e irregulares;

---

[310] Ghiberti G., *Os Evangelhos e o Sudário*, em SCANNERINI S., SAVARINO P. (Edd.), *O Sudário de Turim, passado, presente e futuro*, op. cit., pp. 274-284, a p. 278.

[311] Svensson N., *Medical and forensic aspects of the Man retratado no Sudário de Turim*, em DI LAZZARO P. (Ed.), *Proceedings of the IWSAI 2010*, op. cit., pp. 181-186, http://www.acheiropoietos.info/proceedings/SvenssonWeb.pdf.

5. O seu rosto apresenta numerosos inchaços causados pelos espancamentos recebidos e pelos impactos com o terreno durante as quedas;
6. Os seus pulsos e os seus pés foram trespassados por pregos;
7. O seu lado foi traspassado por uma lança;
8. O seu corpo, separado da cruz, nu e não lavado, foi posto sobre um longo lençol que entrou em contacto com a parte dorsal e, passando sobre a cabeça, cobriu todo o comprimento frontal até aos pés.

A mais antiga descrição das feridas impressas no Sudário é-nos feita pelas Clarissas de Chambéry[312] que, no seu paciente trabalho de restauro, depois do incêndio de 1532, de 16 de Abril a 2 de Maio de 1534, puderam contemplar o lençol sagrado por mais tempo do que outros.

> «*Na verdade, víamos, nesta preciosa imagem, sofrimentos que nunca poderíamos imaginar. Vimos, ainda, os vestígios de um rosto todo magoado e torturado por golpes, a sua divina cabeça trespassada por grandes espinhos, dos quais saíam correntes de sangue que corriam pela testa e se dividiam em várias correntes, cobrindo-a com a mais preciosa púrpura do mundo.*
> *Notámos, no lado esquerdo da fronte, uma gota maior que as outras e mais longa, que serpenteia como uma onda; as sobrancelhas pareciam bem delineadas; os olhos um pouco menos; o nariz, como parte mais proeminente do rosto, está bem impresso; a boca é bem colocada e bastante pequena; as bochechas, inchadas e desfiguradas, mostram que foram cruelmente atingidas, particularmente a direita; a barba não é muito comprida, nem muito pequena, na forma dos Nazarenos; pode-se vê-la pouco espessa em alguns pontos porque, em parte, tinham-na arrancado por desprezo e o sangue tinha colado o resto.*
> *Depois, vimos um longo traçado que descia sobre o pescoço, que nos fez acreditar que esteve amarrado com uma corrente de ferro durante a captura no Jardim das Oliveiras, porque se vê inchado em vários lugares como se tivesse sido puxado e sacudido; as contusões e os golpes de flagelo são tão grossos no estômago que dificilmente se pode encontrar uma zona do tamanho de uma cabeça de alfinete sem golpes; cruzaram-se continuamente e estenderam-se, por todo o corpo, até à ponta dos pés; uma grande quantidade de sangue marca as feridas dos pés.*
> *No lado da mão esquerda, que está muito bem marcada e cruzada com a direita, da qual cobre a ferida, as aberturas dos pregos estão no centro das longas e belas mãos, das*

---

[312] Bouchage L., *Le Saint Suaire de Chambéry em Saint-Claire-en-Ville*, Imprimerie C. Drivet, Chambéry (França) 1891, pp. 21-24.

quais sai uma corrente de sangue; da altura das costelas até aos ombros não se vê mais nada por causa das queimaduras; os braços são bastante longos e belos, estão em tal disposição que deixam à vista toda a barriga, cruelmente rasgada pelos golpes de flagelo; a chaga do divino costado aparece de largura suficiente para a passagem de três dedos, rodeada por um traço de sangue, de quatro dedos de largura, que se estreita em baixo e tem cerca de meio metro de comprimento.

Na segunda metade deste Santo Sudário, que representa a parte posterior do nosso Salvador, vê-se a nuca trespassada por longos e grandes espinhos, que são tão grossos que podemos deduzir que a coroa foi feita como um chapéu e não em círculo como as dos príncipes, como a representam os pintores; quando se observa com cuidado, vê-se a nuca mais rasgada do que o resto e os espinhos levados mais fundo, com grandes gotas de sangue coagulado entre os cabelos, que estão completamente ensanguentados; os vestígios de sangue debaixo da nuca são maiores e mais visíveis que os outros, porque os paus com que batiam na coroa faziam entrar os espinhos no cérebro, de modo que, tendo recebido feridas mortais, era um milagre que ele não morresse debaixo dos golpes; além disso, foram reabertos pelo tremor da cruz quando a puseram no buraco e, até antes ainda, quando o fizeram cair na cruz para pregá-lo; os ombros estão inteiramente rasgados e cravejados de golpes de flagelo que se estendem por toda parte.

As gotas de sangue aparecem tão largas como folhas de manjerona; em vários pontos, há grandes fracturas por causa dos golpes que lhe deram; no meio do corpo podem-se ver os sinais da corrente de ferro que o amarrava tão perto da coluna que aparece toda ensanguentada; a diversidade dos golpes mostra que usaram diferentes espécies de flagelo, como varas torcidas com espinhos, cordas de ferro que o rasgaram tão cruelmente que, olhando para o Sudário de baixo, quando estava deitado na tela da Holanda do suporte, víamos as chagas como se estivéssemos a olhar através de uma janela».

Examinemos, agora mais detalhadamente, os diferentes sinais de martírio que aparecem no Sudário.

A flagelação e a coroação de espinhos

Com base nos estudos mais recentes, é possível reconstruir as modalidades desta flagelação:

1) O Homem do Sudário sofreu um número significativo de golpes, cerca de cento e vinte[313]; a legislação judaica admitia, no máximo, quarenta menos um, enquanto a lei romana não impunha nenhuma limitação;

---

[313] RICCI G., *L'Uomo della Sindone è Gesù*, op. cit., pp. 139-180.

2) A precisão e a direcção dos golpes, que quase não pouparam nenhuma zona cutânea, atestam a natureza sistemática da tortura[314];
3) Das lesões, compatíveis com os testemunhos iconográficos e arqueológicos dos vários tipos de *flagrum* romano[315], deduz-se que os instrumentos utilizados tinham algumas cordas ou tiras de couro ou corrente sobrecarregadas com pedaços de osso afiado ou esferas metálicas;
4) O Homem do Sudário foi flagelado nu, porque, nas regiões glúteas, são claramente visíveis as lesões causadas pela flagelação; com base no curso das correntes de sangue, foi possível deduzir que estava imóvel, curvo e, provavelmente, atado a uma coluna baixa[316].

A flagelação foi infligida com fria determinação, mas o condenado não devia morrer, apenas ser punido[317]; não deve ser considerada como uma preparação para a crucificação, porque nestes casos a flagelação era muito menos cruel, uma vez que o condenado ainda tinha

---

[314] LARATO G. *O flagelo ignominioso do Sudário. Levantamentos clínicos fisiopatológicos*, em COERO-BORGA P., INTRIGILLO G. (Edd.), *The Shroud, New Studies and Research*, op. cit., pp. 191-218, p. 193.

[315] FACCINI B., *Scourge bloodstains on the Turin Shroud: an evidence for different instruments used*, in Fanti G. (Ed.), *The Shroud of Turin. Perspectives on a multifaceted enigma*, op. cit., pp. 228-245, http://ohioshroudconference.com/papers/p19.pdf; FACCINI B., FANTI G., *New image processing of the Turin Shroud scourge marks*, in DI LAZZARO P. (Ed.), *Proceedings of the IWSAI 2010*, op. cit..., pp. 47-54, http://www.acheiropoietos.info/proceedings/FacciniWeb.pdf; MANSERVIGI F., MORINI E., *The hypotheses about the roman flagrum: some clarifications*, in *Shroud of Turin, the controversial intersection of faith and science, International Conference*, op. cit.., pp. 47-54, pp. 47-54, http://www.academia.edu/8802951/The_hypotheses_about_the_Roman_flagrum_that_was_used_to_scourge_the_Man_of_the_Shroud._Some_clarifications.

[316] LARATO G. *O flagelo ignominioso do Sudário. Levantamentos clínicos fisiopatológicos*, em COERO-BORGA P., INTRIGILLO G. (Edd.), *The Shroud, New Studies and Research*, op. cit., pp. 191-218, p. 193.

[317] ZANINOTTO G., *O Sudário e a crucificação romana: uma revisão histórica*, em SCANNERINI S., SAVARINO P. (Edd.), *O Sudário de Turim, passado, presente e futuro*, op. cit., pp. 285-324, a p. 319.

de ser suficientemente forte para poder carregar o *patibulum*[318]. Isto está de acordo com a "reflexão" de Pilatos que, num primeiro momento, tentando salvar Jesus, apenas o mandou flagelar, mas, de seguida, cedeu às pressões da multidão depois do *Ecce Homo* e condenou-o à crucificação.

Vou, portanto, libertá-lo depois de o castigar (Lc 23, 16).

Por isso, vou libertá-lo depois de o castigar (Lc 23, 22).

Então, Pilatos mandou levar Jesus e flagelá-lo (Jo 19, 1).

Aos que me batiam apresentei as espáduas (Is 50, 6).
Como agricultores, lavraram sobre as minhas costas, abrindo em mim compridos sulcos (Sl 129 [128], 3).

A vossa cabeça é uma chaga, o vosso coração está totalmente abatido. Desde a planta dos pés até ao alto da cabeça, não há nada de são em vós. Tudo são feridas, contusões, chagas vivas que não foram curadas nem ligadas, nem suavizadas com azeite (Is 1, 5-6).

A cabeça do Homem do Sudário apresenta numerosas feridas provocadas por um conjunto de objectos cortantes. O realismo cru dos fluxos de sangue faz-nos compreender em que consistia a coroação de espinhos: não se tratou de um pequeno círculo colocado à volta da cabeça, como se pode ver nas representações artísticas, mas um capacete de espinhos que cobria toda a superfície, de acordo com as verdadeiras coroas reais do Oriente, usadas sobre a cabeça como mitras[319].

Observando que nas imagens do Sudário faltam as regiões parietotemporais, é lícito supor que o capacete tenha causado a inserção no couro cabeludo de, pelo menos, cinquenta espinhos[320]. É certo que

---

[318] ZANINOTTO G., *La tecnica della crocifissione romana*, Emmaus 3, Quaderni di Studi Sindonici, Centro Romano di Sindonologia, Roma 1982, p. 16.

[319] COPPINI L., BAIMA BOLLONE P., *Anatomical surveys for the evaluation of lesions from coroas of thorns*, in COPPINI L., CAVAZZUTI F. (Edd.), *O Sudário, Ciência e Fé*, op. cit., pp. 179-193, na p. 179.

[320] RODANTE S., *La coronazione di spine alla luce della Sindone*, in *Sindon*, Caderno n. 24, Outubro 1976, pp. 16-30.

toda a superfície da cabeça está marcada por numerosos vestígios de sangue. O exame objectivo das impressões da coroa de espinhos evidencia que se trata de fluxos sanguíneos, alguns formados por sangue arterial, outros por sangue venoso.

De facto, a marca na testa, à esquerda da linha média e em forma de "3" invertido, tem as características de sangue venoso com descida lenta e contínua. Corresponde anatomicamente, de modo perfeito, à veia frontal lesionada por um espinho da coroa e parece dever-se a uma contracção espasmódica, ou seja, a uma ruga, ao longo da qual desceu brevemente um fluxo sanguíneo, coagulando-se, de seguida, na sobrancelha. O traço que pode ser visto, ao contrário, na região frontotemporal direita, tem características claramente diferentes do anterior: de facto, é sangue que sai de uma artéria e chega ao fundo, como um riacho, ao longo do fio de cabelos, precisamente porque é estimulado pela pressão arterial.

Tecendo uma coroa de espinhos, puseram-lha na cabeça (Mt 27, 29).

Puseram-lhe uma coroa de espinhos que tinham entretecido (Mc 15, 17).

Depois, os soldados entrelaçaram uma coroa de espinhos (Jo 19, 2).

O transporte do *patibulum* e a crucificação

As representações da *Via-Sacra* mostram toda a cruz carregada por Jesus num só ombro. O exame cuidadoso da imagem do Sudário leva os estudiosos a acreditar que as lesões das regiões supraescapular direita e escapular esquerda tenham sido provocadas pelo *patibulum*, uma trave que a pessoa condenada carregava, transversalmente, sobre os ombros.

As escoriações deixadas pelo *patibulum* permitem vislumbrar os golpes da flagelação de forma menos clara, pois são mais amplas e matizadas. Isto indica que, depois da flagelação, pesava um corpo áspero, agravando as feridas preexistentes e provocando-lhe outras.

No transporte para o local da execução, fora das muralhas da cidade, os condenados por crimes hediondos, para maior ignomínia, eram carregados com o *patibulum*. E, se houvesse muitos condenados, eram ligados uns aos outros[321]. O Homem do Sudário lutava sob o peso do seu *patibulum* porque já tinha sofrido uma grave flagelação. A extrema fraqueza e, talvez, a agitação dos seus companheiros fizeram-no cair, causando o impacto violento dos seus joelhos e do rosto no pavimento da rua. Os fragmentos de terriço, encontrados no Sudário, correspondentes à ponta do nariz e ao joelho esquerdo, confirmam tais quedas.

O rosto do Homem do Sudário foi, certamente, entre as partes do corpo, aquela que mais sofreu traumas. No entanto, aquele rosto continua a impressionar com a sua majestosa e triste serenidade. Nele, há sinais evidentes de maus-tratos ferozes. Aquele rosto foi atingido por um pau, cujo traço pode ser facilmente encontrado na bochecha direita e no nariz. A imagem tridimensional[322] do Homem do Sudário fornece os seguintes detalhes: incisão da cartilagem do nariz; inchaço na maçã-do-rosto direita; incisões, causadas por repetidas quedas na pedra, na maçã-do-rosto esquerda; grumo de sangue na pálpebra esquerda; duas correntes de sangue saídas do nariz; gotas de sangue debaixo do lábio superior; mossa e ligeiro desvio da ponta do nariz. Outros dados relevantes são as feridas laceradas das sobrancelhas e a equimose palpebral.

Depois, cuspiam-lhe no rosto e batiam-lhe. Outros esbofeteavam-no (Mt 26, 67).

E batiam-lhe na cabeça (Mt 27, 30).

Depois, alguns começaram a cuspir-lhe, a cobrir-lhe o rosto com um véu e, batendo-lhe, a dizer: "Profetiza!". E os guardas davam-lhe bofetadas (Mc 14, 65).

Batiam-lhe na cabeça com uma cana (Mc 15, 19).

---

[321] ZANINOTTO G., *La tecnica della crocifissione romana*, op. cit., pp. 23-24.

[322] TAMBURELLI G., GARIBOTTO G., *Nuovi sviluppi nell'elaborazione dell'immagine sindonica,* in COERO-BORGA P. (Ed.), *La Sindone e la Scienza,* op. cit., pp. 173-184, a pp. 179-181; TAMBURELLI G., OLIVIERI F., *Un nuovo processamento della immagine sindonica,* in COERO-BORGA P., INTRIGILLO G. (Edd.), *The Shroud, New Studies and Research,* op. cit., pp. 245-254; TAMBURELLI G., BALOSSINO N. *Further developments in the electronic processing of the sindonic face,* in Rodante S. (Ed.), *La Sindone, indagini scientifiche,* op. cit., pp. 120-126.

Troçavam dele e maltratavam-no (Lc 22, 63).

Um dos guardas ali presente deu-lhe uma bofetada (Jo 18, 22).

E davam-lhe bofetadas (Jo 19, 3).
Não desviei o meu rosto dos que me ultrajavam e cuspiam (Is 50, 6).

Jesus, levando a cruz às costas, saiu para o chamado Lugar da Caveira (Jo 19, 17).

O Homem do Sudário tem as mãos cruzadas sobre o abdómen inferior. A esquerda passa sobre o pulso direito, escondendo-o; por isso, só nos mostra a ferida no pulso produzida pelo prego da crucificação[323]. Um prego na palma da mão não permitiria que os tecidos suportassem um peso correspondente ao de um homem, enquanto tal é possível se o prego estiver preso ao pulso. As mãos também mostram vastas escoriações dos dedos devidas à fricção na aspereza da madeira da cruz[324].

Dois fluxos de sangue divergentes começam a partir da ferida no pulso esquerdo. Estas diferentes direcções têm uma explicação plausível. O Homem do Sudário foi pregado ao *patibulum* deitado no chão e, depois, foi levantado no *estipe*, a estaca vertical da cruz; então, o peso do corpo fez com que os braços assumissem uma posição mais inclinada em relação àquela quase horizontal que tinham no momento da pregação dos pulsos.

Observando a marca dorsal no Sudário, nota-se que a perna esquerda está ligeiramente dobrada e as pontes dos pés convergem: isto porque, na cruz, o pé esquerdo estava sobreposto ao direito, que estava apoiado directamente à madeira da cruz. Na época de Jesus não se utilizava o apoio para os pés, que, provavelmente, foi introduzido mais tarde, no decorrer século I d.C., quando a crucificação foi modificada para enquadrá-la no circo[325]: os pés eram apoiados num banco.

---

[323] COPPINI L., *La lesione da chiodo ai limbi superiori del crocifisso*, em COERO-BORGA P., INTRIGILLO G. (Edd.), *The Shroud, New Studies and Research*, op. cit., pp. 175-190.

[324] RICCI G., *O Homem do Sudário é Jesus*, op. cit., p. 116.

[325] ZANINOTTO G., *La crocifissione a quattro chiodi e l'Uomo della Sindone*, in Rodante S. (Ed.), *La Sindone, indagini scientifiche*, op. cit., pp. 240-269, página 247.

Ambos os pés do Homem do Sudário foram pregados juntos e assim os fixou a rigidez corporal. Isto explica por que temos uma impressão completa do pé direito, enquanto que do esquerdo se vê apenas o calcanhar. A impressão do pé direito é, por conseguinte, a mais interessante. Também mostra os coágulos dos derrames de sangue. Ao centro nota-se uma mancha de sangue, correspondente à posição do prego da crucificação; encontra-se à altura do segundo espaço intermetatársico. Desta mancha partem algumas correntes: as que são de sangue derramado durante a crucificação descem para os dedos; outras, mais desvanecidas, vão para o calcanhar, ultrapassando a pegada do pé. Estes últimos derrames de sangue ocorreram durante a deposição da cruz, quando foi removido o prego dos pés[326].

Depois de o terem crucificado, repartiram entre si as suas vestes (Mt 27, 35).

Depois, crucificaram-no e repartiram entre si as suas vestes (Mc 15, 24).

Quando chegaram ao lugar chamado Calvário, crucificaram-no a Ele e aos malfeitores (Lc 23, 33).

Crucificaram-no e, com Ele, outros dois (Jo 19, 18).

Trespassaram as minhas mãos e os meus pés: posso contar todos os meus ossos (Sl 22 [21], 17-18).

As causas da morte

Foram colocadas várias hipóteses[327] sobre as causas da morte de Jesus, também à luz do Sudário. Segundo Luigi Malantrucco[328], chefe da Radiologia do Hospital São Pedro – Irmãos de São João de Deus de Roma –, o sinal "chave" para a solução do problema é a ferida do hemitórax direito. Esta ferida descreve uma oval quase perfeita, cujo eixo mais longo tem pouco mais de 4 cm de comprimento e o mais

---

[326] RICCI G., *O Homem do Sudário é Jesus*, op. cit., p. 255.
[327] FLORISTA F., FLORISTA L., *Jesus morreu de ataque cardíaco?* in *Giornale Italiano di Cardiologia*, vol. 10, setembro de 2009, pp. 602-608.
[328] MALANTRUCCO L., *Il silenzio della Sindone*, Radicequadrata, Roma 2010.

curto quase 1,5 cm; foi provocada por uma arma branca; os seus bordos permaneceram aumentados, como se pode esperar de um golpe desferido a um cadáver.

A mancha de sangue ao redor e sob a ferida aparece como um derrame divergente dos bordos da própria ferida, não homogénea, constituída por grandes manchas que descem, com curso ondulante, e, em parte, sobrepõem-se; são intercaladas com áreas de cor mais clara, semelhante, mas não idêntica, à cor de fundo do linho; as análises mostraram que se trata de sangue e de plasma sanguíneo separados e em grandes quantidades; o derrame parece ser claramente interrompido no fundo; o curso da interrupção é oblíquo, de baixo para cima e de dentro para fora. Na parte dorsal, mais baixa que a mancha anterior, há uma mancha de sangue grossa e irregular com grandes estrias cruzadas, apresentando um curso quase transversal; é interpretada como o prolongamento dorsal do derrame anterior.

A ferida do costado, pós-mortal, não só pode sustentar a identificação do Homem do Sudário com Jesus, recordando o episódio descrito por João, mas pode, em si mesma, acrescentar algo importante à definição de uma causa de morte.

A única hipótese que dá uma resposta a cada pergunta, tanto sindónica como evangélica, é o hemopericárdio. Esta palavra destina-se a descrever uma recolha de sangue, em quantidades mais ou menos abundantes, no pericárdio. O pericárdio é uma membrana fina, formada por dois folhetos fechados em saco, que envolve o coração em toda a sua extensão. Normalmente, a cavidade do pericárdio é virtual e não recolhe, no seu interior, mais de 5 centímetros cúbicos de líquido seroso. Quando esta cavidade, devido a uma alteração patológica, se enche de sangue, o folheto externo estende-se e alarga-se, e nela pode-se recolher uma quantidade abundante de líquido, até um máximo de cerca de dois litros. Neste caso, o sangue não coagula ou coagula minimamente.

Como o cadáver estava em posição erecta, com o tempo, devido ao próprio peso, os elementos figurados tendem a estratificar-se para baixo, enquanto, acima deles, o plasma se torna cada vez mais límpido; depois de algumas horas, haverá uma divisão completa pela qual os elementos vermelhos (eritrócitos) serão completamente estratificados em baixo, enquanto o plasma estará completamente límpido acima. E, então, rasgando a parede torácica, obter-se-á, primeiro, o derrame da parte vermelha (sangue), seguido, depois, da parte plasmática (água). Este derrame de "sangue e água" ocorre com violência, pois o sangue, recolhido no pericárdio, está sob forte pressão. E a imediação desta saída é claramente expressa tanto no Sudário quanto no Evangelho de João.

A formação do hemopericárdio deve-se a uma laceração da parede do coração (miocárdio), através da qual o sangue, contido nas cavidades cardíacas, passa para o interior do pericárdio. O alagamento deste ocorre em poucos segundos e causa a rapidíssima morte por "tamponamento cardíaco". E, muitas vezes, devido à dor aguda causada por este processo, é emitido um forte grito. É exactamente assim que Jesus morre. Esta morte rápida e violenta, que ocorreu em plena lucidez, que contradiz qualquer hipótese de asfixia, colapso, etc., é característica da morte por hemopericárdio. Um rápido confronto entre o Sudário e os Evangelhos pode mostrar melhor o quanto a hipótese de hemopericárdio corresponde a estes relatos.

> *E Jesus, clamando outra vez com voz forte, expirou* (Mt 27, 50).

> *Mas Jesus, com um grito forte, expirou* (Mc 15, 37).

> *Dando um grito, Jesus exclamou: "Pai, nas tuas mãos entrego o meu espírito". Dito isto, expirou* (Lc 23, 46).

> *E, inclinando a cabeça, entregou o espírito* (Jo 19, 30).

> *Fui derramado como água; e todos os meus ossos se desconjuntaram; o meu coração tornou-se como cera e derreteu-se dentro do meu peito* (Sl 22 [21], 15).

> *O insulto despedaçou-me o coração até desfalecer* (Sl 69 [68], 21).

> *Mas, ao chegarem a Jesus, vendo que já estava morto, não lhe quebraram as pernas. Porém, um dos soldados trespassou-lhe o peito com uma lança e logo brotou sangue e água. Aquele que viu estas coisas é que dá testemunho delas e o seu testemunho é verdadeiro. E ele bem sabe que diz a verdade para vós crerdes também.* (Jo 19, 33-35).

> *Mas derramarei sobre a casa de David e sobre os habitantes de Jerusalém um espírito de benevolência e de súplica. Eles contemplarão aquele a quem trespassaram* (Zc 12, 10).

O enterro e o túmulo vazio

A lei romana permitia o enterro dos executados, mas era preciso fazer um pedido para obter tal permissão. Se ninguém reclamava o corpo, este era colocado num sepulcrário comum[329].

Os Hebreus atribuíam grande importância ao enterro[330]. Fechavam-se os olhos ao defunto; se necessário, a boca era fechada com um lenço, que passava por debaixo da queixada e era atado sobre a cabeça; todos os orifícios deviam ser obturados. O corpo era lavado, untado com azeite e diversas espécies de aromas; o cabelo e os pêlos em geral deviam ser cortados, depois o corpo era coberto com as suas roupas e envolvido num lençol. Perfumes dissolvidos em azeite eram derramados sobre o falecido. O transporte para o local do enterro era feito com uma maca e eram queimados aromas durante o cortejo fúnebre.

A sepultura era preparada espalhando pomadas e aromas em pó no banco da dita. para aprontar um leito, e colocando alguns defumadores na gruta para purificar o ar dentro da sepultura. Nos três dias seguintes, os familiares visitavam a sepultura para verificar a morte ocorrida e evitar o risco de morte aparente; além disso, se necessário, completavam os procedimentos do enterro. Aqueles que iam visitar o defunto levavam potes de óleos aromáticos para serem despejados no corpo e sacos de aromas em pó para serem queimados em sua honra.

No estudo da Catacumba judaica de Villa Torlonia, em Roma, que data do tempo de Septímio Severo (Imperador Romano de 193 a 211 d.C.), o barnabita Umberto Fasola[331], Reitor do Pontifício Instituto de Arqueologia Cristã e Secretário da Pontifícia Comissão de Arqueologia Sacra, descobriu que, no interior, os túmulos estavam cobertos

---

[329] ZANINOTTO G., *La tecnica della crocifissione romana*, op. cit., pp. 64-65.

[330] GROSSI A., *Jewish shrouds and funerary customs: a comparison with the Shroud of Turin*, in *I Congreso Internacional sobre la Sabana Santa en España*, op. cit., pp. 1-33, a pp. 8-9; PERSILI A., *Sulle tracce del Cristo Risorto*, Casa della stampa, Tivoli 1988, p. 50.

[331] FASOLA U., *Descobertas e estudos arqueológicos de 1939 até hoje que contribuem para iluminar os problemas do Sudário de Turim*, em COERO-BORGA P. (Ed.), *La Sindone e la Scienza*, op. cit., pp. 59-83, a pp. 60 e 64.

de uma pátina negra porque tinham sido abundantemente polvilhados com uma mistura oleosa contendo aloé.

Os Hebreus usavam uma grande variedade de perfumes: incenso, mirra, aloé, nardo, açafrão, canela, cinamomo, gálbano, estoraque, ónix, bálsamo. A mirra, uma especiaria com um perfume forte e sabor amargo, era usada sob a forma de pomada para purificar o corpo dos maus cheiros. Sozinha ou com outras substâncias, nomeadamente o aloé, era utilizada para perfumar os tecidos (lençóis ou roupas). O aloé medicinal, ou *aloé socotrina*, era um sumo amargo. Talvez fosse misturado com a mirra para temperar o forte perfume. O uso nos cadáveres destinava-se a atrasar a sua corrupção.

Asa adormeceu com os seus pais e morreu no quadragésimo primeiro ano de reinado. Foi sepultado no túmulo que mandara fazer na cidade de David. Estenderam-no num leito cheio de perfumes aromáticos preparados segundo a arte do perfumista. E queimaram, na sua casa, grande quantidade de aromas em sua honra (2 Cr 16, 13-14).

Enquanto estava à mesa, aproximou-se dele uma mulher que trazia um frasco de alabastro com um perfume de alto preço e derramou-lho sobre a cabeça. (...) "Derramando este perfume sobre o meu corpo, ela preparou a minha sepultura" (Mt 26, 7; 12).

Estando à mesa, chegou uma certa mulher que trazia um frasco de alabastro com perfume de nardo puro de alto preço; partindo o frasco, derramou o perfume sobre a cabeça de Jesus. (...) "Ela fez o que estava ao seu alcance: ungiu antecipadamente o meu corpo para a sepultura" (Mc 14, 3; 8).

Então, Maria ungiu os pés de Jesus com uma libra de perfume de nardo puro, de alto preço, e enxugou-lhos com os seus cabelos. A casa encheu-se com a fragrância do perfume. (...) "Deixa que ela o tenha guardado para o dia da minha sepultura!" (Jo 12, 3; 7).

Passado o sábado, Maria de Magdala, Maria, mãe de Tiago, e Salomé compraram perfumes para ir embalsamá-lo (Mc 16, 1).

Entretanto, as mulheres que tinham vindo com Ele da Galileia acompanharam José, observaram o túmulo e viram como o corpo de Jesus fora depositado. Ao regressar, prepararam aromas e perfumes; e, durante o sábado, observaram o descanso conforme o preceito. No primeiro dia da semana, ao romper da alva, as mulheres foram ao sepulcro levando os perfumes que tinham preparado (Lc 23, 55-56; 24, 1).

A norma judaica de lavar o corpo tinha uma excepção: se o falecido tivesse sido vítima de uma morte violenta e tivesse sido derramada uma certa quantidade do seu sangue – este, em qualquer caso, teria que ser sepultado com o corpo – então não havia a lavagem ritual. Com medo que se perdesse o "sangue da vida", a terra sobre a qual tinha caído o sangue tinha que ser removida e sepultada junto com o corpo.

De acordo com o Código Judaico de Direito *Kitzur Shulchan Aruch*, do século XVI, elaborado pelo Rabino Shlomo Ganzfried[332], quem morria de morte violenta não era lavado antes de ser sepultado:

> «*Aquele que caiu e morreu instantaneamente, se o seu corpo foi ferido e está a sangrar, e se acreditamos que o sangue vivo foi absorvido nas suas roupas e nos seus sapatos, então não o purificamos, mas enterrámo-lo nas suas roupas e com os seus sapatos (pois este sangue é considerado parte dele e deve ser preservado com o corpo para a sepultura). No entanto, por cima das suas roupas, enrolamos-lhe um lençol chamado "sovev". É costume cavar o chão onde caiu, se lá houver sangue, e também nas proximidades, e enterramos com ele toda a terra que contenha sangue*».

Mesmo um texto mais antigo (século X), de David Kimhi, RaDaK, contém as mesmas prescrições.

O corpo que foi envolvido no Sudário foi entregue imediatamente àqueles que estavam interessados no seu enterro. Usaram, certamente, aloé e mirra. A ausência de qualquer sinal de decomposição sugere que o corpo só esteve em contacto com o tecido por um breve período de tempo. A presença de sangue mostra a falta da lavagem do corpo, pois é vítima de uma morte violenta. Provavelmente, o lençol foi simplesmente colocado sobre o corpo deitado sem apertá-lo com ligaduras[333].

---

[332] Ganzfried S., *Kitzur Shulchan Aruch*, Lamed, Milano 2001, cap. 197:9, http://www.yonanewman.org/kizzur/kizzur197.html; Lavoie B.B., Lavoie G.R., Klutstein D., Regan J., *O corpo de Jesus não foi lavado segundo o costume do enterro judeu*, em *Sindon*, Quaderno n. 30, Dicembre 1981, pp. 19-29.

[333] Fanti G., Marinelli E., A study of the front and back body enveloping based on 3D information, in The 2nd Dallas International Conference on the Shroud of Turin, Dallas (Texas, EUA), 25-28 Ottobre 2001, pp. 1-18, http://www.sindone.info/FANTI4A.PDF.

Ao cair da tarde, veio um homem rico de Arimateia, chamado José, que também se tornara discípulo de Jesus. Foi ter com Pilatos e pediu-lhe o corpo de Jesus. Pilatos ordenou que lho entregassem. José tomou o corpo, envolveu-o num lençol limpo e depositou-o num túmulo novo que tinha mandado talhar na rocha. Depois, rolou uma grande pedra contra a porta do túmulo e retirou-se (Mt 27, 57-60).

Ao cair da tarde, visto ser a Preparação, isto é, véspera do sábado, José de Arimateia, respeitável membro do Conselho que também esperava o Reino de Deus, foi corajosamente procurar Pilatos e pediu-lhe o corpo de Jesus. Pilatos espantou-se por Ele já estar morto e, mandando chamar o centurião, perguntou-lhe se já tinha morrido há muito. Informado pelo centurião, Pilatos ordenou que o corpo fosse entregue a José. Este, depois de comprar um lençol, desceu o corpo da cruz e envolveu-o nele. Em seguida, depositou-o num sepulcro cavado na rocha e rolou uma pedra sobre a entrada do sepulcro (Mc 15, 42-46).

Um membro do Conselho, chamado José, homem recto e justo, não tinha concordado com a decisão nem com o procedimento dos outros. Era natural de Arimateia, cidade da Judeia, e esperava o Reino de Deus. Foi ter com Pilatos e pediu-lhe o corpo de Jesus. Descendo-o da cruz, envolveu-o num lençol e depositou-o num sepulcro talhado na rocha onde ainda ninguém tinha sido sepultado (Lc 23, 50-53).

Depois disto, José de Arimateia, que era discípulo de Jesus, mas secretamente por medo das autoridades judaicas, pediu a Pilatos que lhe deixasse levar o corpo de Jesus. E Pilatos permitiu-lho. Veio, pois, e retirou o corpo. Nicodemos, aquele que antes tinha ido ter com Jesus de noite, apareceu também trazendo uma mistura de perto de cem libras de mirra e aloés. Tomaram, então, o corpo de Jesus e envolveram-no em panos de linho com os perfumes, segundo o costume dos judeus. No sítio em que Ele tinha sido crucificado havia um horto e, no horto, um túmulo novo, onde ainda ninguém tinha sido sepultado. Como para os judeus era o dia da Preparação da Páscoa e o túmulo estava perto, foi ali que puseram Jesus (Jo 19, 38-42).

Foi-lhe dada sepultura entre os ímpios e uma tumba entre os malfeitores, embora não tenha cometido crime algum, nem praticado qualquer fraude (Is 53, 9).

O uso do termo *othónia*, que João usa para descrever os tecidos vazios encontrados no túmulo, provocou grandes discussões, especialmente porque, no passado, foi traduzido *ligaduras*, por exemplo, na Bíblia de Jerusalém[334]. Em 2004, o biblista Giuseppe Ghiberti comentou[335]:

---

[334] La Bibbia di Gerusalemme, Edizioni Dehoniane, Bolonha 1974.
[335] Ghiberti G., *Dalle cose che patì*, Effatà Editrice, Cantalupa (TO) 2004, p. 137.

> «Não creio que *othónia* signifique ligaduras. As ligaduras sugerem, no entanto, a representação de algo estreito (com pouca diferença das ligaduras da antiga tradução da Conferência Episcopal Italiana: espero que, em breve, possamos ler tecidos), enquanto *othónia* é, formalmente, um diminutivo, embora, na evolução conseguida no grego bíblico, tenha perdido este sentido. Não creio que as *othónia* coincidam com as *keiríai*, ligaduras, do enterro de Lázaro: não se fala destas no enterro de Jesus (mesmo que seja provável que tenham sido utilizadas); nem penso que *othónia* signifique outra coisa que não seja a *sindón* sinóptica. Em João, para Jesus só se conhecem dois indumentos funerários: os lençóis e o sudário».

Segundo Ghiberti[336], o plural *othónia* é usado para compreender o que Pedro e João viram no sepulcro vazio: «*O tecido de cima e o tecido de baixo pousados um em cima do outro: dois tecidos, precisamente, embora, na realidade, fosse apenas um*». Na nova tradução da CEI[337], *othónia keímena* (Jo 20, 5-6) já não é traduzido as *ligaduras no chão*, como na Bíblia de Jerusalém, mas *os tecidos pousados*.

No que diz respeito ao tempo de permanência do corpo no lençol, das análises efectuadas ao Sudário pode-se deduzir que a redissolução dos coágulos sanguíneos por fibrinólise parou após um período que, provavelmente, não foi superior a 36-40 horas. Os vestígios de sangue não mostram sinais de arrastamento e é inexplicável como o contacto entre o corpo e o lençol tenha sido interrompido sem alterar os decalques que se formaram.

Depois da transposição do sangue, imprimiu-se, no lençol, a imagem, em negativo, do cadáver que lá tinha sido envolvido. Esta marca só poderia ser explicada admitindo que o corpo tenha emitido uma breve e potente radiação ultravioleta. Na escuridão daquele túmulo, um fenómeno de luz pode iluminar-nos para compreender o mistério do Sudário.

> *Por isso, o meu coração se alegra e a minha alma exulta e o meu corpo repousará em segurança. Pois Tu não me entregarás à morada dos mortos, nem deixarás o teu fiel conhecer a sepultura* (Sl 16 [15], 9-10).

> *Dar-nos-á de novo a vida em dois dias, ao terceiro dia nos levantará* (Os 6, 2).

---

[336] *Ibid.*, p. 130.
[337] *La Sacra Bibbia*, Conferência Episcopal Italiana, União dos Livreiros e Editores Católicos Italianos, 2008.

Jonas esteve três dias e três noites no ventre do peixe (Jn 2, 1).

Geração má e adúltera! Reclama um sinal, mas não lhe será dado outro sinal, a não ser o do profeta Jonas. Assim como Jonas esteve no ventre do monstro marinho três dias e três noites, assim o Filho do Homem estará no seio da terra três dias e três noites (Mt 12, 39-40).

Pedro, no entanto, pôs-se a caminho e correu ao sepulcro. Debruçando-se, apenas viu as ligaduras (Lc 24, 12).

Pedro saiu com o outro discípulo e foram ao túmulo. Corriam os dois juntos, mas o outro discípulo correu mais que Pedro e chegou primeiro ao túmulo. Inclinou-se para observar e reparou que os panos de linho estavam espalmados no chão, mas não entrou. Entretanto, chegou também Simão Pedro, que o seguira. Entrou no túmulo e ficou admirado ao ver os panos de linho espalmados no chão, ao passo que o lenço que tivera em volta da cabeça não estava espalmado no chão juntamente com os panos de linho, mas de outro modo, enrolado noutra posição. Então, entrou também o outro discípulo, o que tinha chegado primeiro ao túmulo. Viu e começou a crer (Jo 20, 3-8).

Transfigurou-se diante deles: o seu rosto resplandeceu como o Sol e as suas vestes tornaram-se brancas como a luz (Mt 17, 2).

INDICAÇÕES BIBLIOGRÁFICAS

Lista dos principais textos que podem ser utilizados pelo leitor para mais informações.

- Baima Bollone Pierluigi, *Sindone. Storia e scienza 2010*, Priuli & Verlucca, Ivrea (TO) 2010
- Balossino Nello, *Sindone. Immagini per la conoscenza*, Effatà Editrice, Cantalupa (TO) 2010
- Barberis Bruno, Boccaletti Marco, *Il caso Sindone non è chiuso*, Ed. San Paolo, Cinisello Balsamo (MI) 2010
- Barbesino Francesco, Moroni Mario, *Lungo le strade della Sindone*, Edizioni San Paolo, Cinisello Balsamo (MI) 2000
- Battezzati Stefano, *Gesù, ma quanto... quanto ci ami!*, Mimep-Docete, Pessano (MI) 2013
- Bento XVI, Poletto Severino, Schönborn Christoph, Ravasi Gianfranco, Verdon Timothy, *Icona del Sabato Santo*, Effatà Editrice, Cantalupa (TO) 2011
- Ciola Nicola, Ghiberti Giuseppe (Edd.), *La Passione di Gesù e la Sindone*, Lateran University Press, Cidade do Vaticano 2014
- Commissione diocesana per la Sindone, *Sindone* (DVD), Nova-T, Turim 2004
- Coppini Lamberto, Cavazzuti Francesco (Edd.), *Le icone di Cristo e la Sindone*, Ed. San Paolo, Cinisello Balsamo (MI) 2000
- Di Lazzaro Paolo (Ed.), *Proceedings of the IWSAI 2010, International Workshop on the Scientific approach to the Acheiropoietos Images*, 4-6 de Maio de 2010, ENEA, Frascati (Roma) 2010
- Dubarle André-Marie, *Histoire ancienne du Linceul de Turin*, OEIL, Paris, França 1985; tradução italiana: Dubarle André-Marie, *Storia antica della Sindone di Torino*, Ed. Giovinezza, Roma 1989
- Fanti Giulio (Ed.), *The Shroud of Turin. Perspectives on a multifaceted enigma, Proceedings of the 2008 Columbus International Conference*, Columbus (Ohio, EIA) 2008, Ed. Libreria Progetto, Pádua 2009

- Fanti Giulio, Gaeta Saverio, *Il mistero della Sindone*, Rizzoli, Milão 2013
- Ferrari Giuseppe, Pascual Rafael, *La Sindone tra scienza e fede*, Edizioni Studio Domenicano, Bolonha 2008
- Fossati Luigi, *La Sacra Sindone, Storia documentata di una secolare venerazione*, Editrice Elledici, Leumann (TO) 2000
- Ghiberti Giuseppe, *Davanti alla Sindone*, Ed. San Paolo, Cinisello Balsamo (MI) 2010
- Guerreschi Aldo, *La Sindone e la fotografia*, Edizioni San Paolo, Cinisello Balsamo (MI) 2000
- Guscin Mark, *The Image of Edessa*, Brill, Leiden 2009
- Losi Loris (Ed.), *Il mistero continua*, Fondazione 3M Edizioni, Milão 2005
- Malantrucco Luigi, *Il silenzio della Sindone*, Radicequadrata, Roma 2010
- Marinelli Emanuela, *La Sindone. Il mistero di un'immagine*, I Quaderni del Timone, Ancora, Milão 2010
- Marinelli Emanuela, *La Sindone. Analisi di un mistero*, Sugarco Edizioni, Milão 2009
- Marinelli Emanuela, *La Sindone. Testimone di una presenza*, Ed. San Paolo, Cinisello Balsamo (MI) 2010
- Marinelli Emanuela, Marinelli Maurizio, *Alla scoperta della Sindone*, Ed. Messaggero Padova, Pádua 2010
- Marinelli Emanuela, Marinelli Maurizio, *La Sindone. Un mistero tra storia, scienza e fede*, Editrice Shalom, Camerata Picena (AN) 2010
- Marinelli Emanuela, Russi Angelo (Edd.), *Sindone 2000, Atti del Congresso Mondiale*, Orvieto 27-29 de Agosto de 2000, Gerni Editori, San Severo (FG) 2002
- Petrosillo Orazio, Marinelli Emanuela, *La Sindone. Storia di un enigma*, Rizzoli, Milão 1998
- Piana Alessandro, *Sindone: gli anni perduti. Da Costantinopoli a Lirey: nuove prove*, Sugarco Edizioni, Milão 2007
- Piana Alessandro, *La Sindone, un mistero lungo duemila anni*, Mimep-Docete, Pessano (MI) 2014 (com DVD)
- Repice Domenico (Ed.), *Quattro percorsi accanto alla Sindone*, Edizioni Radicequadrata, Roma 2011

- Ricci Giulio, *L'Uomo della Sindone è Gesù*, Ed. Cammino, Milão 1985
- Rodante Sebastiano, *Le realtà della Sindone*, Massimo, Milão 1987
- Saracino Francesca, *La Sacra Sindone. La storia* (DVD), Mimep-Docete 2007
- Saracino Francesca, *La notte della Sindone* (DVD), Polifemo 2011
- Savio Pietro, *Ricerche storiche sulla Santa Sindone*, SEI, Turim 1957
- Scannerini Silvano, Savarino Piero (Edd.), *The Turin Shroud, past, present and future, International Scientific Symposium,* Turim, 2-5 de Março de 2000, Effatà Editrice, Cantalupa (TO) 2000
- Schiatti Lamberto (Ed.), *Il grande libro della Sindone*, Ed. San Paolo, Cinisello Balsamo (MI) 2000
- Tosatti Marco, *Inchiesta sulla Sindone*, PIEMME, Casale Monferrato (AL) 2009
- Tornielli Andrea, *Sindone. Inchiesta sul mistero*, Gribaudi Editore, Milão 2010
- Trovellesi Cesana Luca, *I misteri del Santo Sepolcro* (DVD), Sydonia 2014
- Vercelli Piero, *La Sindone nella sua struttura tessile*, Effatà Editrice, Cantalupa (TO) 2010
- Wilson Ian, *The Shroud. Fresh light on the 2000-year-old Mystery…*, Transworld Publishers, Londres (Reino Unido) 2010
- Zaccone Gian Maria, *La Sindone. Storia di un'immagine*, Paoline Editoriale Libri, Milão 2010
- Zaccone Gian Maria, Ghiberti Giuseppe (Edd.), *Guardare la Sindone. Cinquecento anni di liturgia sindonica*, Effatà Editrice, Cantalupa (TO) 2007

Sites da Internet

- Arquidiocese de Turim: www.sindone.org
- Collegamento pro Sindone: www.sindone.info
- Shroud of Turin website: www.shroud.com

MARCO FASOL

OS EVANGELHOS E AS CIÊNCIAS HISTÓRICAS

> *O Verbo era a luz verdadeira que, ao vir ao mundo, a todo o homem ilumina*
> *(Jo 1, 9).*

As perguntas do nosso tempo

"É mesmo verdade o que nos contam os Evangelhos ou são lendas populares?". "Entre Jesus e Júpiter, existe, realmente, uma diferença? Ou são ambos mitos?". Em mais de trinta anos de ensino, ouvi, muitas vezes, perguntas ou frases semelhantes. Não é de admirar ou zangar-se com esta ignorância histórica, porque é como um sinal dos tempos. Indica-nos uma direcção de procura. Não serve de nada lamentar-se.

No passado pré-iluminista, essa procura crítica e científica sobre os Evangelhos era de pouca importância. As pessoas acreditavam sem problemas. São Francisco ou Santa Catarina, para citar os dois patronos da Itália, não sabiam nada das provas científicas que vimos sobre o Sudário ou que veremos sobre os Evangelhos, mas a sua Fé não se enfraquecia. Viviam num outro ambiente cultural, onde não fazia sentido colocar questões ou dúvidas sobre a verdade dos textos transmitidos. Hoje, os tempos mudaram e só a análise científica dos textos nos permite discernir as lendas e superstições do saber autêntico.

O homem moderno faz novas perguntas sobre a História e, se não souberem responder, os crentes serão ridicularizados como pessoas crédulas.

A proclamação dos textos sagrados já não é suficiente. Qualquer catequese tem a sua premissa indispensável no estudo do valor histórico dos Evangelhos. Sem esta seriedade científica, o anúncio fica exposto à irrisão e ao escárnio e deixa o crente desamparado diante de um grande perigo: o fideísmo ignorante daqueles que não sabem explicar a diferença entre os Evangelhos e as lendas com um final feliz.

Por fideísmo quero dizer uma Fé dissociada da História, da razão crítica. Se o Evangelho em que acreditamos é dissociado da História, torna-se imediatamente uma lenda edificante ou uma perigosa ideologia fundamentalista.

A Fé cristã autêntica, por outro lado, é histórica! É sobre eventos reais e bem documentados. No entanto, devemos distinguir a procura histórica da escolha da Fé, que não está subordinada a estudos aproximados e parciais. Todavia, é indispensável que a Fé seja também reforçada pelo conhecimento racional, capaz de responder às objecções e às críticas.

Do Sudário aos Evangelhos

Depois de termos estudado cientificamente o Sudário, tentaremos aplicar o mesmo método também aos Evangelhos, que são a sua chave de leitura. O Sagrado Tecido, preservado em Turim, e os Evangelhos apoiam-se e clarificam-se mutuamente.

Os três Evangelhos sinópticos, que, como veremos, são os mais antigos, falam explicitamente de um sudário: «*José tomou o corpo, envolveu-o num lençol* (grego: *sindon*) *limpo*» (Mt 27, 59; Mc 15, 46; Lc 23, 53). O quarto evangelista, que escreveu no fim do século I, especifica mais adiante:

> «*Entretanto, chegou também Simão Pedro, que o seguira. Entrou no túmulo e ficou admirado ao ver os panos de linho espalhados no chão* (othonia kéimena), *ao passo que o lenço* (soudàrion) *que tivera em volta da cabeça não estava espalhado no chão juntamente com os panos de linho, mas de outro modo, enrolado* (entetuligménon) *noutra posição. Então, entrou também o outro discípulo, o que tinha chegado primeiro ao túmulo. Viu e começou a crer*» (Jo 20, 6-8).

O que viu e por que acreditou? A mortalha estava *enrolada*. João usa, de facto, o particípio passivo grego (*entetuligménon*) do mesmo verbo usado por Mateus e por Lucas na forma activa: «*José tomou o corpo, envolveu-o* (*enetulixen*) *num lençol* (*sindon*) *limpo*» (Mt 27, 59; Lc 23, 53). Parece que o singular *enrolamento* do Sudário seja o sinal prodigioso que suscita a Fé em João.

O texto é lacónico e de difícil interpretação. Em todo o caso, esta descrição detalhada *(sudário limpo, mortalha enrolada, tecidos pousados)*, que os evangelistas recordam mesmo depois de trinta ou até mesmo sessenta anos, faz-nos compreender que o seu relato é directo e remonta a testemunhas oculares. Esta é, precisamente, a grande preocupação dos evangelistas: querem que compreendamos que não são visionários ou fantasiosos criadores de lendas, mas que dizem o que viram com os próprios olhos. O evangelista Lucas, no início do seu Evangelho, diz relatar os factos: «*Como no-los transmitiram os que, desde o princípio, foram testemunhas oculares*» (Lc 1, 2). E o texto grego fala precisamente de *testemunhas oculares (autoptai)*. De facto, pouco depois, oferece-nos um preciso e detalhado quadro histórico dos acontecimentos:

> «*No décimo quinto ano do reinado do imperador Tibério, quando Pôncio Pilatos era governador da Judeia, Herodes, tetrarca da Galileia, seu irmão Filipe, tetrarca da Itureia e da Traconítide, e Lisânias, tetrarca de Abilena, sob o pontificado de Anás e Caifás, a palavra de Deus foi dirigida a João...*» (Lc 3, 1-2).

Hoje, perguntámo-nos com espírito crítico: temos provas convincentes deste testemunho directo? Para tornar credíveis estes testemunhos face ao Iluminismo e à cultura científica do nosso tempo, é necessário empreender um caminho de procura, à descoberta dos três *pilares* que sustentam o valor histórico dos Evangelhos.

Um *primeiro pilar* (capítulo I) dirá respeito ao texto que lemos actualmente: "É mesmo idêntico ao original?". Analisaremos a extraordinária quantidade e antiguidade dos manuscritos que, pela sua concordância, nos garantem a fidelidade de transmissão.

O *segundo pilar* (capítulo II) diz respeito ao estudo filológico do texto original grego, que revela claramente uma origem aramaica e hebraica, precisamente as línguas faladas por Jesus. Isto garante-nos que os autores tenham relatado um testemunho em primeira mão, com as estruturas originais e as características estilísticas típicas da didáctica semítica.

O *terceiro pilar* (capítulo III) tratará das diferentes hipóteses sobre Jesus. Depois de ter superado a hipótese crítica e mítica, graças às descobertas papirológicas e aos estudos filológicos, veremos como a concatenação dos acontecimentos narrados impõe ao historiador, como explicação necessária, o relato completo dos Evangelhos.

Tentaremos (capítulo IV), depois, responder cientificamente a algumas objecções da crítica contemporânea, em particular sobre as fontes não cristãs, sobre os evangelhos apócrifos, sobre a fiabilidade de testemunhas "de parte".

Finalmente (capítulo V), poderemos descobrir o valor mais profundo daquela *luz do Santo Sepulcro* que dá sentido ao nosso caminho. Veremos o que significou, para a nossa História, a grande "revolução" do amor misericordioso.

CAPÍTULO I

MILHARES DE MANUSCRITOS ANTIGOS

Da pregação oral ao texto escrito

Todos sabemos que os quatro Evangelhos são as fontes históricas que estão na base do cristianismo e, portanto, a nossa pesquisa científica deve partir desses textos *canónicos*. As primeiras comunidades cristãs definiram um *cânone,* ou seja, uma "regra" que individuava os textos que se conformavam com a pregação original. Veremos que, mesmo os *evangelhos apócrifos,* descobertos, sobretudo, nos últimos dois séculos, constituem mais uma fonte histórica que, no entanto, não satisfaz os critérios de fiabilidade científica. Examinaremos, em profundidade, a questão dos apócrifos e a definição do *cânone* na parte conclusiva (cap. IV), enquanto abordaremos, em primeiro lugar, o estudo dos Evangelhos canónicos, já que, até agora, todos os estudiosos competentes os reconhecem como as fontes históricas mais antigas e confiáveis.

Uma primeira pergunta diz respeito à antiguidade da composição dos quatro Evangelhos canónicos (Mateus, Marcos, Lucas e João) e dos outros textos do Novo Testamento (Actos dos Apóstolos, 14 cartas tradicionalmente atribuídas a Paulo, 2 cartas de Pedro, 3 de João, a carta de Tiago, a carta de Judas Tadeu, o Apocalipse), 27 escritos no total.

Até aos inícios do século passado, alguns historiadores pensavam que os Evangelhos tinham sido escritos mesmo duzentos anos depois dos acontecimentos. Estes estudiosos, portanto, falavam de *contos populares* lendários, deformados pela imaginação das primeiras *comunidades helenísticas,* como afirmavam, por exemplo, R. Bultmann ou M. Bultmann. Dibelius. As recentes descobertas papirológicas e a análise linguística do grego dos Evangelhos impuseram uma datação anterior, muito próxima dos acontecimentos. Percorramos as fases deste percurso de formação.

A morte de Jesus, por crucificação, aconteceu no ano 30 e, sobre este drama, não há dúvidas entre os estudiosos, mesmo os não crentes. Pode haver uma oscilação cronológica de alguns anos, porque eram usados calendários diferentes, mas este evento é atestado tanto por todas as fontes cristãs como por historiadores leigos, tais como Tácito e Flávio Josefo. Desde então, a comunidade dos crentes espalhou o feliz anúncio, começando por Jerusalém para, depois, chegar a Antioquia, Damasco, Atenas, Roma, Alexandria do Egipto e outras cidades do Mediterrâneo. É esta a fase da só pregação oral, típica das civilizações antigas. De acordo com os estudos mais recentes[338], na Palestina de então, menos de 10% da população sabia ler e escrever. Por isso, o anúncio era, inicialmente, apenas oral. A "biblioteca" do homem comum era a memória, ajudada por algumas técnicas que a facilitavam.

Não devemos, assim, projectar, sobre estas primeiras duas ou três décadas, as nossas ideias pregação oral, que são muito diferentes. No judaísmo da época, de facto, a tradição oral era transmitida seguindo regras precisas e rigorosas de fidelidade, palavra por palavra. A regra de ouro do ensino antigo era a "memorização", o aprender de memória, com o controlo e a autoridade do mestre. Toda a vida dos mestres era passada numa contínua repetição, de memória, do património dos antigos. E isso aplica-se não apenas à cultura judaica, mas às civilizações antigas em geral. Também Cícero afirma que «*a repetição é a mãe dos estudos (repetitio est mater studiorum)*».

É provável, portanto, que até mesmo as primeiras comunidades cristãs tenham respeitado esta prática de transmissão fiel das palavras do Mestre, sob a orientação da autoridade dos apóstolos. A estrutura linguística dos Evangelhos, como veremos, confirma-o. Especialmente durante estes primeiros trinta anos, assim como nas décadas seguintes, foi também elaborada a tradução, de hebraico e aramaico, para grego, porque o Mestre havia confiado uma tarefa aos seus discípulos: «*Ide pelo mundo inteiro…*» (Mc 16, 15) e todo o mundo antigo falava grego: não conseguia, certamente, entender o aramaico, que era um dialecto local! Depois das primeiras duas ou três décadas de pregação oral, os primeiros três Evangelhos, de Mateus, Marcos e Lucas, chamados *Sinópticos (legíveis em paralelo, com um único olhar)*, começaram a tomar forma escrita em grego, pois mostram, em paralelo, a trama

---

[338] Dunn J. *Dal Vangelo ai Vangeli*, Ed. San Paolo, Turim 2012, pp. 37-38.

essencial e numerosos discursos e relatos com palavras muito semelhantes. Esta passagem da forma oral para a escrita era necessária como ponto de referência seguro para as novas comunidades em expansão. As recolhas orais foram sedimentadas de acordo com esquemas ou *formas de pregação*, depois ligadas com um trabalho de *redacção*, nas primeiras décadas após a década de 50. O Evangelho de João foi redigido mais tarde, provavelmente no final do primeiro século. A crítica histórica, sobretudo de língua alemã, distinguiu *formas literárias (Formgeschichte)* e *redacção (Redaktiongeschichte)*, ou seja, trabalho de ligação narrativa entre as várias *formas*.

As *formas literárias* eram constituídas pelas recolhas de *parábolas, milagres, ditos ou discursos, relatos da paixão*... Ou recolhiam-se as referências às antigas profecias realizadas na vida de Jesus: nos quatro Evangelhos, encontramos, pelo menos, noventa citações! A *redacção* definitiva consistia em ligar, de forma ordinária e coerente, todas estas recolhas.

Os primeiros resultados destas pesquisas eram contraditórios e muito heterogéneos, mas as aquisições dos últimos cinquenta anos permitem-nos, hoje, afirmar que a pregação oral, conforme às antigas regras didácticas, nos garante uma fidelidade de transmissão ainda maior do que um registo mecânico. Os estudos da escola escandinava de Uppsala[339], confirmados por mais estudos recentes sobre as regras de transmissão oral no Médio Oriente, de D. G. Dunn e R. Bauckham[340], são decisivos a este respeito. É fácil perceber esta homogeneidade da tradição oral quando se observa que a redacção final dos Sinópticos está substancialmente de acordo, na sequência narrativa e no léxico, em todas as comunidades do Mediterrâneo. Leiamos as palavras do respeitável Card. C. M. Martini, biblista universalmente conhecido:

---

[339] Riesenfeld H., *The gospel tradition and its beginnings*, Fortress, Filadélfia 1970; Gerhardsson B., *Memory & Manuscript, Oral Tradition and Written Transmission in Rabinic Judaism and Early Christianity*, William B. Eerdmans Publishing Company, Grand Rapids (Michigan) 1998.

[340] Dunn J. *Gli albori del cristianesimo. La memoria di Gesù*, vol. 1, Paideia, Bréscia 2006; Bauckham R., *Jesus and* Eyewitnesses, William B. Eerdmans Publishing Company, Grand Rapids (Michigan) 2006.

>«O exame do processo de formação dos Evangelhos fez-nos ver como, em todas as suas partes, confirma a validade histórica dos Evangelhos. Os apóstolos eram os mais qualificados para imprimir, nas suas mentes, as palavras e as obras de Jesus, de quem eram espectadores quotidianos. A pregação que teve lugar depois da morte e ressurreição de Jesus foi sempre feita sob a supervisão do grupo apostólico e numa preocupação constante de retransmissão fiel do que tinha sido transmitido. No momento da redacção dos Evangelhos, os evangelistas dispunham não só das suas próprias recordações pessoais, mas também de todo o material que já tinha sido examinado e elaborado. A solidez das coisas transmitidas no Evangelho repousa, assim, não no testemunho individual de uma pessoa em particular, mas sobre o grupo dos apóstolos e no grupo maior daqueles que tinham visto os factos de Cristo e tinham todo o interesse em conservar a história exacta e fiel. A recente pesquisa exegética, além de estreitar, alarga a base do testemunho sobre o qual se funda o valor dos Evangelhos e coloca a nossa Fé em comunhão com a de toda a primeira comunidade dos crentes»[341].

A metodologia histórica mais recente, individua, logo, três fases na formação dos Evangelhos: a primeira é a própria vida de Jesus, a segunda é a tradição oral, a terceira é a redacção evangélica dos escritos. Também o recente magistério oficial da Igreja Católica assumiu esta abordagem metodológica[342]. O Concílio Vaticano II, na *Dei Verbum* (1965), no n.º 19, afirma, «*sem hesitação, a historicidade destes quatro Evangelhos*».

Deixamos aos estudiosos a pesquisa erudita – e também um pouco académica – sobre a *questão sinóptica* que procura as fases do trabalho redactorial até mesmo frase por frase. Centenas de estudiosos aventuraram-se no labirinto das hipóteses. O que realmente nos interessa, em vez disso, é a substancial concordância das fontes sobre a pregação e sobre os principais acontecimentos. Examinaremos, no próximo capítulo, a estrutura linguística de algumas regras da tradição oral semítica, graças às quais é garantida a fidelidade de transmissão.

Será fácil convencer-se de que os textos escritos seguem esquemas de pregação concordantes em todas as comunidades cristãs mais antigas, de Jerusalém a Antioquia, Atenas, Roma, Alexandria do Egipto, Éfeso e assim por diante.

---

[341] Martini C.M., *Qualcosa in cui credere*, Piemme, Milão 2010, pp. 52-53.
[342] Pontifícia Comissão Bíblica, *De historica Evangeliorum veritate*, Libreria Editrice Vaticana, Cidade do Vaticano 1964.

O texto mais documentado da História Antiga

A este ponto, colocámo-nos uma outra questão: estamos certos de que o próprio texto da pregação apostólica primitiva nos chegou íntegro e intacto? É o problema de transmitir textos antigos por cópia manual.

Antes da invenção da impressão (por volta de 1450), todos os textos da antiguidade chegaram até nós graças ao trabalho incansável do povo de Amalfi, que copiou à mão, ao longo dos séculos, toda a herança das culturas antigas. Estes manuscritos eram copiados em *papiros, pergaminhos, códices, rolos...* preservados, hoje em dia, em todas as mais prestigiadas bibliotecas do mundo. Obviamente, quanto mais manuscritos houver de um determinado texto, mais se diz que está bem documentado. Por exemplo, restam cerca de 600 manuscritos da Ilíada e da Odisseia, tratando-se de um recorde! Na verdade, todas as outras obras-primas antigas têm, geralmente, um número muito inferior de manuscritos. Virgílio tem pouco mais de 100, Platão e César têm apenas cerca de dez e a maioria dos grandes autores da antiguidade também. Tácito tem, para algumas obras, apenas um, um *unicum*, e, além disso, incompleto.

E quantos manuscritos do Novo Testamento existem? Um número imenso! Restaram, pelo menos, 5300 manuscritos gregos, 8000 manuscritos latinos, pelo menos, dois ou três mil (a catalogação ainda não foi concluída) nas traduções em línguas antigas, como o arménio, o siríaco, o copta... No total, mais de quinze mil manuscritos[343]!

A este ponto, um leitor contemporâneo poderia objectar: "Os amanuenses eram, frequentemente, monges beneditinos, então quem

---

[343] O catálogo completo está disponível em Aland K. e B., *Il Testo del Nuovo Testamento*, Marietti, Génova 1987, ou também nos *Appendices* da versão oficial do *Novum Testamentum Graece* ao cuidado de Nestle E., Aland B. e K., Karavidopoulos J., Martini C.M., Metzger B., Deutsche Bibelgesellschaft, 28.ª edição, Estugarda 2012. Também a obra de Metzger B. *Il testo del Nuovo Testamento*, Paideia, Bréscia 1996, pp. 40-95, contém uma lista detalhada dos manuscritos, com comentários e explicações.

sabe quantos milagres ou histórias lendárias inventaram para impressionar o povo ignorante". C. Augias, por exemplo, escreveu: «*Os textos sagrados são o resultado de numerosos refazimentos e manipulações*»[344].

Os estudiosos que já consultaram milhares de manuscritos podem responder facilmente: onde estão essas manipulações e refazimentos se todos os manuscritos transmitem o mesmo texto, palavra por palavra? Mesmo se copiados em Roma, Atenas, Éfeso, Alexandria, Antioquia, Damasco... e em épocas diferentes! Como escreveu o influente estudioso K. Aland, trata-se de uma inesperada concordância até para o especialista. É claro que devemos assinalar que, como em cada obra humana, há muitos erros ortográficos ou de transcrição. Um bom amanuense dava, em média, um erro a cada vinte linhas. Se houver milhares de manuscritos, obviamente haverá milhares de erros e muitas variações. Mas esses erros não afectam os conteúdos fundamentais, como afirmaram os maiores estudiosos da Filologia, de B. Metzger a E. Nestle, de K. Aland a C. M. Martini.

Temos de saber criticar a desinformação a que se prestam muitos amadores em procura de notoriedade. Essa consiste em dar uma informação verdadeira, mas em manter em silêncio todas as outras informações que são muito mais importantes. Se um "desinformador" escreve que há milhares de erros nos manuscritos dos Evangelhos, diz uma verdade. Há que acrescentar, no entanto, que esses erros não afectam o conteúdo fundamental, mas respeitam, sobretudo, a esquecimentos, erros ortográficos e omissões inúteis. Deve acrescentar que há 15000 manuscritos! Que transmitem todos, substancialmente, o mesmo texto! Que podemos verificar e definir o texto autêntico comparando milhares de manuscritos! Que os principais estudiosos do mundo chegaram a um consenso unânime na definição do texto autêntico[345]. O *Novum Testamentum Graece* constitui a coroação deste trabalho.

Os amanuenses quiseram, portanto, respeitar, com a máxima fidelidade, o texto original, sem lhe acrescentar nada. Evidentemente, estavam conscientes da importância decisiva daquilo que escreviam para as gerações futuras. Note-se que os amanuenses não tinham,

---

[344] Augias C. Pesce M., *Inchiesta su Gesù*, Mondadori, Milão 2006, p. 245, frase final!

[345] Metzger B. *Il testo del Nuovo testamento,* op. cit., pp. 143-144.

garantidamente, técnicas modernas de comunicação à sua disposição! Não podiam telefonar uns para os outros para concordar adições ou manipulações! Trabalhavam fechados nos seus quartos *(scriptoria),* em lugares diferentes, em tempos diferentes e copiaram os textos com uma extraordinária fidelidade. Cada manuscrito confirma e é confirmado por todos os outros. Este respeito rigoroso na transmissão escrita é uma confirmação do análogo respeito rigoroso na transmissão oral de que falámos. Se ninguém jamais duvidou da autenticidade de um Platão ou de um Tácito, tanto mais ninguém deve duvidar da fidelidade da transmissão dos textos evangélicos, que têm milhares e milhares de exemplares manuscritos. Deve-se também notar que, além dos mais de 15000 manuscritos do Novo Testamento, se devem acrescentar todas as citações dos escritores cristãos dos três primeiros séculos (Justino, Irineu, Clemente Romano e Clemente de Alexandria, Orígenes, Tertuliano...) difundidas pelo mundo antigo, da Europa ao Norte da África e à Ásia Ocidental: mais de 20000 citações! A ponto de ser possível reconstruir quase todo o Novo Testamento simplesmente reunindo estas citações antigas.

A publicação de um relatório[346] sobre os primeiros 200 anos da difusão do cristianismo teve início em Paris: de 30 a 230, mais ou menos. Os Evangelhos são citados com muita frequência: 3800 citações de Mateus, cerca de 1400 de Marcos, 3200 de Lucas, 2000 de João. A primeira carta aos Coríntios, que contém o primeiro anúncio completo da ressurreição (1 Cor 15, 1-8), é citada 1650 vezes[347]. Essas 20 mil citações multiplicam-se várias vezes se somarmos os autores dos séculos III e IV, como Ambrósio, Atanásio, Jerónimo, etc.[348].

Note-se que os primeiros autores cristãos são oriundos de todo o mundo então conhecido: de Roma a Atenas, Antioquia, Jerusalém, Egipto, Lyon, Jerápolis... Os manuscritos do Novo Testamento, de

---

[346] *Biblia patristica, Index des citations et allusions bibliques dans la littérature patristique, Editions du CNRS,* Paris (França) 1975.

[347] Estas informações podem ser encontradas em Metzger B., *Il canone del Nuovo Testamento,* Paideia, Bréscia 1997, pp. 227-228. B. Metzger é considerado um dos principais estudiosos de Papirologia.

[348] Uma lista resumida dos autores cristãos dos primeiros quatrocentos anos do cristianismo encontra-se em Metzger B., *Il testo del Nuovo Testamento,* op. cit., pp. 92-93. Mais de um milhão de citações!

que se serviram, vieram dos lugares mais díspares. A sua concordância confirma que, para nenhum outro protagonista da História Antiga, temos uma atestação tão unânime das fontes.

Para dar ao leitor uma ideia concreta do imenso trabalho dos amanuenses, concluo com algumas frases escritas por eles no fim do seu trabalho paciente de cópia. São palavras emblemáticas do cansaço, mas também da devoção e da consciência destes milhares de anónimos "trabalhadores" do Evangelho, a quem devemos uma imensa gratidão.

> «Ó *leitor, perdoa-me com amor espiritual, perdoa a bravura de quem escreveu e converteu os seus erros em algum bem místico... não há copista que não desapareça, mas o que as suas mãos escreveram permanecerá para sempre. Não escrevas nada do teu punho, excepto o que ficarás contente de ver na ressurreição... Possa o Senhor Deus Jesus Cristo fazer que esta santa cópia beneficie a salvação da alma do pobre homem que a escreveu. Misericórdia para aquele que a escreveu, ó Senhor, sabedoria para aqueles que leem, graça para aqueles que escutam, salvação para aqueles que possuem (este códice). Aqueles que não sabem como se escreve, acreditam que isto não é fadiga; mas, mesmo que escrevam apenas três dedos, todo o corpo se cansa. Escrever encurva as costas, crava as costelas no estômago e causa uma fraqueza geral do corpo*»[349].

Os manuscritos mais antigos e mais importantes

O Novo Testamento é o texto mais documentado da História Antiga, não só pelo número de manuscritos, mas também pela antiguidade destes papiros e pergaminhos. Devemos imediatamente pressupor que os manuscritos originais autógrafos, escritos pelos próprios autores antigos, foram todos perdidos. As vicissitudes da História, a perecibilidade dos materiais utilizados, as variações climáticas e mil outros factores impediram a preservação dos autógrafos. Para o próprio Dante, que é um autor muito mais recente, não temos o manuscrito autógrafo da *Divina Comédia*. No entanto, essa perda é de pouca relevância para o nosso caso, pois, com quinze mil manuscritos todos concordantes, não podemos ter dúvidas sobre a fidelidade da transcrição do autógrafo original.

Analisemos, pois, a antiguidade dos manuscritos com base, sobretudo, em critérios paleográficos. Os estudiosos que consultaram mi-

---

[349] Metzger B., *Il testo del Nuovo Testamento*, op. cit., pp. 27-29.

lhares de manuscritos antigos reconhecem os tipos de escrita das várias épocas, por exemplo, o estilo *herodiano ornamentado* é mais antigo do que a escrita *oncial capital,* ou do que o *cursivo minúsculo,* ou do que o *carolíngio minúsculo* e assim por diante. Combinando este conhecimento paleográfico com critérios comparativos, arqueológicos e químicos, é possível determinar, com precisão suficiente, a antiguidade de um manuscrito.

Excluindo os Evangelhos, o autor clássico de que recebemos o manuscrito mais antigo é Virgílio. Trata-se de um breve fragmento, copiado cerca de 350 anos após a morte do poeta. Para todos os outros autores clássicos, a distância entre o original e o manuscrito mais antigo que encontramos é muito maior. Para César, por exemplo, o manuscrito mais antigo data de 900 anos após o original; para Platão, há cerca de 1300 anos entre o original e o manuscrito mais antigo.

Para os manuscritos do Novo Testamento, o discurso muda radicalmente, porque a distância entre o texto original autógrafo e os manuscritos mais antigos é muito próxima. O manuscrito mais antigo dos Evangelhos é, provavelmente, o *Papyrus Rylands (P 52),* um fragmento do tamanho de um cartão de crédito, conservado na Biblioteca J. Rylands de Manchester, publicado em 1934. Contém 114 cartas gregas, que contêm o texto de Jo 18, 31-33 *(frente)* e Jo 18, 37-38 *(verso)* e remonta a cerca de 125, segundo a datação do reconhecido Prof. Colin H. Roberts. Foi encontrado, no Egipto, na bagagem de um soldado, que tinha um "formato de bolso" do Evangelho de João. O papiro atesta que o quarto Evangelho foi composto no final do século I, porque, para chegar de Éfeso – onde foi escrito o original – ao Egipto, teve que passar cerca de uma geração. O texto deste fragmento corresponde perfeitamente, palavra por palavra, ao texto de João que lemos actualmente. Portanto, este Evangelho não poderia ter sido escrito 200 anos depois dos acontecimentos, como diziam os inventores da hipótese mítica e das "lendas populares".

Outro manuscrito muito antigo é o *Papyrus Bodmer II (P 66),* conservado na Biblioteca Bodmeriana (Genebra), publicado em 1956. Contém uma boa parte do Evangelho de João, em 104 páginas de 15 x 14 cm. A publicação deste papiro despertou grande interesse entre os estudiosos porque, segundo a datação do Prof. Herbert Hunger, de Viena, o fragmento data, o mais tardar, de meados do século II.

Também este texto concorda perfeitamente com os manuscritos principais do século IV (*Códice Vaticano, Sinaítico, Alexandrino...*) e, por isso, demonstra a fidelidade dos amanuenses de que falámos.

Um texto mais controverso é o célebre *Papiro 7Q5,* descoberto na sétima caverna de Qumran, em 1955, e preservado na Biblioteca Rockefeller, em Jerusalém. Tem as dimensões de um selo e contém apenas 11 letras alfabéticas completas e outras 8 parciais, dispostas em 5 linhas. Foi o papirologista José O'Callaghan, em 1972, que formulou a hipótese de decifração do texto. A informática ajudou-nos! No *Thesaurus Linguae Graecae,* da Universidade da Califórnia, Irvine, de facto, as obras da literatura grega foram informatizadas, num total de 91 milhões de palavras. Comparando a disposição das cartas de papiro *7Q5* com este *Thesaurus,* apenas o texto de Mc 6, 52-53 era compatível. O *7Q5* data de 50 d.C., segundo o estilo paleográfico, o chamado *ornamento herodiano.* Em qualquer caso, como todos os manuscritos de Qumran, o *7Q5* não pode ser posterior a 68 d.C., ano em que os essénios foram massacrados pela legião romana *Fretensis,* durante a guerra judaica. Foi certamente antes daquela trágica conjuntura que as cavernas de Qumran, com os preciosos manuscritos, foram seladas para evitar a destruição dos textos. Se a decifração de O'Callaghan fosse confirmada, o *7Q5* seria o mais antigo fragmento do Evangelho, mas a datação foi contestada por outros estudiosos, ignorantes ou cépticos sobre as provas do computador. Vou colocar os termos da questão numa tabela, assim o leitor poderá aperceber-se directamente das dificuldades textuais de decifração de um papiro antigo. A documentação fotográfica é apresentada no suplemento deste livro.

As cartas do 7Q5	*A compatibilidade com o Evangelho de Marcos* 6,52-53	Cartas por linha
EP	SUNEKAN **EP**I TOIS ARTOIS	20
UTON E	ALL'EN **AUTON E** KARDIA PEPORO	23
E KAITI	MENE **KAI TI**APERASANTES	20
NNES	ELTHON EIS GEN**NES**ARET KAI	21
THESA	PROSORMIS**THESA**N KAI EXEL	21

O Outros papiros e códices antiquíssimos são os seguintes:

- O *Papiro Bodmer XIV – XV (P 75)*, descoberto em 1952, datado do final do século II, contém, em cem folhas, uma parte do Evangelho de Lucas e uma parte substancial do Evangelho de João. Foi recentemente doado à Biblioteca Vaticana.
- O *Papyrus Chester Beatty II (P 46)*, em 86 folhas, algumas preservadas na Biblioteca Chester Beatty, em Dublin, outras na Universidade de Michigan, em Ann Arbor, contém 7 cartas de Paulo. A datação é controversa; o papirologista Young Kyu Kim, em 1988, datou-a de cerca de 70, mas, segundo outros, deve ser colocada no final do século II.
- Os *Códices maiores*, em pergaminho, contêm quase todo o Novo Testamento. Entre estes, recordamos o *Códice Vaticano (B 03, Roma, Biblioteca Vaticana)*, 759 folhas; data da primeira parte do século IV e inclui também uma boa parte do Antigo Testamento. Sobre este códice baseia-se o *textus receptus*, a edição oficial, reconhecida por católicos, ortodoxos e protestantes, do *Novum Testamentum Graece* de Nestle-Aland.
- O *Códice Sinaitico (01, Londres, Biblioteca Britânica)*, 346 folhas, datadas de cerca de 330-350, foi encontrado, no Mosteiro de Santa Catarina do Monte Sinai, por volta de 1850. Contém, além de quase todo o Novo Testamento (147 folhas), também grandes partes do Antigo Testamento.
- O *Códice Alexandrino (A 02, Londres, Biblioteca Britânica)*, 773 folhas de pergaminho, data do mesmo período dos dois códices anteriores, provém da Alexandria do Egipto.

No geral, de acordo com os cálculos de K. e B. Aland *(Il Testo del Nuovo Testamento)* possuímos, nos primeiros quatro séculos, pelo menos, 127 papiros (muitos dos quais são apenas fragmentos) e 20 rolos do Novo Testamento.

Todos estes manuscritos contêm o texto original em grego, mas não devemos esquecer os milhares de traduções em latim, siríaco, georgiano, arménio, gótico, etíope, eslavo antigo, copta. Algumas destas traduções também datam dos primeiros séculos.

Conclusões sobre a fidelidade dos textos transmitidos

Podemos, assim, tirar as nossas próprias conclusões sobre aquele que é o primeiro *pilar* da nossa investigação. Podemos ter a certeza de que os Evangelhos que lemos hoje são, inquestionavelmente, aqueles escritos nas origens do cristianismo. Os manuscritos antigos são mais de quinze mil e podem ser encontrados nas mais prestigiadas bibliotecas de todo o mundo. Colecções de particular importância podem ser encontradas no Mosteiro do Monte Athos (900 manuscritos), Santa Catarina do Sinai (300 manuscritos), em Roma (367), Paris (373), Atenas (419), Londres, São Petersburgo, Jerusalém, Oxford, Cambridge...

Esses milhares de manuscritos, como já mencionado, concordam de uma forma que «*é inesperada até para o especialista*»[350], pelo que foi possível publicar um *texto padrão*, acordado por um *comité internacional* com os seguintes estudiosos, representantes das principais escolas filológicas do mundo: M. Black, de Santo Aandré, Escócia; B. M. Metzger, de Princeton; A. Voobus, de Chicago; A. Vikgren, de Chicago; K. Aland, de Monastério; C. M. Martini, do Pontifício Instituto Bíblico de Roma. Estes estudiosos consultaram, não só os 5300 manuscritos gregos, mas também os 8000 latinos e milhares de manuscritos em línguas antigas (copta, siríaco, arménio...), bem como os milhares de citações dos Padres da Igreja dos primeiros séculos.

Esta obra gigantesca, que completa as pesquisas de gerações e gerações de estudiosos, desde Erasmo de Roterdão, no século XVI, garante-nos que o texto dos Evangelhos que lemos hoje é, de longe, o mais controlado e documentado da História Antiga. Como escreveu C. M. Martini:

> «*O estudo dos manuscritos é uma verdadeira aventura científica conduzida com a ajuda de uma imensa e precisa documentação. E a descoberta fundamental é sempre a surpreendente descoberta de um texto que, apesar do fluxo dos séculos e das muitas transcrições, foi conservado fielmente, permitindo, assim, que estudiosos e tradutores o façam ressoar, intacto, nas nossas comunidades e para os leitores individuais, crentes e não crentes*»[351].

---

[350] Aland K. e B., *Il testo del Nuovo Testamento*, op. cit., p. 35.
[351] Preâmbulo ao texto de Aland K. e B., op. cit., p. XII.

CAPÍTULO II

O ESTILO LINGUÍSTICO: JESUS FALAVA ASSIM

Os vestígios da língua materna

Uma vez certificada a fidelidade da transmissão ao longo dos séculos, entramos, agora, num segundo *pilar* das ciências históricas aplicadas aos textos antigos: a investigação filológica que estuda o estilo comunicativo de uma obra, a linguagem utilizada. Veremos que esta análise filológica é de grande ajuda para nos assegurar que os autores dos Evangelhos não foram, certamente, filósofos helenistas, fantasiosos letrados ou romancistas refinados, mas que nos falaram da pregação de Jesus e da história da sua vida, mantendo intacto um estilo linguístico muito original e único em todo o mundo antigo.

Os quatro Evangelhos canónicos foram-nos transmitidos em grego, a língua, na época, mais difundida na bacia do Mediterrâneo. No entanto, o grego do Novo Testamento revela, de forma clara, um fundo semítico, de derivação hebraica e aramaica, as línguas faladas por Jesus. São línguas muito semelhantes, ao ponto de o léxico ser substancialmente coincidente. O aramaico era o dialecto falado, difundido, sobretudo, na Galileia e na linguagem popular, enquanto o hebraico era a língua escrita, mais difundida nas cerimónias oficiais e entre as classes instruídas. A língua materna de Jesus, especifica J. Jeremias, era propriamente a variação galileia do aramaico ocidental. De facto, as analogias linguísticas mais próximas das palavras de Jesus encontram-se nas passagens aramaicas de origem galileia e na entoação popular do Talmude[352] palestiniano e dos *midrashim*[353].

Veremos, portanto, que numerosos termos, frases e construções linguísticas foram concebidos e formulados por testemunhas directas

---

[352] O Talmude (que significa estudo), o Midrash e a Mishná são considerados como transmissão e discussão oral da Torá. O Talmude foi fixado por escrito no momento da destruição do Segundo Templo de Jerusalém. Consiste numa colecção de discussões entre os sábios e os rabinos sobre os significados e as aplicações dos passos da Torá escrita.

[353] Jeremias J., *Teologia del Nuovo Testamento*, vol. 1, Paideia, Bréscia 1976, p. 12.

dos discursos de Jesus, porque conservam à letra o originalíssimo estilo aramaico criado pelo Mestre. É agora unânime, entre os estudiosos, o consenso sobre este fundo semítico, depois dos estudos de Joachim Jeremias[354], Pierre Grelot[355], James D. G. Dunn[356], John P. Meier[357], só para citar alguns. Um estudioso francês, Jean Carmignac, resumiu, desta forma, a sua experiência como filólogo, especializado, durante trinta anos, no hebraico de Qumran: «*Vi que o tradutor hebreu-grego do Evangelho de Marcos tinha levado palavra por palavra, conservando, em grego, a ordem das palavras desejada pela gramática judaica... a alma invisível era semita, mas o corpo visível era grego*»[358]. Carmignac defendia que o Evangelho de Marcos foi escrito em hebraico, mas não se encontrou, até agora, nenhum manuscrito desta versão original, pelo que tal tese foi severamente criticada por P. Grelot. No entanto, ambos os estudiosos partilhavam a certeza de que os autores falavam, precisamente, a mesma língua materna de Jesus. Este fundo aramaico é particularmente importante para as ciências históricas, pois veremos que diferencia os Evangelhos canónicos dos apócrifos, cujo léxico e morfologia são estranhos a este fundo. Estes apócrifos são, certamente, obra de filósofos helenísticos gnósticos ou de contadores de histórias distantes do ambiente da Palestina, porque são inequivocamente desmascarados pelo seu léxico e linguagem gregos ou coptas, geralmente de origem egípcia.

Escreve Jeremias:

> «*Estabelecer que, nas palavras de Jesus, existe um substrato aramaico é de grande importância para a questão da confiabilidade da tradição. De facto, este resultado remete-nos para a esfera da tradição oral aramaica e obriga-nos a comparar as palavras de Jesus com a linguagem do judaísmo contemporâneo de língua semítica... também em termos de linguagem e de estilo*»[359].

---

[354] Jeremias J. *Teologia del Nuovo Testamento*, op. cit.

[355] Grelot P., *L'origine dei Vangeli*, Libreria Editrice Vaticana, Cidade do Vaticano 1989.

[356] Dunn J., *Gli albori del cristianesimo,* op. cit.

[357] Meier J. P., *Un ebreo marginale,* Queriniana, Bréscia, vol. 1, 2002.

[358] Carmignac J., *La naissance des Evangiles Synoptiques,* OEIL, Paris 1984, p. 11.

[359] Jeremias J. *Teologia del Nuovo Testamento*, op. cit., p. 16.

Vejamos, portanto, com base em alguns exemplos, como a linguagem evangélica nos traz de volta as originais e inovadoras criações linguísticas do Mestre. Só as testemunhas directas da sua pregação poderiam transmitir-nos um estilo comunicativo único na literatura antiga e, diria, na literatura mundial.

As palavras originais aramaicas e hebraicas

O texto grego mantém numerosas palavras aramaicas ou hebraicas não traduzidas. Evidentemente, estas palavras ficaram gravadas, de forma indelével, na memória dos discípulos, mudaram toda a sua vida, por isso recordavam-nas mesmo trinta ou quarenta anos depois e nem sequer as quiseram traduzir, para que ressoassem, tal e qual, para quem, ao longo dos séculos, lesse o Evangelho.

Abbà

Uma destas palavras, talvez a mais importante, é a invocação com que Jesus se dirigia ao Pai, chamando-Lhe, em aramaico, *Abbà* (Mc 14, 36), como nos refere o evangelista Marcos na oração do Getsémani. Nunca ninguém se atrevera a invocar assim o Altíssimo. Um estudioso autorizado, como J. Jeremias, afirma, com segurança, que, em nenhum ponto do imenso património literário do judaísmo do primeiro milénio, se pode encontrar esta invocação de Deus como *Abbà;* nem nas orações litúrgicas, nem naquelas privadas.

Como escreve o *Talmude*: «*As primeiras palavras que uma criança aprende são abbà (pai, papá) e immà (mãe)*». O evangelista Marcos quis-nos testemunhar que o Mestre tinha essa confiança filial na sua relação com o Pai. J. Jeremias dedicou um livro inteiro ao estudo desta palavra, afirmando que este termo resume a mensagem central de todo o Novo Testamento:

> «*Para a sensibilidade judaica, teria sido indecoroso e inadmissível dirigir-se a Deus com este vocábulo familiar. Jesus, portanto, trouxe uma inovação absoluta. Falou a Deus como a criança fala com o seu pai, com a mesma simplicidade, a mesma intimidade, o*

mesmo abandono confiante. Com o vocativo Abbà, Jesus manifestou a própria essência da sua relação com Deus»[360].

A referência à linguagem infantil não deve, no entanto, ser mal compreendida, porque, na linguagem familiar, até o filho adulto podia dirigir-se ao pai chamando-lhe *abbà*. Esta expressão, nas relações familiares, indicava confiança, mas também devota submissão e reconhecimento do pleno poder.

As primeiras comunidades cristãs tinham compreendido a importância essencial desta inovação e usavam-na habitualmente nas suas orações. Atesta-o Paulo que, escrevendo, em grego, aos Romanos e aos Gálatas, atribui, a uma inspiração divina, a invocação *Abbà*, que, evidentemente, se tornou habitual nas orações (Rom 8, 15; Gal 4, 6). Num mundo que multiplicava, com uma longa lista, os títulos divinos, Jesus resume a essência da sua mensagem numa só palavra. Compreendemos, deste particular, o quanto a primeira pregação sublinhou a fidelidade às *ipsissima verba (= palavras precisas)* do Mestre.

Note-se que a expressão *Abbà* não era uma excepção, mas era usada habitualmente por Jesus. Compreendemo-lo a partir de uma das mais antigas fórmulas sinópticas: «*Sim, ó Pai, porque isso foi do teu agrado*» (Mt 11, 26; Lc 10, 21). O texto grego tem: *o Patèr*, artigo e substantivo no nominativo, enquanto o grego correcto exigiria o vocativo sem artigo. Em aramaico, ao contrário, a construção é correcta; de facto, a palavra *abbà* era recorrente no aramaico palestiniano do século I, tanto como apelido (vocatativo), quanto como equivalente da expressão "o pai" (nominativo). Evidentemente, o artigo do texto grego é gramaticalmente incorrecto, mas está correcto no aramaico original, no qual o nominativo e o vocativo coincidiam. O texto grego, em suma, é uma tradução inadequada! Foi "pensado" em aramaico, como o pronunciava, com frequência, o Mestre.

Amen, amen...

Uma outra expressão inovadora que os evangelistas mantiveram na forma original hebraica, sem traduzi-la, é *amen*. Ocorre nos Evangelhos, pelo menos, sessenta vezes, é muitas vezes dobrada *amen*,

---

[360] Jeremias J. *Abbà*, Suplemento ao *Grande Lessico del Nuovo Testamento*, Paideia, Bréscia 1966, p. 65.

amen... e é traduzida: *em verdade, em verdade...* pela raiz hebraica, *amàn*, que significa verdade, *dizer a verdade*. É um termo duplamente inovador. Primeiro, porque nunca ninguém se atrevera a introduzir o seu discurso com uma autoridade e uma segurança tão peremptórias. Em segundo lugar, porque esta expressão era, habitualmente, a confirmação conclusiva de um discurso ou de um diálogo. A palavra *amen* era sempre usada como uma resposta de aprovação às palavras de um outro; exprimia o consentimento do ouvinte. Como respondemos, hoje, "Amen" ao celebrante de quem recebemos a partícula consagrada.

Jesus usa-a sempre como introdução, como premissa enunciativa; por isso, suscitara uma impressão indelével, a tal ponto que, sobretudo, o evangelista João quis mantê-la intacta no seu som original hebraico. Refere-a vinte e cinco vezes no seu Evangelho e sempre repetida, *amen, amen*. Queria sublinhar, de modo solene, a verdade do Evangelho, que não devia ser trocada por uma qualquer opinião ou reflexão humana, falível e questionável. O *amen* hebraico devia ser como um selo divino colocado no início de cada discurso solene do Mestre. Também esta expressão inovadora entrou na linguagem habitual das orações cristãs, que, como todos sabemos, terminam sempre com este selo categórico. O *ámen*, repetido mais de sessenta vezes nos Evangelhos, qualificava o anúncio como uma novidade sem precedentes em relação a qualquer filosofia ou discurso humano.

Enumero, de seguida, os outros termos aramaicos usados por Jesus, extraídos, principalmente, dos estudos de Jeremias: *bar* (Mt 16, 17), filho de Jona, *Bariona,* era o nome de Simão. *Be'el (Belzebù)* (Mt 10, 25) significa "senhor" em aramaico. *Geènna* (Mc 9, 43.45.47), vale da perdição. *Cefa* (Jo 1, 42) significa "pedra", o nome aramaico de Pedro. *Lemà* (Mt 27, 46), "porquê", é o interrogativo aramaico de Jesus da cruz. *Mammona* (Mt 6, 24) significa "dinheiro". *Pasha* (Mc 14, 14) indica a passagem, a páscoa hebraica. *Kum* (Mc 5, 41), ou *qam,* ou *qumi,* ou qum, "levanta-te", "acorda". *Rabbì* (Mt 23,7), da raiz "rab", que significa grande, mestre. *Boanèrghes* (Mc 3, 17) significa "filhos do trovão". *Raqa* (Mt 5, 22) significa "tolo". *Sabbata* (Mc 3, 4), indica o dia de sábado. *Sata* (Mt 13, 33: três *sata* = medidas de farinha com levedura). *Satan* (Mc 3,2 3-26) é o inimigo de Deus e do bem. *Sebak* (Mc 15,34) é a raiz de onde deriva *sabactàni*, abandonar. *Talità* (Mc 5, 41), "menina", também significa cordeirinho, no diminutivo, já que o aramaico *talia* significa cordeiro e menino, jovem, servo. Quando Jesus ressuscita a menina, filha de Jairo, dirige-se a ela com um tom carinhoso que nos testemunha a linguagem familiar e confidencial do Mestre. Estas palavras *talità kum* ficaram tão impressas na memória das testemunhas, que foram lembradas, em aramaico, trinta ou quarenta anos depois!

A esta lista devem ser acrescentadas as palavras hebraicas propriamente ditas: *Amen,* seguramente, em verdade. *Elî* (Mt 27, 46), meu Deus, pronunciado por Jesus desde a cruz. *Effatà* (Mc 7, 34), abre-te, pronunciado por Jesus no momento de um milagre. *Korbàn* (Mc 7,11), oferta sagrada, fórmula de rejeição. *Rabbunì*, meu Mestre, pronunciado por Maria de Magdala (Jo 20, 16). *Osanna* (Mt 21, 9), salva-nos, é uma aclamação de exultação dirigida ao Filho de David que entra em Jerusalém. *Zebul,* habitação (Mt 10, 25). Também se devem acrescentar os nomes próprios hebraicos: *Jesous, Mariam, Joananan, Elisabeth, Zacharia, Betleem, David, Moise, Hesaias, Salomonos, Golgotha, Getsemani, Gabbata, Jerusalem, Betsaida, Gennesareth, Nathanael, Kaiafa, Anna, Farisaioi, Saddukaioi...* E, desta forma, a contagem total dos aramaísmos e semitismos excede, em muito, as quarenta palavras. É difícil duvidar que os Evangelhos foram escritos por testemunhas directas da pregação e da vida de Jesus.

Os paralelismos semíticos

Tentem identificar os traços comuns das seguintes frases.

Pois também o Filho do Homem não veio para ser servido, mas para servir (Mc 10, 45).

Não são os que têm saúde que precisam de médico, mas sim os enfermos (Mc 2, 17).

O céu e a terra passarão, mas as minhas palavras não passarão (Mc 13, 31).

Não é um Deus de mortos, mas de vivos (Mc 12, 27).

E não nos deixes cair em tentação, mas livra-nos do Mal (Mt 6, 13).

Ouvistes o que foi dito: Amarás o teu próximo e odiarás o teu inimigo. Eu, porém, digo-vos: Amai os vossos inimigos (Mt 5, 43-44).

Já terão compreendido que a mesma ideia é repetida de duas maneiras diferentes, uma negativa e uma outra positiva. É como se o mesmo pensamento fosse repetido *em paralelo*. Estamos perante os chamados *paralelismos antitéticos*. O paralelismo poderia ser definido como uma "rima do pensamento" e é uma lei fundamental da poesia e da prosa hebraica. É típica da cultura oral, que deve usar técnicas adequadas para serem lembradas mais facilmente. Não está presente na língua grega clássica, que considera pleonásticas estas repetições.

O Mestre poder-se-ia ter limitado a pronunciar a segunda frase: *vim para servir... são os doentes que precisam do médico... as minhas palavras não passarão...* mas, para que o seu ensinamento se imprimisse mais na memória, dobrou o discurso, repetindo a mensagem de forma negativa: *eu não vim para ser servido... não é o saudável que precisa do médico...* e assim por diante.

Nos paralelismos antitéticos, a repetição ocorre por contraposição e, assim, ter-se-á uma frase afirmativa e uma negativa. Trata-se de uma técnica comunicativa muito recorrente também no Antigo Testamento. É tipicamente semítica. Por exemplo, «*O Senhor é meu pastor: // nada me falta*» (Sl 23, 1). As duas proposições, afirmativa e negativa, reafirmam a mesma ideia de protecção divina sobre a nossa vida. Também pode haver um *paralelismo sintético ou sinonímico*: «*Em verdes prados me faz descansar // e conduz-me às águas refrescantes*» (Sl 23, 2). Aqui, a mesma ideia é repetida, em paralelo, com duas proposições afirmativas, que têm um significado semelhante.

Os paralelismos, tanto na sua forma antitética como sinonímica, destacam-se, sobretudo, nas passagens poéticas dos Evangelhos, por exemplo no *Benedictus* (Lc 1, 68-79), *Magnificat* (Lc 1, 46-55), *Pai-Nosso* (Mt 6, 9-13), *Prólogo de João* (Jo 1, 1-14), *Oração sacerdotal de Jesus* (Jo 17). Todas essas passagens poéticas não reflectem as leis da poesia grega, mas as da poesia hebraica. Confirmam, portanto, a tese histórica da origem semítica, muito antiga, dos Evangelhos. De acordo com E. Norden[361], o mais seguro Semitismo do Novo Testamento é, precisamente, o paralelismo, ao lado da construção da frase a partir do verbo. C. F. Burney[362] chegou à conclusão de que, entre os diferentes tipos de paralelismo semítico (sinonímico, antitético, sintético*)*, o antitético

---

[361] Norden E., *Agnostos Theos*, Lípsia, Berlim 1913.
[362] Burney C. F., *The poetry of our Lord,* Clarendon Press, Oxford 1925.

é a «*marca do ensinamento do Senhor em todas as fontes evangélicas*». Aliás, chega ao ponto de afirmar que, com os paralelismos antitéticos, nos aproximamos muito das *ipsissima verba Jesu*, «*mais do que com qualquer outra frase expressa por outros meios*».

Quantos são esses paralelismos antitéticos nos Evangelhos? Só nos três Evangelhos sinópticos, temos mais de cem exemplos! Uma frequência surpreendente. Note-se que excluímos das contagens os paralelismos que se encontram em passagens inteiras definidas como antíteses! Se acrescentarmos o Evangelho de João, temos mais trinta exemplos. No quarto Evangelho, todavia, o cálculo torna-se problemático pelo facto de João proceder, com frequência, de forma dualista e, portanto, o paralelismo joanino poderia ser parte do seu estilo linguístico mais do que na referência às *ipsissima verba Jesu*. Jeremias encontrou 30 paralelismos antitéticos em Marcos; 34 comuns a Mateus e Lucas; 44 só em Mateus, 30 só em Lucas.

O paralelismo antitético também estava presente no Antigo Testamento, mas, neste último, a mensagem central era constituída pela primeira parte, pela primeira proposição, enquanto a segunda era apenas um esclarecimento. Por exemplo: «*O senhor é meu pastor: nada me falta*» (Sl 23, 1). «*O senhor conhece o caminho dos justos, mas o caminho dos ímpios conduz à perdição*» (Sl 1, 6). Nas palavras de Jesus, porém, acontece o contrário, porque o acento é sempre colocado na segunda metade. «*Pois também o Filho do Homem não veio para ser servido, mas para servir*» (Mc 10, 45). «*O céu e a terra passarão, mas as minhas palavras não passarão*» (Mc 13, 31). Assim, o conteúdo decisivo permanece na memória do ouvinte. Como o último sabor experimentado.

O paralelismo antitético também se encontra nas parábolas. A casa sobre a areia é oposta à casa sobre a rocha, o servo fiel ao infiel, o caminho largo ao estreito, o filho pródigo ao filho mais velho. Parece que Jesus tinha uma predilecção pelo paralelismo antitético. Encontramos, pois, uma continuidade com a tradição judaica, que utilizava amplamente o paralelismo antitético, mas também uma originalidade inovadora: a mensagem decisiva é adiada para a segunda frase. Alguns filólogos acreditam que este critério da *continuidade/descontinuidade* seja um dos mais importantes para reconhecer, com segurança, a mensagem típica do Mestre.

Também na oração por excelência do cristão, o *Pai-Nosso*, encontramos os dois tipos de paralelismo acima descritos. As três primeiras questões são um exemplo de *paralelismo sinonímico*, a ritmo ternário, em que o Mestre invoca a paternidade de Deus ao longo da nossa vida: «*Santificado seja o teu nome, venha o teu Reino; faça-se a tua vontade*» (Mt 6, 9-10). A mesma ideia é repetida três vezes para que se imprima mais na memória e nos faça compreender que esta é, realmente, a coisa mais importante. As duas questões finais são, ao contrário, um *paralelismo antitético:* invocamos a libertação do mal com duas proposições, uma negativa (*não nos deixes cair em tentação*), outra positiva (*livra-nos do Mal*). A partir destas observações filológicas, podemos entender por que a versão do *Pai-Nosso* no Evangelho de Lucas é mais curta. O evangelista Lucas conhecia perfeitamente as leis do paralelismo semítico, por isso podia omitir duas frases (*faça-se a tua vontade, livra-nos do mal*) sem que o seu significado fosse empobrecido.

Os Evangelhos também relataram numerosos *paralelismos sinonímicos*, que reforçam a mensagem através de duas expressões análogas. Por exemplo: «*Não deis as coisas santas aos cães nem lanceis as vossas pérolas aos porcos*» (Mt 7, 6). «*Este teu irmão estava morto e reviveu; estava perdido e foi encontrado*» (Lc 15, 32). «*Pedi e ser-vos-á dado; procurai e encontrareis; batei e hão-de abrir-vos*» (Mt 7, 7).

Esta individuação dos paralelismos permitiu-nos, consequentemente, demonstrar como os Evangelhos são, verdadeiramente, testemunhos directos da pregação, a viva voz, do Mestre. Com mais de uma centena de exemplos, temos as provas de uma pregação inovadora e de extraordinária eficácia. Nunca ninguém tinha falado como Jesus. Antes de mais, pelos conteúdos éticos e teológicos, obviamente, mas também do ponto de vista das técnicas expressivas, que o Mestre soube utilizar, alcançando a tradição do seu povo, mas trazendo a sua originalidade com a posposição da mensagem mais preciosa. Para aqueles que desejam verificar a lista completa de paralelismos antitéticos, pode-se consultar J. Jeremias, *Teologia del Nuovo Testamento*, vol. 1, pp. 23-29. O estudioso conclui a sua detalhada análise com estas palavras: «*Os dados encontrados mostram que, na origem dos paralelismos antitéticos nas palavras de Jesus, nunca há a redacção... portanto, a massa dos textos deve remontar ao próprio Jesus*».

O "passivo teológico"

Observe-se, cuidadosamente, os verbos passivos nestes exemplos.

Felizes os que choram, porque serão consolados (Mt 5, 4).

Felizes os que têm fome e sede de justiça, porque serão saciados (Mt 5, 6).

Conforme o juízo com que julgardes, assim sereis julgados (Mt 7, 2).

Pedi e ser-vos-á dado; procurai e encontrareis; batei e hão-de abrir-vos (Mt 7, 7).

É fácil notar que a construção passiva dos verbos sugere sempre que o complemento do agente é o próprio Deus, que, todavia, não é nomeado explicitamente. Jesus poderia muito bem ter construído a frase de forma activa: "Bem-aventurados os aflitos, porque Deus os consolará"», "Pedi e Deus dar-vos-á… batei e Deus abrir-vos-á", e assim por diante. Em vez disso, preferiu o chamado *passivo teológico* ou *passivo divino,* do qual temos, nos Evangelhos, mais de 100 exemplos!

A surpresa é ainda maior quando se observa que, na vasta literatura talmúdica, o passivo teológico é raro. Estudiosos experientes, como G. Dalman, H. Strack e P. Billerbecks[363], citam apenas uma dúzia de exemplos. Então, podemos dizer que se trata de uma inovação típica do Mestre. Os autores dos Evangelhos quiseram trazer-nos fielmente um estilo comunicativo sem precedentes.

Procuremos, agora, explicar, pelo menos, algumas das razões para esta escolha estilística. Devemos basear-nos no segundo mandamento: «*Não usarás o nome do Senhor, teu Deus, em vão*» (Ex 20, 7; Dt 5, 11), que excluía qualquer abuso do nome de Deus, a ponto de os escribas e doutores da Lei proibirem a pronunciação do próprio nome do Altíssimo. É por isso que, no ambiente judaico, se utilizavam circunlocuções ou perífrases e, ainda hoje, se discute a antiga pronúncia do tetragrama (YHWH), o Nome próprio do Altíssimo, que, em certas épocas da história de Israel, era pronunciado apenas uma vez por ano, pelo Sumo Sacerdote, como sinal de absoluto respeito.

Jesus, sem dúvida, pronunciou repetidamente o nome de Deus e introduziu, como vimos, a grande inovação do termo *Abbà*. No entanto, também quis levar o segundo mandamento muito a sério. Jeremias assim contou os passivos teológicos: 21 em Marcos, 23 comuns

---

[363] Dalman G., *Worte Jesu*, Kessinger Publishing, LLC, Whitefish (Montana) 2010 (ed. original 1898); Strack H., Billerbecks P., *Kommentar zum Neuen Testament aus Talmud und Midrash,* C.H. Beck, Munique 1922.

a Mateus e Lucas, 27 só em Mateus, 25 só em Lucas. Os passivos teológicos são, pois, o testemunho de uma pregação original e única, que diferencia os textos evangélicos de toda a literatura antiga e que é «*uma das marcas mais claras das palavras precisas de Jesus*»[364].

A construção da frase

Notem-se as seguintes construções linguísticas, pouco frequentes na nossa língua e, muito menos, no grego clássico.

A sua boca abriu-se, a língua desprendeu-se (Lc 1, 64).

Levantando os olhos, Jesus viu os ricos (Lc 21, 1).

Então tomou a palavra e começou a ensiná-los, dizendo... (Mt 5, 2).

Sentiram imensa alegria (no texto grego: *alegraram-se muito, de uma grande alegria*) (Mt 2, 10).

Tenho ardentemente desejado comer esta Páscoa convosco (no texto grego: *Desejei com anseio...*) (Lc 22, 15).

O que estes exemplos têm em comum é uma *superabundância expressiva*. O verbo é dobrado com sinónimos (*abriu-se... desprendeu-se... levantando os olhos... viu. Tomou a palavra... dizendo*), com advérbios (*muito... tanto...*), com a repetição do mesmo termo (*desejei com anseio*). É uma redundância estranha à nossa língua, que prefere expressões mais sintéticas e directas. Os Evangelhos, por outro lado, referem-se a um modo de expressão semítico que nos remete, de modo directo, ao ambiente original de Jesus.

Repare-se noutro conhecidíssimo exemplo:

«*No princípio havia o Verbo; o Verbo estava em Deus; e o Verbo era Deus*» (Jo 1, 1).

Certamente, nenhum grego teria começado assim o seu relato. Neste primeiro verso, emblemático do estilo joanino, podemos encontrar, pelo menos, três semitismos:

---

[364] Jeremias J., *Teologia del Nuovo Testamento*, op. cit., p. 22.

a) *Construção paratáctica e não hipotáctica.* O estilo narrativo semítico prefere um periodizar com uma sequência de proposições coordenadas, todas no mesmo nível, quase recitativas; em termos técnicos, falamos de *parataxe*. É um estilo típico das culturas orais, onde o relato oral não permite uma construção elaborada com muitas subordinadas. Pelo contrário, o estilo grego e, em geral, o estilo das línguas escritas modernas, muito mais elaboradas, prefere a conexão por subordinação (*construção hipotética*) de tipo causal, final, temporal, hipotético, etc.
b) *Antecipação do predicado em relação ao sujeito do ensaio.* O evangelista não constrói "O Verbo era no princípio", mas segue o estilo semítico, adiando o assunto. Para os primeiros cristãos de origem judaica, este início joanino recordava, de forma imediata, o famoso início da Escritura: «*No princípio, quando Deus criou os céus e a terra*» (Gn 1, 1).
c) *Repetição de termos. Para* imprimi-los mais na memória, são repetidos, num único versículo, por três vezes, o termo *Verbo* e, duas vezes, o termo *Deus*. A propósito de repetições, veja-se, ainda, os seguintes exemplos.

Saiu o semeador para semear a sua semente. Enquanto semeava... (Lc 8, 5).

Perdoa as nossas ofensas, como nós perdoámos a quem nos tem ofendido (Mt 6, 12).

Bendita és tu entre as mulheres e bendito é o fruto do teu ventre (Lc 1, 42).

O sal é uma coisa boa; mas, se o sal ficar insosso, com que haveis de o temperar? Tende sal em vós mesmos (Mc 9, 50).

É claro que os exemplos estão unidos pela repetição de termos idênticos: *semente, ofensas, perdoar, bendito, sal*. Esta repetição é típica da tradição oral semita, ao passo que é estranha à cultura grega, que considerava as repetições dos mesmos termos como não elegantes ou inadequadas. Os estudos de B. Gerhardsson, sobre técnicas de ensino rabínico, explicaram-nos que, nas escolas do antigo Israel, a actividade dos discípulos consistia, principalmente, na repetição de memória, sob a orientação do mestre. O património das Escrituras era aprendido com acentuação, ritmo melódico, estilo linguístico cadenciado. "Canta todos os dias" era um slogan deste ensinamento, já que cada discípulo tinha que recitar, cantando, todos os dias, as passagens bíblicas mais importantes. É bem sabido que, geralmente, se aprende um texto de cor mais facilmente se for cantado. De acordo com outra máxima rabínica, cada mestre tinha de preparar o resumo mais curto possível do seu ensinamento, para que pudesse ser assimilado mais facilmente. Além disso, o mestre tinha de se comprometer a repetir a sua lição, pelo menos, quatro vezes, de modo a torná-la facilmente assimilável pelos seus discípulos[365].

Temos nos próprios Evangelhos, por exemplo, o relato do juízo final, no capítulo 25, 35, e seguintes, de Mateus. Jesus repete, neste relato, precisamente, quatro vezes, os exemplos concretos que os discípulos poderão, assim, recordar mais facilmente: «*Tive fome e destes-me de comer, tive sede e destes-me de beber, era peregrino e recolhestes-me, estava nu e destes-me de vestir, adoeci e visitastes-me, estive na prisão e fostes ter comigo*». E os discípulos justos repetiram-lhe as seis imagens, perguntando-lhe quando é que o tinham ajudado. Então, o juiz repete uma terceira vez as seis imagens dos necessitados, reprovando os indiferentes, que repetem, pela quarta vez, os seis exemplos. Para a cultura helenística e também para nós hoje, este relato parece, certamente, pleonástico, mas torna-se compreensível porque facilita a memória e também responde à exigência semítica de integralidade e simetria das partes de um relato.

Em suma, os autores dos sinópticos não eram, certamente, comunidades egípcias, neoplatónicas ou helénicas anónimas, que tinham mitificado e tornado lendária a figura de Jesus, mas eram pessoas que haviam escutado, repetidamente, o Mestre. Caso contrário, não teriam podido utilizar todos os aramaísmos que vimos: palavras aramaicas, construções sintácticas aramaicas, assonâncias e repetições tipicamente semíticas, etc. Na sua memória, imprimiram-se as suas próprias palavras, às vezes até mesmo na língua original. A Filologia desmente, de modo radical, as teorias, construídas à mesa, por R. Bult-

---

[365] Gerhardsson B., op. cit., p. 61.

mann, há cerca de um século, sobre o mito de um *Cristo da Fé*, inventado por *comunidades helenísticas* com *lendas populares*. O Cristo da Fé é, precisamente, o Jesus da História.

As parábolas: *unicum* na literatura mundial

Estamos habituados a ouvir os relatos das parábolas. Geralmente, desde a infância, são-nos descritas e ilustradas com estas imagens sugestivas que entraram na nossa imaginação colectiva e que moldaram, talvez inconscientemente, os nossos sentimentos de acolhimento e perdão (*o filho pródigo*), de cuidado com os doentes (*o bom Samaritano*), de amor aos pobres (*Lázaro*) e assim por diante. Mas, para compreender a originalidade, devemos identificar-nos com aqueles que ouviram, pela primeira vez, esses relatos. Reconheceram uma criação genial, que revelava um novo rosto de Deus e novas relações entre nós.

> As fontes históricas relatam-nos essas histórias como elementos inconfundíveis da pregação do Mestre de Nazaré. «*Em toda a literatura do antigo judaísmo, tanto do período do Antigo Testamento como do Novo Testamento, nos escritos essénios, em Paulo, nos escritos rabínicos, não se encontra nada que possa ser comparado às parábolas de Jesus*»[366].

Também nos chegaram, é verdade, as fábulas moralistas de Esopo e Fedro, mas têm animais como protagonistas! Enquanto Jesus nunca inventou fábulas em que as plantas ou os animais falam! A moral conclusiva das fábulas clássicas, portanto, é ditada pelo senso comum popular, enquanto as parábolas têm uma mensagem moral inovadora e se tornam armas cortantes de desafio e de conflito com a classe dirigente5 da época.

Também nos chegaram alguns relatos do Antigo Testamento (Jz 9, 8-15; 2 Rs 14, 9; Ez 17, 3-8), mas constituem episódios isolados que não se inserem num quadro sistemático de anúncio ético e teológico.

Na vasta literatura rabínica, temos apenas algumas metáforas do rabino Hillel[367]. E, na linguagem figurativa de Paulo, quando fala da simbologia do corpo, da competição dos atletas, da armadura dos

---

[366] Jeremias J., *Teologia del Nuovo Testamento*, op. cit., pp. 41-42.
[367] Jeremias J., *Le parabole di Gesù*, Paideia, Bréscia 1973, p. 10.

guerreiros... não encontramos nada semelhante a parábolas. Os Evangelhos mostram-nos mais de quarenta. Uma recolha tão abundante faz-nos compreender que as parábolas expressavam o estilo comunicativo habitual de Jesus. O Mestre não escolhe protagonistas aristocráticos, não tem que recorrer a histórias extraordinárias e espectaculares para atrair a atenção. Como modelo, tem a vida familiar das pessoas comuns, empenhadas no trabalho quotidiano: *o semeador, o pastor, a mulher que perdeu uma moeda, as jovens virgens, os convidados do banquete de casamento...* e, através destas pessoas simples, anuncia mensagens éticas e teológicas revolucionárias: *o pai misericordioso, a gratuidade para com os operários da última hora, o bom Samaritano, a recompensa para Lázaro...*

Do ponto de vista linguístico, Jeremias afirma, com certeza, que «*por detrás do texto grego, a língua materna de Jesus brilha por toda a parte*»[368]. O estilo linguístico das parábolas, de facto, abunda de aramaísmos, que são como a marca do anúncio original. Os *paralelismos antitéticos* são muito frequentes: a casa construída sobre a areia e não sobre a rocha, a oração do fariseu e do publicano, o contraste entre o rico e o pobre Lázaro, e assim por diante. Observe-se o paralelismo antitético da parábola do pai misericordioso (Lc 15, 11-32), em que são contrapostos o filho que retorna e o filho primogénito ressentido. Nos diálogos entre o pai e este último, reconhecemos os paralelismos antitéticos aramaicos:

> «*Há já tantos anos que te sirvo... e nunca me deste um cabrito para fazer uma festa com os meus amigos. // E agora, ao chegar esse teu filho... mataste-lhe o vitelo gordo... Filho, tu estás sempre comigo e tudo o que é meu é teu; // Mas tínhamos de fazer uma festa e alegrar-nos, porque este teu irmão estava morto // e reviveu; estava perdido // e foi encontrado*».

Estes paralelismos antitéticos revelam-se muito eficazes porque, além de permanecerem mais impressos do que as máximas filosóficas, estimulam uma postura. As parábolas, com dois vértices narrativos, inquestionavelmente, deixam sempre ao leitor a conclusão. São uma arma desafiante porque contrapõem dois comportamentos diferentes.

Permanecendo nesta parábola, observe-se, agora, como mais um exemplo de estilo semítico, a descrição do *pai misericordioso* que acolhe

---

[368] *Ibid.*, p. 9.

o filho regressado: «*Quando ainda estava longe, o pai viu-o e, enchendo-se de compaixão, correu a lançar-se-lhe ao pescoço e cobriu-o de beijos*» (Lc 15, 20). Com cinco verbos, em sequência paratáctica, o Mestre conseguiu imprimir nos discípulos uma imagem de extraordinária eficácia. Abriu um novo horizonte sobre a misericórdia do Pai para com os pecadores, é o feliz anúncio. *Ele viu-o*, revela-nos que o pai também observa o nosso caminho de longe. *Encheu-se de compaixão*, o verbo grego (*splanchnizo*), refere-se a uma emoção visceral, correspondente ao original hebraico *raham*, que indica a emoção materna. Na verdade, o termo, em hebraico, também significa *útero*. É atribuída ao pai também uma afectividade materna, uma alusão que não é nova na Bíblia (cf. Is 66, 13 e 49, 14-15). *Correu a lançar-se-lhe*, singular deste verbo, quase um paralelismo antitético com respeito à *lenta ira* dos Salmos (Sl 86, 15; 103, 8; 145, 8). O Mestre, com uma autoridade inovadora, apresenta-nos um pai que não só é lento à ira, mas *corre* para perdoar. *Correu a lançar-se-lhe ao pescoço*, é bem mais do que um simples abraço. *Cobriu-o de beijos*, um sinal de amor que aproxima o pai da nossa fragilidade e afasta o medo de Deus.

Note-se que os verbos escolhidos pelo Mestre são muito concretos, fazem-nos compreender a interioridade através dos movimentos do corpo. Mesmo a emoção interior é expressa com alusões sensíveis. O pai não pronuncia uma palavra, fala com os seus gestos. É descrito com a linguagem figurada semítica, que vê a pessoa viva diante de si. Nesta parábola, o Mestre, que, confidencialmente, chamava *Abbà* ao seu Pai, descreveu-o como ninguém havia feito antes, como um nosso familiar que nos perdoa. Só precisou de algumas imagens para revolucionar a ideia severa de Deus construída pelos escribas e fariseus.

Voltando aos aramaísmos nas parábolas, podemos também citar as repetições das mesmas palavras para facilitar a memória do ouvinte. É uma outra característica das línguas semíticas, como vimos. Por exemplo: «*O semeador saiu a semear. Enquanto semeava...*» (Mc 4, 3-4).

Também o léxico das parábolas reflecte um original hebraico. Os *filhos do reino* (Mt 8, 12) são uma tradução literal de uma expressão hebraica ou aramaica para indicar os cidadãos do reino. A expressão *os convidados para as núpcias* (Mt 9, 15) traduz o texto grego "*os filhos do banquete nupcial*", uma tradução literal do hebraico. Os *filhos deste mundo* (Lc 16, 8) traduz, em grego, a expressão hebraica que indica um *escravo do mundo*. E os exemplos poderiam continuar. Todos estes elementos semíticos atestam-nos que estamos muito próximos do Jesus histórico. Estamos, assim sendo, perante uma criação lexical e linguística verdadeiramente única.

As imagens, esboçadas com poucas pinceladas, foram impressas na mente e no coração dos ouvintes, a tal ponto que, trinta ou quarenta anos depois, os autores dos sinópticos recordavam, sem dificuldade alguma, estes exemplos muito eficazes e transmitiram-nos, com textos concordantes, muitas vezes, palavra por palavra.

Conclusões sobre o critério linguístico

Chegamos, desta feita, às conclusões sobre o segundo *pilar* das ciências históricas aplicadas aos Evangelhos. Torna-se claro, para um historiador honesto, que o texto grego foi escrito com base nas testemunhas oculares directas da pregação de Jesus, testemunhas fiéis à sua mensagem original e, por vezes, até às suas próprias palavras (*ipsissima verba* ou *ipsissima vox*).

No entanto, não devemos ficar obcecados com a procura meticulosa das *ipsissima verba* originais. Pensemos que, para as palavras muito importantes da instituição da Eucaristia, na Última Ceia, os sinópticos trazem-nos expressões ligeiramente diferentes. Isto demonstra que a tradição oral tinha transmitido o significado mais profundo, mais essencial, que podia revestir-se de formas linguísticas com diferentes nuances, como é típico de cada testemunha ocular. Obviamente, mesmo os evangelistas não estavam obcecados com as *ipsissima verba*, mas queriam comunicar-nos a substância do discurso.

À vista disso, somente os ouvintes directos das palavras de Jesus podiam transmitir-nos um texto tão rico em aramaísmos. Para cada texto histórico, a experiência directa é, evidentemente, um critério de grande fiabilidade.

Veremos, no quarto capítulo, que a comparação com os evangelhos apócrifos é esclarecedora: nestes últimos, os aramaísmos desaparecem e são substituídos por conceitos filosóficos helenísticos e pelo léxico gnóstico ou neoplatónico. A Filologia desmascarou esses pretensiosos falsificadores que acreditavam enganar-nos ao falsear os seus tratados filosóficos com "rótulos" prestigiosos: *Evangelho de Pedro, Evangelho de Tiago, Evangelho de Tomé, Evangelho de Filipe*...

A confiabilidade dos autores do Novo Testamento não se extrai apenas da Filologia, mas é também apoiada pelo facto de que muitos deles morreram mártires para não negar o que escreveram. Pensemos em Pedro, Paulo, Mateus, Marcos, Judas Tadeu, Tiago. E os mártires da primeira geração cristã foram uma *ingens multitudo,* como nos refere o historiador romano Cornélio Tácito[369], quando descreve a perseguição neroniana de 64. Esta novidade de um *martírio* (= testemunho), em nome da própria consciência pessoal, não pode ser historicamente explicada sem uma motivação baseada em acontecimentos reais. Deve-se notar que os mártires, dispostos a sacrificar as suas vidas para testemunhar que Jesus realmente ressuscitou, não foram indivíduos excepcionais, como um Sócrates ou um Antígono, mas grandes multidões!

No que diz respeito à fiabilidade dos autores, há que acrescentar que todo um povo testemunhou os acontecimentos narrados nos Evangelhos: pregação, milagres, crucificação, ressurreição, anúncio evangélico posterior. No entanto, não recebemos nenhum texto do tempo que negasse os factos narrados. É claro que, por exemplo, o anúncio da ressurreição não poderia ter tido lugar, nem mesmo numa tarde, se não tivesse havido, verdadeiramente, o túmulo vazio, visível para todos, o Sudário e se não tivessem acontecido, realmente, as aparições do ressuscitado. E, assim, os milagres públicos da multiplicação dos pães, da cura do cego de nascença perto do Templo de Jerusalém, da ressurreição de Lázaro... assim como os milagres realizados, pelos apóstolos, depois da ressurreição, descritos nos primeiros capítulos dos Actos dos Apóstolos. Eram todos eventos que os contemporâneos poderiam ter facilmente negado, cobrindo de ridículo os evangelistas se as suas histórias tivessem sido falsas ou inventadas.

Desta forma, examinámos os dois primeiros *pilares* da fiabilidade dos Evangelhos, a saber: a certeza de que os textos que hoje lemos são, na verdade, aqueles que estão na origem do cristianismo e a confirmação filológica de que os autores dos Evangelhos relataram, com fidelidade, os factos com um estilo linguístico original. Estes dois argumentos são também definidos como critérios *externos* de fiabilidade histórica, no sentido em que não entram nos conteúdos narrados, mas se limitam a considerar os elementos externos à narração. Trata-se,

---

[369] Tácito, *Annali*, XV, 44.

por certo, da fidelidade da transmissão dos manuscritos, da análise filológica, no contexto das línguas faladas naquele tempo e naquele ambiente, do contexto cultural, testemunhado também pelos achados arqueológicos, entre os quais se destaca, naturalmente, o Santo Sudário.

Veremos, agora, os critérios *internos* que entram em jogo em relação aos conteúdos evangélicos.

CAPÍTULO III

ACONTECEU MESMO?

A hipótese crítica

Eis-nos chegados ao terceiro *pilar* da nossa investigação, à questão crucial e conclusiva para as ciências históricas. Os Evangelhos contam o que aconteceu realmente? Obviamente, a resposta será sempre pessoal e irrepetível. O julgamento final cabe a cada um de nós, na liberdade da nossa própria consciência. Nas páginas seguintes, podemos simplesmente propor algumas informações e conhecimentos preciosos para um juízo de confiabilidade histórica, mas esta pesquisa detém-se no limiar do mistério da liberdade. O respeito pela liberdade significa, acima de tudo, eliminar a ignorância, porque aqueles que não conhecem os documentos históricos nunca serão livres de fazer uma escolha consciente e competente.

Uma vez examinados os critérios externos, como os papiros e os pergaminhos, ou as estruturas sintácticas e lexicais, entramos no estudo dos critérios internos do relato evangélico e, portanto, abordamos a confiabilidade histórica dos acontecimentos.

Até há 250 anos, não havia dúvidas sobre esta fiabilidade histórica. Antes do Iluminismo, no âmbito cristão, dava-se como certo que os Evangelhos diziam a verdade. Mas, agora, que os tempos mudaram e todos sabemos que a História está cheia de impostores e caluniadores, torna-se indispensável um estudo crítico.

Os primeiros adversários dos Evangelhos foram alguns iluministas, que arriscaram as primeiras críticas, depois superadas, porque, no século XVIII, os manuscritos antigos ainda não eram conhecidos. H. S. Reimarus, em 1778, foi, talvez, o primeiro a duvidar da historicidade dos Evangelhos. Depois disso, D. Strauss, um hegeliano convicto, afirmou que Jesus era um mito (1837). Depois de algumas décadas, E. Renan publicou a sua biografia de Jesus (1863). Era um romântico e considerava os Evangelhos como histórias populares. Interpretava a ressurreição como a impressão de Maria Madalena: «*A paixão de uma alucinada ressuscita um Deus para o mundo*».

Eram hipóteses simplistas. Renan, por exemplo, falava só de Maria Madalena e ignorava todas as outras testemunhas! Esta primeira investigação entrou para a história como *hipótese crítica*. Não negava a existência histórica de Jesus, mas limitava-se a considerá-lo um simples homem. Após a sua crucificação, teria sido divinizado pelos discípulos que lhe atribuiriam milagres e a ressurreição. Em síntese, a hipótese crítica era que os discípulos tinham feito, de um homem, um Deus. Nesta teoria, eram evidentes os preconceitos filosóficos racionalistas ou românticos que apagavam, brutalmente, tudo o que não estava de acordo com as visões preconcebidas dos autores. Estas teorias do século XIX forçavam e alteravam os textos, ignorando as regras mais elementares das ciências históricas. Talvez a crítica mais pertinente a essas teorias tenha sido formulada por A. Schweitzer[370], que reconheceu como esses primeiros autores críticos projectaram as suas concepções morais sobre Jesus. Os racionalistas descreviam Jesus como um deles, os socialistas como o primeiro revolucionário, os idealistas hegelianos como o pregador da quinta-essência da humanidade, os teólogos liberais alemães apresentavam Jesus como um filósofo kantiano, que reduzia a religião dentro dos limites da razão. Obviamente, a hipótese crítica era apenas um pretexto para poder revestir o Mestre com as próprias interpretações subjectivas e arbitrárias.

Hoje, com mais de quinze mil manuscritos concordantes e, muitas vezes, muito antigos, e com um conhecimento muito mais profundo do contexto histórico, cultural, filológico e arqueológico, esta hipótese tornou-se insustentável. Esta primeira fase é, consequentemente, muitas vezes classificada como *antiga pesquisa* (*Old Quest*); estende-se de 1778 a 1906.

A hipótese mítica

É de 1921 a 1953 que se prolonga, entre os estudiosos luteranos, uma segunda fase, a chamada *No Quest*, sobre o Jesus histórico. Rudolf Bultmann, estudioso luterano, foi o protagonista desta viragem. A sua obra principal, *Jesus* (1926), distingue e separa o *Cristo da Fé* do *Jesus da História*, introduzindo, precisamente, a *hipótese mítica*. Bultmann falava, de modo explícito, de uma *desmistificação do cristianismo*, porque

---

[370] Schweitzer A., *Storia della ricerca della vita di Gesù*, Paideia, Bréscia 2003.

considerava os milagres como *mitos, contos populares* elaborados por *comunidades helenísticas*, algumas gerações depois dos acontecimentos. O estudioso alemão revelava, explicitamente, os seus preconceitos positivistas: «*Não se pode usar a luz eléctrica e a rádio, ou recorrer, em caso de doença, a descobertas médicas e clínicas modernas, e, ao mesmo tempo, acreditar no mundo dos espíritos e dos milagres propostos pelo Novo Testamento*»[371].

Nas suas primeiras publicações, afirmava categoricamente: «*Sou, sem dúvida, da opinião de que praticamente nada podemos saber sobre a vida e a personalidade de Jesus*»[372]. Todavia, mais tarde, Bultmann identificou 25 *ditos* de Jesus que considerava históricos:

> «*Os exorcismos, a transgressão do descanso do sábado, a inobservância das purificações rituais, a controvérsia contra a lei hebraica, a familiaridade com os pecadores... a benevolência para com as mulheres e as crianças; além disso, Jesus não era um asceta; talvez se possa acrescentar que convidou as pessoas a segui-lo e reuniu, em torno a si, um pequeno grupo de discípulos, homens e mulheres... sabia que fora encarregado, por Deus, para anunciar a mensagem escatológica do iminente Reino de Deus*»[373].

De qualquer forma, para Bultmann, a Fé não depende da História. Os milagres são projecções e elaborações da fantasia popular, são criações míticas. O seu é um fideísmo que parte do princípio luterano da *sola fide* e que adopta os preconceitos da Filosofia positivista da época. Porém, aqueles que se casam com o espírito do seu tempo, logo ficam viúvos!

Os historiadores sucessivos demonstraram, de facto, a falta de fundamento das suas suposições. Bultmann pensava que os Evangelhos fossem o produto de uma "tradição informal, anónima e popular" por parte das primeiras igrejas de Roma, Corinto, Éfeso... em suma, de "comunidades helenísticas". Pelo contrário, vimos, no segundo capítulo deste estudo, que os Evangelhos são muito ricos em aramaísmos: palavras aramaicas, paralelismos, passivos teológicos, repetições e as-

---

[371] Bultmann R., *Nuovo Testamento e mitologia,* Queriniana, Bréscia 1973, p. 110.

[372] Bultmann R., *Gesù,* Queriniana, Bréscia 1972 (original 1926), p. 9.

[373] Bultmann R., *Esegetica, vol. 1. La coscienza messianica di Gesù,* Borla, Turim 1971, p. 169.

sonâncias, etc. Mesmo os estudos mais recentes (Universidade de Jerusalém, 2000)[374] garantem que os 46 nomes próprios masculinos e os 14 nomes próprios femininos existentes nos Evangelhos também são atestados nos documentos judaicos da antiguidade tardia (230 a.C.-200 d.C.). Os nomes são, posto isto, históricos e palestinianos e não helenísticos, como dizia Bultmann.

Além disso, o estudioso alemão acreditava que os evangelistas recorriam a *formas literárias* na precedente literatura rabínica: *parábolas, milagres, controvérsias com os fariseus, o cumprimento das profecias*. A crítica histórica sucessiva, por outro lado, apurou que se trata de novidades absolutas! Não têm nenhum precedente. Quanto às *parábolas*, já vimos que representam um *unicum* em todas as literaturas antigas. Para os *milagres*, as fontes rabínicas e helenísticas raramente falam de operadores de prodígios! Que, no entanto, tinham o único propósito de despertar admiração nas pessoas[375]. Os milagres dos Evangelhos, porém, não são gestos mágicos, mas sinais que manifestam o novo rosto de Deus. Representam, à vista disso, uma novidade histórica sem precedentes.

Foi um outro teólogo luterano, Ernst Käsemann, discípulo de Bultmann, a desafiar a filosofia do mestre e a inaugurar uma nova fase, conhecida, entre os estudiosos, como *nova pesquisa* (*New Quest*), entre 1953 e 1980. Em 1953, numa célebre conferência (*O Problema do Jesus Histórico*), realizada diante do seu mestre, fez algumas perguntas decisivas. Para Bultmann, os primeiros cristãos teriam inventado e acreditado em lendas? A Fé e a História seriam contraditórias? Mas uma Fé no ressuscitado, sem uma realidade histórica, já não é Fé! «*A própria Fé, por sua vez, não pode deixar de se garantir em torno das palavras,*

---

[374] Citação em Segalla G., *La ricerca del Gesù storico*, Queriniana, Bréscia 2010, pp. 186-187.

[375] As fontes falam apenas de três personagens, no século I antes e depois de Cristo: dois taumaturganos hebreus e Apolónio de Tiana. Para os dois primeiros, temos como única fonte o Talmude, composto, pelo menos, trezentos anos depois. Para Apolónio, temos apenas um biógrafo, Filóstrato, que escreve cerca de 150 anos depois, em forma de romance. Estas fontes históricas não cumprem os critérios de fiabilidade que veremos neste capítulo.

obras e destino do Jesus terreno»[376]. Em resumo, Käsemann, diante do seu mestre, respondeu que o Cristo da Fé só assim é se for o Jesus da História. A Fé consiste em acreditar que Jesus ressuscitou, realmente, na História, senão não é Fé, mas ilusão mitológica. Se os Evangelhos foram escritos, é porque os primeiros discípulos estavam interessados no Jesus histórico e queriam ancorar, com firmeza, a sua Fé em eventos históricos reais.

Uma outra importantíssima contestação a esta hipótese mítica veio dos estudos de Kurt Schubert e Joachim Jeremias, no início dos anos 70[377]. Vimos que a hipótese mítica invertia, substancialmente, essa crítica: não mais de um homem a um Deus, mas de um Deus mítico a um homem. Esta hipótese imaginava, pois, que, na origem do cristianismo, havia um mito lendário, antiquíssimo, pré-existente, sobre um Deus que se encarnava, morria e, depois, ressuscitava para a salvação dos homens. Agora, os dois estudiosos acima mencionados, depois, numerosos outros estudos sucessivos descobriram que, na literatura judaica da época de Jesus, não havia nenhum mito de uma ressurreição como evento na História e, como respeitante, um único homem! É verdade que, no final do judaísmo, a fé numa ressurreição era generalizada, mas esta era concebida como um evento universal e escatológico, isto é, envolvendo todas as pessoas e no fim da História. Não existia nenhum mito de um messias que deveria morrer crucificado e, depois, ressuscitar passados três dias. David Flusser, talvez o maior historiador israelita sobre a origem do cristianismo, durante muito tempo docente na Universidade Hebraica de Jerusalém, escreveu: «*Não há nada em todo o judaísmo dos tempos de Jesus, nada em nenhuma corrente conhecida por nós, que saiba alguma coisa sobre um Filho do Homem que devesse morrer e ressuscitar*»[378].

Se, então, examinarmos toda a literatura helenística, notamos que, mesmo nesta, nenhum texto, até ao século IV d.C., atribui, a um Deus, uma morte redentora ou uma ressurreição na História, que seja

---

[376] Citado em Lambiasi F., *L'autenticità storica dei vangeli*, EDB, Bolonha 1986, p. 37.

[377] Schubert K., '*Auferstehung Jesu*' *im Lichte der Religionsgeschichte des Judentums*; Jeremias J., *Die älteste Schicht der Osteruberlieferungen*, in Dhanis E. (Ed.), *Resurrexit. Actes du Symposium International sur la Résurrection de Jesus* (Roma 1970), Libreria Editrice Vaticana, Cidade do 1974, pp. 185-229.

[378] Flusser D., *Jesus*, Morcelliana, Bréscia 1997.

semelhante à descrita nos Evangelhos. Num olhar superficial, algumas lendas mitológicas sobre Héracles, Esculápio, Dionísio, Osíris, Mitra... podem parecer semelhantes, mas a aparente analogia *morte-despertar* alude ao ciclo das estações, em que a natureza passa do "sono" do Inverno ao "despertar" da Primavera. Em todos esses mitos clássicos, faltam, porém, aqueles elementos de um contexto histórico preciso, de um novo anúncio ético, de um choque com as classes dominantes de um povo, que caracterizam as narrativas evangélicas.

A *terceira pesquisa* e a explicação necessária

Depois do fracasso das hipóteses crítica e mítica, surgiu, sobretudo no contexto anglo-americano, a partir de 1980, a chamada *terceira pesquisa*, que valoriza a continuidade entre Jesus e o ambiente judaico. Nas duas décadas anteriores, as aprofundadas pesquisas de Joachim Jeremias, um dos principais especialistas em línguas semíticas, tinham delineado, magistralmente, a linguagem mais singular de Jesus remontando à sua pregação aramaica. Também Birger Gerhardsson[379] explicou como o material sinóptico é «*material didáctico tratado profissionalmente: condensado, breve, lapidário e bem estruturado*», compatível com a didáctica rabínica. Deve-se acrescentar que os novos conhecimentos sobre Qumran tinham permitido uma melhor reconstrução do contexto hebraico.

Um estudioso emblemático desta *Third Quest* é o jesuíta americano John Paul Meier, autor de *Un ebreo marginale. Ripensare il Gesù storico* (2002/09), até agora publicado em quatro volumes de mais de 3200 páginas no total. Talvez o melhor trabalho da *Third Quest*. Um elemento importante adquirido por Meier é o reconhecimento, após um cuidadoso exame crítico, de que as fontes credíveis para o Jesus histórico são, precisamente, os quatro Evangelhos canónicos, enquanto os numerosos apócrifos perderam confiabilidade por critérios intrínsecos e extrínsecos. «*Fora dos quatro Evangelhos canónicos, apenas se encontram algumas palavras isoladas de Jesus, que não acrescentam nada de novo em relação aos Evangelhos*»[380].

---

[379] Gerhardsson B., op. cit.
[380] Meier J. P., op. cit., vol. 1, p. 149.

Outro autor de grande importância é Gerd Theissen, teólogo luterano que valoriza o critério da concatenação e plausibilidade explicativa dos acontecimentos no seu monumental *Il Gesù storico, un manuale* (2007), escrito em colaboração com Annette Merz.

Talvez o resultado mais importante da *New Quest* e *Third Quest* seja a identificação dos *critérios de autenticidade histórica*. Por outras palavras, os estudiosos têm procurado algumas regras objectivas que lhes permitam discernir os eventos ou os discursos mais confiáveis.

Um primeiro critério, que autoriza um juízo de autenticidade, é o *critério da atestação múltipla*: um acontecimento confirmado por várias fontes independentes é mais fiável. Por exemplo, a crucificação é atestada por todos os 27 livros do Novo Testamento, por Tácito, por Flávio Josefo, pelos evangelhos apócrifos...

Ainda há o *critério da descontinuidade/continuidade*: quando um evento, um relato ou um discurso está em continuidade com a tradição histórica e cultural da época e, ao mesmo tempo, revela elementos de novidade e originalidade em relação a essa tradição, então é historicamente confiável. Vimos, por exemplo, como as parábolas, os paralelismos, os passivos teológicos, as repetições e assonâncias... revelam continuidade com a didáctica rabínica, mas apresentam inovações que todas as fontes atribuem a Jesus de Nazaré.

Por último, talvez o critério mais importante seja o da *explicação necessária*. Define-se *intrínseco*, porque não diz respeito a elementos externos aos relatos, como as outras fontes históricas, os manuscritos, a comparação com a didáctica rabínica... mas vai directo ao coração da questão, responde à pergunta que mais nos interessa: "Aconteceu mesmo?".

Este critério é aplicado à concatenação de eventos.

Qualquer facto histórico exige, em qualquer circunstância, uma explicação causal que possa tornar plausível e razoável a sucessão dos factos. Obviamente, também devemos aplicar aos Evangelhos este critério, que foi definido como procura de uma *explicação necessária*. Lemos a formulação de René Latourelle, professor da Universidade Gregoriana, que considera este critério como «*o mais importante de todos os critérios fundamentais*».

Se se oferece, diante de um considerável complexo de factos que exigem uma explicação coerente e suficiente, uma explicação que ilumina e reagrupa, de forma harmoniosa, todos estes elementos (que, de outra forma, permaneceriam enigmas), podemos concluir que estamos diante de um dado autêntico (facto, gesto, palavra de Jesus)[381].

Este critério representa o ponto de chegada para o qual convergem as pesquisas acima examinadas. Também é definido como *critério de coerência narrativa*.

Latourelle aplicou este critério aos milagres de Jesus, que são os acontecimentos mais criticados pelas hipóteses crítica e mítica. Chegou à conclusão de que esses não são factos isolados no Evangelho, mas estão inseparavelmente ligados a tudo o resto, o que seria incompreensível sem eles. Em suma, os milagres são um elemento indispensável para uma *necessária explicação* dos acontecimentos.

Tenhamos em consideração a história dos Sinópticos. Se apagássemos os milagres, não compreenderíamos a Fé dos apóstolos e dos discípulos em Jesus, nem a exaltação das multidões que o aclamaram como Messias, nem o choque com a classe dirigente e com o Sinédrio, invejosos do êxito de Jesus, nem mesmo a controvérsia sobre os milagres realizados no dia de sábado. Além disso, deve-se ter em mente que o povo judeu tinha uma concepção tão elevada de Deus que nunca poderia reconhecer um homem como Deus, excepto diante de sinais verdadeiramente miraculosos. Sem os milagres, a história dos Sinópticos seria, portanto, incompreensível.

Também no quarto Evangelho é clara a correlação entre *sinais* miraculosos e acontecimentos. O primeiro sinal é o milagre de Caná, ao qual se segue a Fé dos discípulos (2, 11). O sinal seguinte é a cura do paralítico na piscina de Betsaida (5, 1-9), que desencadeia a controvérsia com os judeus porque a cura ocorreu a um sábado. Depois do sinal da multiplicação dos pães (6, 1-13), as pessoas querem fazer dele rei e isso será motivo de acusação diante de Pilatos. Depois da cura do cego de nascença (9, 1-41) e da ressurreição de Lázaro (11, 1-44), os sumos sacerdotes e os fariseus decidem a morte de Jesus (11, 53) e também querem matar Lázaro, «*porque muitos judeus, por causa dele, os abandonavam e passavam a crer em Jesus*» (12, 10-11). É claro que a coerência narrativa não pode prescindir dos sinais miraculosos.

---

[381] Latourelle R., *L'authenticité historique des miracles de Jésus*, in *Gregorianum*, 54, 1973, p. 238. Citado em Lambiasi F., op. cit., p. 103. Também: Latourelle R., *Critères d'authenticité historique des Evangiles*, in *Gregorianum*, 55, 1974, pp. 609-637.

A explicação necessária e a ressurreição

Chegados a este ponto, devemos restringir o âmbito da nossa investigação. Deixemos aos teólogos e aos exegetas o estudo dos ensinamentos do Evangelho e do choque com o Sinédrio e a autoridade romana. Em vez disso, concentremos a nossa atenção no acontecimento mais extraordinário que mudou a História: a ressurreição de Jesus. É este acontecimento que marca a diferença entre Jesus e todos os outros fundadores de religiões. São Paulo é categórico: «*Mas se Cristo não ressuscitou, é vã a nossa pregação e vã é também a vossa Fé*» (1 Cor 15, 14). Então, é sobre esta pedra angular que se constrói todo o edifício cristão. Se conseguirmos encontrar argumentos convincentes, todo o edifício está em pé e ganham uma nova luz todas as outras discussões sobre episódios individuais e também sobre o valor dos ensinamentos.

Apliquemos, pois, o critério da explicação necessária ao milagre dos milagres e veremos como, sem este acontecimento, nada é compreensível no Evangelho. Os textos canónicos estavam perfeitamente conscientes desta chave de leitura: de facto, a ressurreição é atestada por todos os vinte e sete escritos do Novo Testamento e tinham perturbado e impressionado tanto as testemunhas, que as palavras *egheirein* (despertar) e *anastasis* (ressurreição) aparecem mais de cem vezes! Estamos, por isso, diante de uma *palavra-chave* para entrar na compreensão do Evangelho.

Um historiador, mas também qualquer honesto investigador da verdade, deve explicar como foi possível, na comunidade dos discípulos, uma reversão extraordinária em apenas três dias ou, no máximo, em poucas semanas.

Reflictamos sobre a sequência dos acontecimentos.

Na noite de Sexta-Feira Santa, depois de ter visto o Mestre crucificado, a comunidade dos discípulos ficou, certamente, desiludida e perturbada, num desnorteamento psicológico e teológico. Tinham acreditado n'Ele como Filho de Deus, tinham visto tantos sinais, tinham ouvido revelações sem precedentes e cheias de esperança, e agora tudo parecia estar desmoronando. O Mestre tinha sido humilhado e até mesmo crucificado, como um maldito por Deus (Dt 21, 23 «*é uma maldição de Deus*»). Paulo fala do crucifixo como «*escândalo para os judeus e loucura para os gentios»* (1 Cor 1, 23) e estas palavras revelam-nos toda a perplexidade e o desapontamento da Sexta-Feira Santa. Todas as expectativas pareciam devastadas para sempre. Note-se que a condenação à cruz era considerada tão humilhante para a opinião comum que, durante quatrocentos anos, os cristãos não ousaram representar o crucifixo. A primeira representação do Cristo crucificado remonta ao portal de madeira de Santa Sabina, em Roma, por volta do ano 450.

Todas as profecias das Escrituras pareciam clamorosamente desmentidas. E sabemos bem que o povo hebreu "vivia" da Palavra de Deus (Dt 8, 3; Mt 4, 4), pelo que a decepção com as profecias messiânicas tinha criado, certamente, uma profunda perplexidade teológica. Qual era o objectivo das grandes profecias messiânicas sobre o Filho de David? Quem sabe quantas vezes os discípulos oraram com os Salmos messiânicos em que Deus prometia ao seu Messias: «*Eu te darei povos como herança e os confins da terra por domínio. Hás-de governá-los com ceptro de ferro e destruí-los como um vaso de barro*» (Sl 2, 8-9). «*Senta-te à minha direita e Eu farei dos teus inimigos um estrado para os teus pés... Dominarás os teus inimigos... O Senhor está à tua direita! Ele esmagará os reis no dia da sua ira*» (Sl 110, 1-2.5). Quem sabe quantas vezes pararam para reflectir, cheios de esperança, sobre as visões do Filho do Homem:

> «*Contemplando sempre a visão nocturna, vi aproximar-se, sobre as nuvens do céu, um ser semelhante a um filho de homem. Avançou até ao Ancião, diante do qual o conduziram. Foram-lhe dadas as soberanias, a glória e a realeza. Todos os povos, todas as nações e as gentes de todas as línguas o serviram. O seu império é um império eterno que não passará jamais e o seu reino nunca será destruído*» (Dn 7, 13-14).

Os discípulos conheciam bem esta passagem, porque o título messiânico *Filho do Homem* ocorre cerca de oitenta vezes nos Evangelhos! E Jesus aplicava-o, de modo frequente, a si mesmo, inclusive no momento solene do julgamento diante de Caifás. Como escreve D. Boyarin Boyarin, um dos mais autorizados estudiosos contemporâneos do judaísmo, as visões do profeta Daniel eram «*um dos textos mais influentes do judaísmo moderno, incluindo o seu ramo cristão*»[382]. Todas estas

---

[382] Boyarin D., *Il Vangelo ebraico, le vere origini del cristianesimo*, Castelvecchi, Roma 2012, p. 46. Boyarin, professor de Cultura Talmúdica na Universidade

expectativas pareciam ter caído para sempre. Os discípulos, à vista disso, trancaram-se no Cenáculo, como derrotados, temendo acabar como o Mestre.

Se um historiador estuda esta situação honestamente, deve admitir que a comunidade dos discípulos não tinha, em si mesma, os recursos para se levantar.

Parecia precipitada numa ravina sem saída.

A esta perda psicológica e teológica, devem acrescentar-se as condições de pobreza cultural, política e económica dos discípulos. Sabemos, pelos Actos dos Apóstolos, que eram *«iletrados e plebeus» (agràmmatoi* e *idiòtai,* Act 4, 13). O Mestre tinha-lhes negado o uso das armas e das riquezas, de modo que não tinham nenhum poder militar ou económico. Notamos que todos os historiadores, desde crentes a laicos, concordam com este quadro despedaçado. Que Jesus morreu crucificado é uma certeza histórica indiscutível.

Agora, tentemos eliminar as aparições do Ressuscitado. Imaginemos que não aconteceram, que são todas uma falsificação histórica.

Observemos como, no espaço de poucas semanas, começou a maior revolução ética e teológica da História, uma revolução que mudou a visão do mundo de há dois mil anos. Desde a manhã de Páscoa e depois de Pentecostes, estes mesmos discípulos aparecem mudados radicalmente.

Está tudo virado do avesso.

Afirmam, com convicção, que o crucificado é até mesmo o Filho de Deus. Note-se que os primeiros discípulos eram todos hebreus, monoteístas por toda a vida, pessoas que nunca poderiam ter pregado a Divindade de um homem se não tivessem tido provas certas e perturbadoras.

Anunciam-no, como "o Senhor" (*Kyrios*, título divino), em Jerusalém, na Judeia e, depois, em todo o mundo antigo. Deixam as suas famílias, a sua terra, para se aventurar numa pregação cheia de obstáculos e de perigos, sabendo bem que muitos deles iriam de encontro ao martírio. Não têm nenhum poder, mas até desafiam o Império Romano. Entenderam, incrível para se dizer, o significado das Escri-

---

da Califórnia, é reconhecido como um dos estudiosos mais autorizados do mundo do Talmude.

turas com todas as antigas profecias explicadas, nos discursos de Pedro, nos primeiros capítulos dos Actos dos Apóstolos. Estas explicações não podiam vir da inteligência ou da cultura dos discípulos, porque ninguém, então, podia entender como um homem crucificado pudesse alcançar o triunfo messiânico do Filho de David e do Filho do Homem.

A mudança é tão radical, inesperada, que é inexplicável se não se admite uma causa que virou a História. Todos os textos referem que esta causa foram as aparições reais do Ressuscitado, com as suas explicações das Escrituras, confirmadas pelo túmulo vazio e pelo sinal do Sudário.

Sem esta intervenção de Deus na História, tal inversão torna-se completamente incompreensível. Até mesmo um historiador laico deve honestamente pronunciar estas palavras: "Os acontecimentos humanos foram uma irrupção transcendente".

Conhecemos o primeiro anúncio?

Perguntámo-nos se os documentos mostram algum sinal do primeiro anúncio. Partimos do facto histórico que os primeiros escritos não foram os quatro Evangelhos, mas algumas cartas de São Paulo, cuja composição remonta ao início dos anos cinquenta, ou seja, cerca de vinte anos depois dos acontecimentos.

Escreveu C. M. Martini:

> «*Hoje, podemos estudar, com os meios mais refinados da pesquisa histórica e crítica, as origens do cristianismo, indo muito atrás no tempo. Chegámos a um momento em que, através da análise dos textos, podemos compreender as fórmulas primitivas da mensagem, não só as de 60, 70 ou 50 d.C., mas também as dos anos trinta d.C., isto é, da origem da mensagem cristã. Esta mensagem, a mais antiga que podemos recolher, é a de Cristo ressuscitado. Nunca houve um cristianismo primitivo que tenha afirmado como primeira mensagem "amemo-nos uns aos outros", "somos irmãos", "Deus é Pai de todos"... Da mensagem "Jesus ressuscitou verdadeiramente", derivam todas as outras*»[383].

É precisamente no fluir do texto grego das cartas de Paulo que podemos discernir algumas "pedras preciosas" que permaneceram in-

---

[383] Martini C. M., *Ultime ricerche sulla risurrezione di Gesù*, in *Rassegna di teologia*, 15, 1974, p. 51.

crustadas nos textos. São os testemunhos mais antigos, de origem aramaica ou hebraica, que remontam a poucos anos depois dos acontecimentos. Breves frases arcaicas, ou hinos, ou fórmulas recapitulativas, cunhadas enquanto as testemunhas oculares ainda estavam vivas.

Como discernir estas pedras preciosas? O léxico e a construção sintáctica não são aqueles que Paulo usa habitualmente. Estas fórmulas cristalizadas do *kerygma*, ou primeiro anúncio cristão, circulavam nas primeiras comunidades, todas de língua hebraica. O discurso seguinte exigiria muito mais aprofundamento exegético e teológico, mas, aqui, limitámo-nos a breves anotações filológicas.

A fórmula mais antiga era aquela mais breve, de tipo *teológico*: «*Naquele que ressuscitou dos mortos, Jesus*» (Rm 4, 24; Rm 8, 11; 2 Cor 4, 14; 1 Ts 1, 10; Gl 1, 1; 1 Cor 6, 14; Rm 10, 9...). A fórmula é brevíssima e não inclui nenhuma interpretação do significado e do valor salvífico da morte e da ressurreição. Por esta razão, os estudiosos acreditam que seja a fórmula mais antiga da Fé cristã. É uma fórmula teológica sobre Deus. Com efeito, está ancorada no monoteísmo de Israel: Deus já não é só o "Deus do céu e da terra", nem só o "Deus de Abraão, Isaac, Jacob", mas é também o Deus que interveio na História com a ressurreição de Jesus. É uma fórmula com o verbo no particípio, quase uma nova *bênção*, segundo o modelo dos louvores judaicos (*beraka*): "Bendito seja Deus" que é "Aquele que fez o céu e a terra, Aquele que libertou Israel do Egipto, Aquele que ressuscitou Jesus dos mortos".

Uma fórmula sucessiva é aquela de tipo *cristológico*, em que Jesus é reconhecido como *o Senhor, o Cristo* (Rm 1, 4; Rm 8, 34; 1 Ts 4, 14 ss.). «*Jesus ressuscitou*» (1 Ts 4, 14), é Ele o sujeito explícito e, por isso, é reconhecido como: *O Senhor (Kyrios)*. Ele é, então, elevado em pé de igualdade com Deus, chamado, em hebraico, *Adonai*, traduzido, no grego da tradução dos Setenta, com *Kyrios, o Senhor*. É um título de grandeza e soberania divinas, a expressão mais elevada e mais completa da Fé. É a ressurreição que convence os discípulos de que, em Jesus, se cumpriram todas as profecias sobre o Messias. O Salmo 2, o Salmo 110, a profecia de Daniel (7, 13-14), receberam uma explicação do Ressuscitado. Também na fórmula cristológica: «*Jesus Cristo, aquele que morreu, mais, que ressuscitou, que está à direita de Deus é quem intercede por nós*» (Rm 8, 34), vê-se, explicitamente, a leitura messiânica da ressurreição como entronização à direita do Pai. Certamente, muito arcaica é também a oração aramaica, não traduzida em grego, deixada na forma original: *"Maràna thá"* (*Vem, Senhor!* 1 Cor 16, 22), que pressupõe fé na ressurreição de Jesus e na sua elevação a Deus. Jesus é colocado ao lado de Deus e talvez isto possa ser considerado como a primeira expressão de fé na Divindade de Jesus.

Concentremo-nos, agora, na terceira formulação, *soteriológica* (=salvífica), a mais completa. Encontra-se em 1 Cor 15, 1-8. Veremos que a estrutura e o léxico são tipicamente semíticos, de língua materna aramaica. Paulo remonta-a ao tempo da sua conversão, acontecida no ano 36! Se tivéssemos apenas esta passagem, poderíamos defender a fiabilidade das aparições do Ressuscitado. Apresento uma tradução literal do original grego.

> *Dou-vos a conhecer, irmãos, o evangelho que vos anunciei...*
> *Portanto, transmiti-vos, em primeiro lugar, o que também recebi: isto é, que Cristo morreu pelos nossos pecados segundo as Escrituras,*
> *e que foi sepultado*
> *e que ressuscitou ao terceiro dia segundo as Escrituras,*
> *e que apareceu (foi visto) a Cefas,*
> *depois, aos Doze.*
> *Depois disso, apareceu (foi visto) a mais de quinhentos irmãos de uma só vez: a maioria deles ainda vive, enquanto alguns morreram.*
> *Depois disso, apareceu (foi visto) a Tiago,*
> *depois, a todos os apóstolos.*
> *Por último, apareceu também a mim, como a um aborto.*

A análise filológica[384] remonta às raízes aramaicas e hebraicas do texto.

- «*Transmiti-vos... recebestes*». São os verbos das escolas rabínicas. Paulo, que se tinha formado na escola do rabino Gamaliel, conhecia bem estes verbos técnicos.

---

[384] Bento XVI dedica dez páginas à análise deste texto em *Jesus de Nazaré*, II, Libreria Editrice Vaticana, Cidade do Vaticano 2011, pp. 279-289. Também se pode consultar Jeremias J., *Le parole dell'ultima cena*, Paideia, Bréscia 1973, com uma análise filológica aprofundada nas páginas 120-123. No entanto, todos os estudiosos da ressurreição relatam uma análise detalhada deste texto essencial.

- «*Que morreu... e que foi sepultado... e que ressuscitou... e que apareceu*». Quatro proposições coordenadas, com sujeito idêntico; é uma sequência típica do relato oral, sem proposições subordinadas, em estilo semítico e não grego. Note-se o *paralelismo antitético*, de uso semita: os dois primeiros verbos são negativos, terrenos (*que morreu, que foi sepultado*), enquanto o terceiro e o quarto são positivos, divinos, envertem o sentido (*que ressuscitou, que apareceu*).
- «*Pelos nossos pecados*». Não pertence ao léxico paulino, que, geralmente, usa o singular *o pecado* (50 vezes). Note-se o significado salvífico atribuído à morte de Jesus à luz das profecias. De facto, é citado Isaías 53, 5: «*Foi ferido por causa dos nossos crimes*». Evidentemente, as explicações do Ressuscitado tinham explicado esta profecia.
- «*Segundo as escrituras*». Também é uma expressão não paulina. Paulo sempre usa o singular quando refere uma citação bíblica: «*segundo as escrituras*» (11 vezes), ou diz, explicitamente, "como disse Isaías". Foi a ressurreição que abriu uma nova compreensão de todas as profecias bíblicas, que, de outra forma, permaneceriam incompreensíveis.
- «*E que ressuscitou*» (*egheghertai*). Morfologicamente é um perfeito passivo, enquanto Paulo sempre usa o aoristo (*egherthe*) e nunca o perfeito. É um *passivo teológico*, tipicamente semítico, em linha com o estilo inaugurado por Jesus. Note-se os tempos verbais: «*morreu... foi sepultado... ressuscitou*» são todos "aoristos", indicam uma acção passada, instantânea. Enquanto o perfeito verbal «*que ressuscitou*» expressa uma acção feita no passado, cujos efeitos permanecem, efectivamente, no presente. Brota este sentido: Jesus foi ressuscitado e continua a sê-lo; permanece no seu novo e definitivo estado de ressuscitado.
- «*Ao terceiro dia*» (literário: "no dia, no terceiro"). É uma construção aramaica com a posposição do numeral, precedida do artigo. É a única construção possível em aramaico; Paulo nunca a usa nos seus escritos. É precisamente este *terceiro dia* que se tornará o *dia do Senhor* (*dies dominica*), o domingo que substitui o sábado, dia sagrado dos judeus. Uma outra confirmação da importância decisiva da ressurreição.

- «*Cefa*». Nome aramaico, originário de Jerusalém. Paulo usa sempre *Simão* ou *Pedro*. Note-se que *Cefa* está no dativo, enquanto que, em grego, depois de um passivo (*ofthe: foi visto*), esperaríamos um *upò* + *genitivo*. O dativo é, antes, a construção exigida pelo correspondente hebraico *apareceu*, intransitivo, típico das aparições divinas no Antigo Testamento. A construção foi, portanto, concebida em aramaico e, depois, traduzida para grego.
- «*Aos Doze*»: também esta não é uma expressão paulina; Paulo usa *os apóstolos*.
- De notar as *repetições* (*segundo as Escrituras*) e a sequência de verbos típicos do *kerigma* (*morreu, foi sepultado, ressuscitou* e *apareceu*) e a sequência paratáctica, recitativa, segundo o estilo semítico, para favorecer a memorização.
- A referência explícita a *Cefas* e a *Tiago*, que já estavam incluídos nos *Doze*, sugere que a fórmula tenha sido cunhada em Jerusalém: de facto, Cefas e Tiago eram, precisamente, as autoridades da comunidade de Jerusalém, como diz o próprio Paulo (Gl 2, 9).
- Como observou Gerhardsson[385], o texto apresenta 8 *simanim* = palavras-chave (*key-word* ou *catch-word*) no início de cada versículo, como um lembrete para a memória. Os *simanim*, nas escolas rabínicas, ajudavam a memória facilitando a repetição. Os primeiros 4 *simanim* introduzem quatro proposições: «*que (oti) morreu... e que (oti)... e que (oti)...*». Os outros 4 *simanim* introduzem a lista das testemunhas: «*Depois (eita)... depois que (epeita)... depois (eita)...*». Confirmam o ambiente semita de origem.

Esta fórmula, tão antiga, como se depreende dos semitismos, demonstra que, provavelmente, já nos anos trinta, os primeiros cristãos, conscientes da natureza excepcional do acontecimento de que foram testemunhas, tinham codificado, numa fórmula essencial e recitativa, os conceitos fundamentais do credo cristão. De acordo com a tradição rabínica, a formulação relata, nos primeiros quatro verbos, o anúncio extraordinário e, na sequência seguinte, a lista de testemunhas, em deferência à Escritura que requeria sempre, pelo menos,

---

[385] Op. cit., p. 143.

duas ou três testemunhas (Dt 17, 6). Note-se que são citados apenas homens, para que o testemunho fosse perfeito para o povo de Israel. Os tribunais judaicos, na verdade, não aceitavam o testemunho feminino. Apenas os seguintes relatos evangélicos deixaram claro que as primeiras testemunhas foram as mulheres.

A análise filológica demonstra-nos que Paulo inseriu na sua carta uma fórmula preexistente que já circulava nos primeiros anos após a ressurreição, provavelmente em aramaico. No mínimo, seis expressões, inquestionavelmente, não pertencem ao léxico de Paulo (*segundo as Escrituras, pelos nossos pecados, ressuscitou, ao terceiro dia, Cefas e os Doze*). Há, pelo menos, cinco aramaísmos (*que vos anunciei... recebi, ressuscitou, foi visto..., ao terceiro dia, Cefas*). J. Jeremias escreveu: «*De tudo isto resulta, com certeza, que o kerygma não é formulado por Paulo, mas é de origem judaico-cristã; provavelmente, deriva da mais antiga comunidade de língua aramaica*»[386].

Paulo transmite um esquema de anúncio que tem a força vinculante e autoritária de uma *fórmula de Fé*, com carácter prioritário sobre as sucessivas redacções dos Evangelhos. Na verdade, será retomada, tal e qual, quatro séculos mais tarde, no *Credo* constantinopolitano, professado, pelos cristãos, todos os domingos. Uma prova de quanto a transmissão da Fé atravessou, por dois mil anos, sem sofrer qualquer alteração.

Estamos, portanto, perante um texto histórico que é decisivo para confirmar a fiabilidade do evento. Leiamos um comentário dos bispos italianos sobre este primeiro anúncio:

> «*O evento da Páscoa permanece o núcleo germinal de todo o processo de transmissão do Evangelho, como nos testemunha São Paulo. Escrevendo, na Primavera do ano 56, à Igreja de Corinto, o apóstolo recorda aos seus leitores que, no momento da fundação da comunidade, por volta do ano 51, ele mesmo "transmitiu" a mensagem que "recebeu", por sua vez, no momento da conversão, por volta do ano 36. Através desta tradição ininterrupta, remontamos ao acontecimento fundamental de toda a história da salvação: a morte e a ressurreição de Cristo (cf. 1 Cor 15, 1-5)*»[387].

---

[386] Jeremias J., *Le parole dell'ultima cena*, op. cit., p. 123.

[387] Comissão Episcopal Italiana para a Doutrina da Fé, o Anúncio e a Catequese, *Questa è la nostra fede*, Nota Pastoral sobre o primeiro anúncio do Evangelho, Roma, 15 de Maio de 2005.

Também Bento XVI atribui o núcleo deste texto *«aos anos trinta, logo, um verdadeiro testemunho das origens»*[388].

Vemos, então, que a documentação histórica é muito "apertada". Não deixa espaço para mitos ou lendas criadas ao longo dos séculos. As primeiras pedras preciosas do anúncio mostram-nos que não houve evolução lendária ou mistificação, mas, desde o início, era consolidado, cristalizado, o núcleo genético da Fé.

Os máximos históricos da grande viragem

Acrescento algumas palavras sobre os acontecimentos depois das aparições do Ressuscitado.

A comunidade começa a viver a mensagem moral de Jesus, no amor fraterno, na partilha dos bens, na oração comum de louvor (Act 4, 32). O desencorajamento da cruz é substituído pela confiança e pela adoração do Mestre ressuscitado que é proclamado como o *Senhor*, o *Filho de Deus*. As profecias, que pareciam incompreensíveis e negadas, são explicadas nos primeiros discursos de Pedro, referidos nos Actos. As três grandes directrizes proféticas que predisseram o Messias como Filho de David (Sl 2, Sl 110...), como Filho do Homem (Dn 7, 13-14), como servo sofredor de Deus (Is 42-53), são harmonizadas numa visão global, com uma explicação que só poderia ter sido revelada pelo Ressuscitado: *«Abriu-lhes, então, o entendimento para compreenderem as Escrituras»* (Lc 24, 45; cf. também Lc 24, 13-32). Todas estas três linhas proféticas são citadas e explicadas depois da ressurreição (Lc 24, 7; Act 1-13). A vitória messiânica não deveria ser interpretada como uma vitória militar de um messias guerreiro, mas como uma vitória espiritual, testemunhada pela ressurreição. O Ressuscitado demonstra a vitória do amor doado (*agape*) que se sacrifica para converter o pecador. Não quer a morte do pecador, mas que se converta e viva. Nós, que viemos depois de dois mil anos, podemos entender, de forma clara, o significado destas profecias: os poderosos de então, Pilatos, Caifás, Herodes, Tibério... foram derrotados pela História, enquanto o crucificado, o servo sofredor de Deus, é o vencedor há dois mil anos! Só agora podemos entender como é que o messias destruiu, como vasos de barro (Sl 2, 9), os reis da terra.

---

[388] Bento XVI, *Jesus de Nazaré*, II, op. cit., p. 279.

E como puderam compreendê-lo os discípulos, há dois mil anos, depois de o Mestre ter sido humilhado e crucificado? A única explicação possível é que tenham visto, realmente, que o crucificado tinha ressuscitado e escutado as suas explicações (Lc 24, 45). Negar, portanto, o acontecimento das aparições do Ressuscitado significa não só ir contra todos os documentos que nos chegaram, mas também tornar totalmente incompreensível o ponto de viragem epocal que se seguiu. É como se quiséssemos remover o pilar de suporte de um edifício e pretendêssemos que todo o edifício ainda ficasse de pé.

Também os maiores estudiosos contemporâneos definem as aparições do Ressuscitado como explicação necessária da História sucessiva, como o elo indispensável para explicar a passagem da vergonha do escândalo à coragem do anúncio.

Escreve Martin Dibelius, colaborador de R. Bultmann: «*Deve ter acontecido algo que, em pouco tempo, não só mudou completamente o estado de espírito dos discípulos, mas também os tornou capazes de desenvolver uma nova actividade e fundar a comunidade cristã primitiva. Este algo é o núcleo histórico da Fé pascal*»[389].

O jesuíta australiano Gerald O'Collins, professor universitário em Boston, Melbourne e Roma, coordenador de um convénio ecuménico sobre a ressurreição, especifica:

> «*É preciso acrescentar, ao que diz M. Dibelius, que Jesus morreu de uma morte vergonhosa e escandalosa. Mais tarde, não obstante a crucificação, os discípulos começaram a difundir o cristianismo em nome daquele que tinha sido tão ignobilmente derrotado. Também H. Küng procura fazer justiça à inversão, verdadeiramente extraordinária, que ocorre na atitude dos discípulos*»[390].

Leiamos, pois, as palavras do teólogo suíço Hans Küng, incansável estudioso das religiões e promotor de uma ética mundial: «*Estamos diante do enigma histórico do início do cristianismo... Eis que nasce, imediatamente após o completo fracasso de Jesus e da sua morte desonrosa, e quase explosivamente se difunde, precisamente em nome de um perdedor, esta mensagem e esta comunidade*»[391].

---

[389] Dibelius M., *Jesus*, Westminster Press, Berlim 1949, pp. 121 ss.
[390] O'Collins G., *Gesù risorto*, Queriniana, Bréscia 2000, pp. 115-116.
[391] Küng H., *Tornare a Gesù*, Rizzoli, Milão 2013, p. 257.

Gerd Theissen, professor na Universidade de Heidelberg, sobre as primeiras testemunhas, escreve: «*Não pode haver dúvidas sobre a autenticidade destes testemunhos, no sentido em que todos vêm de pessoas que testemunham, de boa-fé, uma experiência pela qual foram vencidas*»[392].

No Novo Testamento, temos vinte relatos destas aparições a indivíduos ou a grupos. Note-se: Pedro tinha negado Jesus, Paulo tinha perseguido os seus seguidores, Tiago e os apóstolos, no início, estavam incrédulos, Tomé não confiava, a própria Maria Madalena e as piedosas mulheres não esperavam, nem sequer minimamente, o encontro com o Ressuscitado. Não se pode dizer que nos relataram as projecções das suas expectativas! Ou das suas alucinações! Estas últimas são sempre individuais e nunca colectivas. Note-se, então, que as alucinações estão ligadas à imaginação pessoal e vimos que o povo de Israel imaginava um messias glorioso, vitorioso, restaurador do reino. «*O Deus que se identifica com o Crucificado ressuscitado implica uma conversão radical em relação ao próprio modo de conceber Deus... em relação ao imaginário religioso humano e, da mesma forma, ao do povo de Israel*»[393].

Os textos que examinámos, mostram-nos uma pluralidade de linguagens (*egheiro = acordar, anastasis = ressurreição, zoopoieo = dar a vida, upsoo = levantar, doxazo = glorificar*), de fórmulas de anúncio (*teológico, cristológico, soteriológico*), de hinos (Fil 2,6-11; Ap 22, 20), de discursos (Act 1-4 ss.), de relatos de aparições, em diferentes lugares (em *Jerusalém e na Galileia*), a pessoas diferentes (*às mulheres, aos apóstolos, a Paulo, aos discípulos*...); tudo isto nos faz compreender que não houve uma interpretação acordada antes. Pelo contrário, houve experiências extraordinárias, diversificadas, a certas testemunhas e formuladas numa linguagem que exclui uma interpretação acordada. Em suma, estamos diante da irrupção do sobrenatural que leva à Fé e não a um engano projectado.

Hans Kessler, professor da Universidade de Frankfurt, autor de uma excelente monografia sobre a ressurreição, resume todos estes discursos nestes termos:

---

[392] Theissen G., Merz A., *Il Gesù storico*, Queriniana, Bréscia 2007, p. 599.
[393] Maggioni B., Prato E., *Il Dio capovolto*, Cittadella, Assis 2014, pp. 152-153.

> «*Entre a Sexta-Feira Santa e a Páscoa, e o nascimento da comunidade, há, para os discípulos, um hiato intransponível. Foi preciso o auto-testemunho do Crucificado ressuscitado para colmar este fosso. O evento a ser testemunhado não foi feito de experiências subjectivas, reflexões, discussões... os discípulos não fornecem elaborações pessoais, mas convidam, simplesmente, a crer... Podemos falar, com certeza histórica, de encontros, auto-manifestações do Ressuscitado. O encontro é, sem dúvida, ancorado no historicamente controlável. Podemos ter uma prova empírica histórica disso. A nossa decisão de acreditar, não é, de todo, arbitrária, mas tem as suas boas razões*»[394].

Concluímos, desta forma, o discurso sobre o *terceiro pilar* das ciências históricas.

Resumindo: todos os historiadores concordam sobre o *primeiro*, na derrota da cruz.

É diante dos olhos de todos o *depois*, a difusão entusiasta da feliz mensagem. Esta inversão entre duas situações indiscutíveis e diametralmente opostas não se pode compreender sem as aparições do Ressuscitado.

Naturalmente, as conclusões são sempre pessoais, porque envolvem a nossa consciência individual, condicionada por muitos factores. Os crentes podem, seja como for, libertar-se do complexo de inferioridade em relação aos laicos iluministas e aos cientistas. Os verdadeiros iluministas são, justamente, os crentes que conseguem dar uma explicação histórica dos acontecimentos. Os verdadeiros obscurantistas são aqueles que se recusam a estudar os documentos históricos objectivamente.

Podemos afirmar, com consciência crítica, que os Evangelhos estão bem documentados. A razão levou-nos ao limiar do mistério. A tarefa das ciências históricas termina aqui.

---

[394] Kessler H., *La risurrezione di Gesù*, Queriniana, Bréscia 1999, pp. 210-216.

CAPÍTULO IV

AS PRINCIPAIS OBJECÇÕES

Os evangelistas eram testemunhas *"de parte"*?

O nosso discurso poderia fechar-se aqui. Todavia, não podemos ignorar as questões ou objecções mais frequentes. "Os Evangelhos são livros *de parte*. A Fé era o preconceito dos evangelistas, que eram *ideologizados, doutrinados*! Assim, o seu testemunho não é neutro, objectivo".

Para nós, que conhecemos os totalitarismos do século XX, as palavras *doutrinação* e *deformação ideológica* projectam uma sombra negra sobre qualquer testemunho histórico.

Nada disto aconteceu aos primeiros cristãos. A Fé nunca foi imposta! Na verdade, aconteceu, precisamente, o contrário: os primeiros cristãos foram perseguidos durante quase três séculos! E havia o risco de ser condenado à morte por ter escolhido a Fé!

E, por outro lado, devemos dissipar, de uma vez por todas, o preconceito absurdo, segundo o qual a historicidade de um acontecimento requereria a neutralidade do narrador e excluiria as testemunhas oculares como sendo tendenciosas. Para qualquer evento histórico, a voz mais autorizada é a das testemunhas oculares! De que serve excluir os próprios protagonistas de um evento? Para qualquer historiador, a primeira pessoa a interpelar é a testemunha directa. Depois, é claro, esse testemunho terá de ser verificado, mas, em qualquer caso, essa voz é imprescindível. Nunca ninguém imaginou excluir as testemunhas directas.

E, ainda, ninguém vai encontrar uma testemunha "neutra". O que significa neutro? Que não toma posição? Que é amorfo? Sendo assim, não podem e nem deve dizer nada. Assim que diz algo, é, inevitavelmente, "tendencioso", toma posição. Então, pretender a "neutralidade" é exigir o absurdo, o impossível. Seria como pôr-nos a nós mesmos entre parênteses. Pelo contrário, devemos pretender a comparação das fontes, a coerência narrativa e a concatenação dos acontecimentos, a ausência de fanatismo, como vimos. A Filosofia hermenêutica, de H. G. Gadamer, clarificou-nos, de uma vez por todas, que não é possível uma objectiva "neutralidade", nem um esquecimento de si mesmo³⁹⁵. Conhecemos o mundo dentro do nosso horizonte hermenêutico, com todas as suas ideias preconcebidas, de que nunca poderemos prescindir. Em vez disso, devemos estar conscientes dessas ideias preconcebidas ou preconceitos e estar disponíveis para a sua revisão crítica.

Ora, pela análise dos relatos evangélicos, parece que a fé no Ressuscitado não era, certamente, o preconceito enganador dos discípulos, porque todos estavam perturbados e fugiram por medo de acabar da mesma maneira que o Mestre. Se, em poucos dias, este terror se torna uma coragem e um entusiasmo temerário, evidentemente a causa só pode ser um acontecimento externo chocante, e todos os textos nos relatam, de facto, as aparições do Ressuscitado. Deve-se, igualmente, notar que o estilo comunicativo destes relatos não indica, certamente, fanatismo ou ênfase, mas um escasso e sóbrio testemunho dos acontecimentos. Os textos descrevem-nos uma atitude desencantada e crítica, alheia a qualquer fanatismo; falam, em vez, de uma inicial *«incredulidade e dureza de coração»* (Mc 16, 14), de dúvidas (Mt 28, 17), de desvarios (Lc 24, 11 *«as suas palavras pareceram-lhes um desvario e eles não acreditaram nelas»*), de resignação (Lc 24, 21 *«Nós esperávamos que fosse Ele o que viria redimir Israel... com tudo isto, já lá vai o terceiro dia...»*), assombro e temor (Lc 24, 37 *«dominados pelo espanto e cheios de temor, julgavam ver um espírito»*).

Não estamos diante de testemunhas "de parte", com o preconceito da Fé, mas, pelo contrário, todas as testemunhas partiam do medo, da decepção e da dispersão. Como escreveu H. Küng: *«Não foi a Fé dos discípulos que ressuscitou Jesus para eles, mas foi a ressurreição de Deus que os reconduziu à Fé... A mensagem da ressurreição é, sim, testemunho de Fé, mas não um produto da Fé»*³⁹⁶. Walter Kasper, um dos maiores teólogos contemporâneos definido, pelo Papa Francisco, como *«um cardeal que faz teologia de joelhos»*³⁹⁷, explica-nos, nestes termos, como as expectativas (o *horizonte hermenêutico*, diria Gadamer) dos discípulos eram desorientadas:

---

³⁹⁵ Gadamer H.G., *Verità e metodo,* Bompiani, Milão 2000, sobretudo p. 559 e ss.
³⁹⁶ Küng H., *Essere cristiani*, Mondadori, Milão 1976, p. 421.
³⁹⁷ Discurso de abertura do consistório extraordinário sobre a família, 20 de Fevereiro de 2014.

«Nem mesmo os discípulos mais próximos de Jesus, no final (depois da sua morte na cruz), sabiam o que pensar do seu Mestre... A impotência, a pobreza e a insignificância... chegaram à sua última e desconcertante realização... A história e o destino de Jesus permanecem uma pergunta aberta, à qual só Deus pode dar uma resposta... Este é, precisamente, o conteúdo da confissão de fé na ressurreição de Jesus»[398].

Além disso, como observa René Girard[399], se olharmos para o texto do Evangelho, descobrimos como não podem ter sido os autores a elaborar, de forma autónoma, a mensagem. Porque eles também relatam o que não conseguem compreender! Os autores são intermediários passivos, porta-vozes de uma inteligência superior. A ignorância do mensageiro garante a autenticidade da mensagem.

Acrescentaria que a honestidade das primeiras testemunhas também deriva do chamado *critério do embaraço*, muito valorizado pelos historiadores mais recentes. Por exemplo, J. P. Meier menciona-o mesmo como o primeiro critério de fiabilidade histórica. Notamos, com efeito, que os Evangelhos também nos falam das culpas e dos defeitos dos próprios autores. Os evangelistas contaram-nos factos embaraçosos que poderiam ter sido mantidos em silêncio para tornar mais humanamente provável o relato. Por exemplo, afirmaram que Maria tinha concebido *«por obra do Espírito Santo»*, descreveram o choro de Cristo, os seus defeitos pessoais e as suas culpas, como se perguntassem quem era o maior deles, a negação de Pedro, a sua falta de Fé durante a paixão, deram a conhecer os sofrimentos e as humilhações do Mestre... Escreveram que as primeiras testemunhas da ressurreição foram as mulheres, embora o testemunho feminino não fosse juridicamente aceite naquela época. Os evangelistas não queriam, em suma, "adaptar" o relato aos ouvintes, mas contar os factos pelo que eles eram, mesmo que isso lhes custasse zombaria e perseguições e mesmo que não pudessem compreender o significado dos acontecimentos. Embora os factos parecessem "embaraçosos", foram contados na mesma.

---

[398] Kasper W., *Gesù il Cristo*, Queriniana, Bréscia 2013, pp. 165-166.
[399] Girard R., *Il capro espiatorio*, Adelphi, Milão 1987.

Existem fontes históricas não-cristãs?

Em todo o caso, não temos apenas os textos cristãos, também temos outras fontes históricas de autores não-cristãos. Estes, embora não tenham sido testemunhas directas dos factos, garantem uma documentação "laica" da existência histórica de Cristo e oferecem-nos, frequentemente, notícias interessantes. Mostram-nos que Jesus também era conhecido pelos não-cristãos. Plínio, o Jovem (cerca de 120 d.C.), atesta, a Trajano, a difusão do cristianismo na Bitínia (Turquia) e conhece a periodicidade das assembleias cristãs para cantar hinos «*a Cristo como a um Deus*»[400]. Tácito (cerca de 117) escreve: «*O autor deste nome, Cristo, sob o Imperador Tibério, tinha sido condenado à tortura pelo procurador Pôncio Pilatos*»[401]. Suetónio (cerca de 120) descreve os cristãos como «*superstição nova e maléfica*»[402]; por instigação de «*Cresto*», provocaram tumultos em Roma[403].

Particularmente estudados são os testemunhos de hebreus não-cristãos. Mara Bar-Serapion (70 d.C.), numa carta, em siríaco, menciona, com respeito, um «*sábio rei dos Judeus*», mandado para a morte pela própria nação, a qual, portanto, teria sido punida, por Deus, com a destruição de Jerusalém e com a diáspora do povo.

Mais explícito e detalhado é o historiador Flávio Josefo, hebreu levado a Roma como dependente da dinastia reinante, depois do ano 70, que escreveu as *Antiguidades Judaicas* entre 93 e 94. Deixou-nos o famoso *Testimonium Flavianum*, que, embora contido em todos os manuscritos, tem sido questionado desde o século XVI. Segundo alguns críticos, tratar-se-ia uma interpolação cristã. Leiamos o texto, que é muito significativo:

> «*Naquele tempo, apareceu Jesus, um homem sábio, embora devamos chamá-lo de homem: de facto, foi operador de coisas extraordinárias (paradoxa), um mestre de homens que acolhiam a verdade com prazer. Atraiu a si muitos hebreus e também gregos. Este era o Cristo. E quando Pilatos, por uma acusação feita pelos nossos líderes, o condenou à cruz, os que o amaram desde o princípio não falharam. De facto, ao terceiro dia, ele apareceu-lhes, novamente vivo, tendo já dito aos divinos profetas estas e milhares de outras*

---

[400] Plínio, o Jovem, *Epistola X*, 96.
[401] Tácito, *Annali*, XV, 44.
[402] Suetónio, *Nerone*, 16.
[403] Suetónio, *Claudio*, 25, 4.

coisas maravilhosas sobre ele. E, ainda agora, a tribo (fule) dos que, por causa dele, são chamados cristãos, não falhou»[404].

A tecnologia informática permitiu-nos controlar, palavra por palavra, este excerto e acontece que todas as palavras (excepto *"cristãos"*) são também usadas algures por Flávio Josefo, muitas vezes com elevada frequência. Portanto, não deveriam haver objecções sobre a autenticidade. Acrescentemos que alguns termos (*tribo, acolher com prazer, coisas maravilhosas, sábio*) não se repetem no léxico dos Evangelhos. Por isso, neste texto há, pelo menos, um núcleo que remonta, certamente, a Flávio Josefo. Esta passagem é importante porque documenta que há um testemunho, do século I, sobre a historicidade de Jesus, mesmo fora da Fé cristã. Em itálico, evidenciei as frases que poderiam ser interpolações (= acrescentadas por amanuenses) cristãs: «*embora devamos chamá-lo de homem*», «*Este era o Cristo*» (tradução, do hebraico, "messias"), «*ao terceiro dia, ele apareceu-lhes, novamente vivo*». Segundo J. P. Meier[405], a passagem acima mencionada seria atribuível a Flávio Josefo, enquanto estas três frases podem ter sido adicionadas, ao longo dos séculos, por amanuenses cristãos. Contra esta hipótese, algo académica, deve-se precisar que todos os termos destas três alegadas interpolações costumam repetir-se no léxico de Flávio Josefo. Portanto, não há nenhuma razão filológica para contestar a autenticidade do *testimonium*. A única objecção diz respeito ao conteúdo destas três frases. Estamos diante de uma contradição dos historiadores laicos: dizem que não há testemunhos laicos da ressurreição, mas quando, para sua desgraça, tal testemunho é encontrado, então dizem que é falso!

Deixemos a *querela* para os académicos, o importante é a conclusão acima mencionada: no mundo antigo, ainda que não cristão, temos testemunhos certos sobre a historicidade de Jesus.

Comparemos, agora, a consistência das fontes antigas sobre alguns personagens contemporâneos de Jesus. Cícero tem para o biógrafo Plutarco, que escreve 70 anos depois. Augusto tem quatro biógrafos: Plutarco, Suetónio, Tácito, Ápio, que escrevem entre 80 e 120 anos depois. Tibério tem dois biógrafos: Tácito e Suetónio, cerca de 80 anos depois. Cristo tem 8 escritores contemporâneos, entre os 20 e

---

[404] Flávio Josefo, *Antichità Giudaiche*, XVIII, 63-64.
[405] Meier J. P., op. cit., vol. 1.

os 70 anos de distância: Mateus, Marcos, Paulo, Lucas, Pedro, Tiago, Judas Tadeu, João.

Um historiador não pode ignorar o facto de que, além dos 27 textos canónicos do Novo Testamento, temos todos os outros testemunhos paleocristãos e não temos nenhum motivo para excluí-los das fontes históricas. Podemos recordar o *Didaqué* (provavelmente 70 d.C.), a *Primeira Epístola de Clemente*, as *Cartas de Inácio de Antioquia*, *O Pastor de Hermas*, a *Epístola de Barnabé*, a *Carta a Diogneto*, a *Carta de Papias*, a *Epístola de Policarpo aos Filipenses*, as duas *Apologias* de São Justino. Todos escritos do século I ou II. Já mencionei que, recorrendo às citações destes autores, se poderia reconstruir todo o texto dos quatro Evangelhos canónicos. Mais do que um *hebreu marginal*, como o definiu J. P. Meier, Jesus parece estar no centro da História já nos inícios do século II.

E os evangelhos apócrifos?

São muito frequentes as perguntas sobre os evangelhos apócrifos, que se tornaram quase uma moda depois das últimas descobertas divulgadas em romances e filmes da actualidade. "Porquê que o Vaticano encobriu a verdadeira história de Jesus, aquela contada pelos apócrifos? Porquê que nunca são mencionados nas igrejas? O cristianismo foi a religião vencedora, mas havia muitas outras comunidades dissidentes que contavam uma outra história sobre Jesus!".

É verdade que, além dos *Evangelhos canónicos*, hoje também temos os chamados *Evangelhos apócrifos*, ou seja, *escondidos*, como foram posteriormente definidos. Os principais, cerca de vinte, permaneceram literalmente escondidos durante séculos e apenas nos últimos duzentos anos foram encontrados alguns papiros muito raros e, muitas vezes, incompletos, sobretudo no Egipto. Por que ficaram escondidos? Por que foram considerados *não-canónicos*?

Já vimos no primeiro capítulo que a pregação oral das origens seguia regras precisas de fidelidade. A partir desta tradição, no século I, tomaram forma escrita todos os livros do Novo Testamento, os *textos canónicos*, porque conformes à regra ou *cânone apostólico*. Em particular, os quatro Evangelhos são certificados, como fontes canónicas, por Papias de Hierápolis, Justino de Siquém, Irineu de Lyon, Clemente Romano e outros autores protocristãos, todos antes do final do século

II. O primeiro documento que elenca o *cânone* completo do Novo Testamento é o chamado *Cânone Muratori*, que data, aproximadamente, de 180-190. Este *cânone* foi definido com base nestes critérios: a *antiguidade* (todos os livros foram escritos no século I), a *apostolicidade* (todos concordantes na transmissão fiel da pregação apostólica), a *universalidade* ou *catolicidade* (tinham que ser aceites pelas comunidades de Roma, Alexandria, Antioquia, Jerusalém e pelas outras comunidades fundadas pelos apóstolos).

É compreensível que, nos séculos II, III e IV, com a difusão do cristianismo em todo o mundo antigo, a contrafacção e a falsificação da doutrina original também se tenham difundido. Os falsificadores sempre estiveram na História e alguns filósofos, especialmente no Egipto, aproveitaram a circunstância favorável para vender o seu pensamento até mesmo como um evangelho apostólico, mas não contaram com as comunidades fundadas pelos apóstolos ou mesmo com as ciências históricas contemporâneas!

Vamos por ordem e partimos da situação histórica da época.

Todos aqueles *evangelhos* que não cumpriam os critérios de antiguidade, apostolicidade e universalidade não podiam ser incluídos no cânone apostólico e foram logo marginalizados pelas comunidades cristãs, de modo que permaneceram *apócrifos* (escondidos).

Como podemos ver, estes critérios fazem parte da Fé cristã e, hoje, poderiam ser acusados de sectarismo. Um historiador laico poderia dizer: "Os cristãos marginalizaram e enterraram todos aqueles textos que contavam a verdadeira história de Jesus".

Hoje, podemos rebater, com tranquilidade, graças às ciências históricas seculares. A Filologia, a Papirologia e a Historiografia Filosófica oferecem-nos todo o equipamento científico. Podemos aplicar critérios laicos aos apócrifos, estudando a sua forma linguística, o carácter paleográfico dos manuscritos e o seu conteúdo filosófico.

Vejamos, em primeiro lugar, uma sua classificação. Os apócrifos concentram-se em dois temas pouco desenvolvidos pelos Evangelhos canónicos e muito interessantes para a imaginação e a curiosidade popular: a história da infância de Jesus (*apócrifos da infância*) e as últimas revelações do Ressuscitado sobre os últimos tempos, sobre o destino futuro (*apócrifos gnósticos*).

Para o primeiro argumento, podemos recordar o *Proto-Evangelho de Tiago* e o *Evangelho da Infância*, atribuído a Tomé, que contêm pouco ou nada das acções de Jesus durante o ministério público. Satisfazem a curiosidade popular sobre a infância de Jesus, com detalhes que traem a ignorância das instituições judaicas e com uma linguagem que não é semita.

Quanto ao segundo tema, temos o *Evangelho de Pedro,* do qual temos apenas um fragmento (provavelmente de 120-140 d.C.). É o único que descreve a cena da ressurreição, com tons espetaculares, apresentando um Jesus ressuscitado *«cuja cabeça ultrapassa os céus, acompanhado por dois homens cujas cabeças atingem o céu».* Como se pode ver, é confirmado o facto histórico da ressurreição, mas é usado um estilo comunicativo lendário totalmente estranho aos Evangelhos canónicos.

Os evangelhos apócrifos gnósticos

Um ponto separado diz respeito aos evangelhos gnósticos. Os mais famosos são os quatro apócrifos de Nag Hammadi (uma aldeia egípcia), escritos em língua copta (a forma mais recente do antigo egípcio, com numerosos empréstimos do grego): o *Evangelho de Tomé, de Filipe, de Maria, da Verdade.* Também se tornaram famosos graças a *O Código da Vinci,* de Dan Brown. Os manuscritos são do século IV, por isso remontam a mais de 300 anos dos acontecimentos. Não é difícil desmascarar estes falsificadores que quiseram vender a sua Filosofia gnóstica misturando-a com a precedente tradição sinóptica. Observem-se, com atenção, algumas citações tiradas destes apócrifos.

«Aquele que descobre a interpretação destas palavras não provará a morte»[406]. Assim, a salvação vem do conhecimento, não das boas obras.

«A alma é uma coisa preciosa colocada num corpo desprezível»[407]. Teoria platónica que nenhum hebreu teria escrito, porque na Bíblia o corpo foi criado por Deus; é *«coisa boa»*! Não pode ser *«desprezível».*

« "Se formos como crianças, entraremos no reino?", perguntaram-lhe os discípulos. Ele respondeu: "Quando de dois fizerdes um, quando fizerdes da parte interna como a externa, a parte externa como a parte interna e a parte superior como a parte inferior,

---

[406] *Evangelho de Tomé,* n. 1.
[407] *Evangelho de Filipe,* n. 22; *I vangeli gnostici,* editado por Moraldi L., Adelphi, Milão 1994, p. 53.

quando do homem e da mulher fizerdes um único ser, de modo que não haja mais homem nem mulher, então entrareis no reino»[408].

O léxico é abstracto, filosófico, até mesmo contraditório (*parte interna, externa, superior, inferior...*). Palavras incompreensíveis para um leitor comum. Apenas poucos "eleitos" podiam interpretá-lo, ou tentar interpretá-lo!

«*Simão Pedro disse-lhes* (aos discípulos)*: "Maria deve afastar-se de nós! Porque as mulheres não são dignas da vida". Jesus disse: "Eis que eu a guiarei de modo a torná-la um homem, a fim de que se torne um espírito vivo semelhante a vós, homens. Porque toda a mulher, que se faz homem, entrará no reino dos céus"*»[409].

Cada um compreende, com facilidade, que esta desvalorização da feminilidade é estranha ao pensamento bíblico que dedica palavras muito diferentes à maternidade de Maria e à dignidade das mulheres, primeiras testemunhas da ressurreição. As palavras do autor, que se apresenta como o apóstolo Tomé, derivam da Filosofia neoplatónica e gnóstica que desvalorizava o corpo e a procriação. Então, as fantasias de Dan Brown são desmentidas porque ele queria que acreditássemos que esses evangelhos exaltavam a mulher! Não só, mas Dan Brown, ignorante de que o *Evangelho de Filipe* definia Madalena como "amiga" de Jesus, quis fazer crer que o termo "*koinonos*" fosse hebraico e significasse "esposa", enquanto que é grego e significa "amiga".

As citações poderiam continuar, mas, para não aborrecer o leitor, proponho, imediatamente, uma análise crítica objectiva à luz das ciências históricas.

Do ponto de vista filológico, o léxico é estranho à linguagem semítica. São recorrentes termos como "emanações", "pleroma divino", "éons", "sizígias", "câmara nupcial", "excesso de luz na deficiência", etc. Não há vestígios de aramaísmos superabundantes nos Evangelhos canónicos. Os autores não eram, certamente, testemunhas oculares da pregação de Jesus!

Do ponto de vista filosófico, as teses destas apócrifos são absolutamente incompatíveis com o cristianismo. O leitor não terá dificuldade em reconhecer, nestes textos, uma Filosofia dualista (o corpo é

---

[408] *Evangelho de Tomás*, n. 22.
[409] *Ibid.*, n. 114.

considerado *desprezível,* «*o mundo teve origem numa transgressão*»), gnóstica (a salvação está no conhecimento), machista (a mulher entrará no reino se se fizer homem). Como escreve J. P. Meier[410], o mito gnóstico, que se extrai, sobretudo, do *Evangelho de Tomé*, distingue um reino de luz, com espíritos divinos, em oposição ao mundo material. Este último é, portanto, malvado, mau. O sexo é, assim, considerado um mal e é condenado o papel da mulher no aprisionar novos espíritos nos corpos. Somente poucos privilegiados, os filósofos gnósticos, graças só ao conhecimento, poderão livrar-se do mundo material mau. Como se pode ver, este texto é uma mistura de panteísmo e politeísmo, com mitologias de derivação iraniana, egípcia, neoplatónica, misturada com alguns ditos de tipo sinóptico.

Eu acrescentaria que, talvez, o argumento mais forte contra a confiabilidade destes escritos seja a falta de citações do Antigo Testamento. Nos evangelhos gnósticos, é incrível dizê-lo, não encontramos nenhuma referência à história da salvação! As figuras bíblicas nunca são mencionadas, enquanto, nos Evangelhos canônicos, Abraão recorre 33 vezes, Moisés 37 vezes, David 38, Isaías 13. Evidentemente, os autores dos evangelhos gnósticos não eram, certamente, judeus e, consequentemente, não podiam ser testemunhas directas da vida de Jesus. A concepção gnóstica é anistórica, atemporal, imaterial, absolutamente incompatível com o contexto cultural do hebraísmo, que tem uma visão histórica, temporal, completa (espiritual e corporal) do homem. A Filosofia gnóstica só se afirma desde o século I, mormente no Egipto, num ambiente certamente estranho ao judaísmo.

Finalmente, do ponto de vista paleográfico, estes textos foram encontrados em manuscritos do século IV, descobertos, em 1945, numa biblioteca gnóstica na aldeia egípcia de Nag Hammadi. A descoberta confirma apenas a utilização local dos textos. Os manuscritos também são defeituosos e não podemos compará-los, uma vez que nos chegou apenas um exemplar!

Temos bastante para afirmar que se trata de textos interessantes para conhecer a Filosofia gnóstica, difundida da metade do século II até ao século IV, mas são textos completamente enganadores se os tomamos como fontes sobre o Jesus histórico. Não podem sequer ser

---

[410] Meier J. P., op. cit., vol. 1, pp. 127-154.

chamados "evangelhos", pois não têm nenhuma sequência histórica da vida de Jesus. Seria mais pertinente defini-los como tratados filosóficos gnósticos. É discutível se se podem definir como "cristãos", porque a Divindade de Jesus vem concebida numa perspectiva mitológica estranha ao cristianismo.

Recentemente, também foi publicado o *Evangelho de Judas*, muito enfatizado pelos meios de comunicação, também graças à tradução, difundida em todo o mundo, da *National Geographic*, em 2006. Os entusiasmos arrefeceram imediatamente quando foram aplicadas as ciências históricas contemporâneas também a este manuscrito. Do ponto de vista filológico, o léxico é completamente estranho ao contexto judaico. Jesus é definido como pertencente ao «*reino de Barbelo*», que é uma divindade feminina egípcia do mito gnóstico. Fala-se de «*estrelas divinas*» que até têm o poder de guiar a vida humana. Diz-se que um anjo, *Saclas*, é o criador dos homens. Para o povo hebraico, todas estas afirmações são blasfemas! Do ponto de vista paleográfico, para além disso, o *Evangelho de Judas* chegou até nós num único manuscrito, muito defeituoso, datado do século IV, em língua copta. Trata-se, assim sendo, de um escrito muito distante dos acontecimentos. Finalmente, do ponto de vista filosófico, encontramos uma instalação cosmológica mítica, em que se fala de *arcontes*, de espírito *autogerado*, de *éon iluminado*, de *luminárias*... num labirinto confuso de espíritos e divindades. Também este texto não é, de todo, um evangelho, mas uma exposição da cosmologia gnóstica, que toma emprestadas algumas frases da tradição sinóptica para dar prestígio à mitologia.

Os critérios laicos de autenticidade

Então, porquê que não só a Igreja excluiu, do cânone, estes evangelhos apócrifos, mas também os historiadores laicos consideram como não atendíveis estas fontes sobre Jesus?

Para responder, retomemos os critérios de fiabilidade das fontes históricas:

a) *O critério da antiguidade*. Obviamente, uma fonte mais antiga é mais confiável. Os Evangelhos canónicos foram escritos 30 a 60 anos depois dos eventos, enquanto que para os apócrifos a distância é ainda superior a 100, 200 ou 300 anos.

b) *O critério linguístico e cultural.* É, a meu ver, o critério decisivo. Vimos que os Evangelhos canónicos têm estruturas sintácticas e léxico de origem hebraica ou aramaica, por isso foram escritos por testemunhas directas da pregação aramaica do Mestre. Os apócrifos, por outro lado, foram escritos em copta egípcio, com um léxico neoplatónico, estranho ao aramaico. Falam de "sizígias, emanações, reino de Barbelo, anjo Saclas...", terminologia, abstracta e filosófica, alheia ao contexto cultural em que vivia Jesus. A cultura dos apócrifos nada tem a ver com o judaísmo: o corpo e a matéria são considerados «*desprezíveis*», a cosmologia é politeísta e panteísta, são discriminados todos aqueles que ignoram estas "verdades", a feminilidade é até mesmo desprezada. Em suma, estamos diante de um mundo cultural *totalmente diferente dos* Evangelhos canónicos. O facto de só restarem manuscritos muito raros e, além disso, incompletos e defeituosos, não depende, certamente, de uma censura eclesiástica, mas do carácter esotérico e críptico da gnose. Tratava-se de um pequeno círculo de intelectuais cuja linguagem era incompreensível para o mundo exterior, como o leitor pôde facilmente constatar através dos exemplos acima referidos. Estes filósofos baseiam-se, provavelmente, nas tradições sinóptica e joanina. De facto, conhecem alguns dos ditos dos Evangelhos canónicos, mas estes são apenas um pretexto para, depois, introduzir as contaminações filosóficas e mitológicas gnósticas.

c) *O critério da múltipla atestação.* As notícias são mais confiáveis se forem relatadas por diversas fontes independentes. Muitos contos fabulosos e lendários dos apócrifos só podem ser encontrados em alguns manuscritos isolados. Por outro lado, os acontecimentos centrais da vida de Jesus são atestados por todos os livros do Novo Testamento, pelos primeiros escritores cristãos e, ainda, por vários apócrifos.

Em conclusão, são, precisamente, os critérios laicos dos historiadores a excluir os apócrifos como fontes não confiáveis para conhecer o Jesus histórico. O Vaticano não tem nada a ver com a sua exclusão! Como escreveu J. P. Meier:

> «*As nossas únicas fontes independentes sobre o Jesus histórico reduzem-se aos quatro Evangelhos, a poucos dados espalhados noutras partes do Novo Testamento e a Flávio Josefo e Tácito... Não penso que... os evangelhos e os códices apócrifos de Nag Hammadi nos ofereçam novas informações confiáveis ou ditas autênticas, independentes do Novo Testamento. O que encontramos nestes últimos documentos é, antes, a reacção aos escritos do Novo Testamento... por cristãos fantasiosos... ou gnósticos que desenvolveram um sistema místico especulativo*»[411].

Infelizmente, como já mencionado, na História, os falsificadores estiveram lá sempre. Era-lhes difícil não aproveitarem uma ocasião tão tentadora. Podiam até mesmo vender a sua filosofia como "evangelho" escrito pelos apóstolos de Jesus: por Tomé, por Filipe, por Pedro, por Tiago..., como anúncio de uma Fé que se difundia em todo o mundo antigo e que gozava de um prestígio crescente. Mas não tinham feito as contas com a crítica histórica iluminista e científica do nosso tempo, que negaram estas pretensões absurdas de poluir a mensagem moral cristã com uma contrafacção discriminatória, machista e politeísta.

---

[411] Meier J.P., op. cit., vol. 1, p. 155.

CAPÍTULO V

A LUZ DO SANTO SEPULCRO

Um sentido para esta vida

Na conclusão deste estudo, podemos responder, de forma mais completa, à pergunta inicial. Recordemos: «*O Sudário e os Evangelhos são documentos de há dois mil anos, mas nós, hoje, entrámos no terceiro milénio! Estamos voltados para o futuro mais do que para o passado! Que sentido tem todo este estudo?*».

Esta pergunta não diz respeito apenas ao Sudário e aos Evangelhos, mas estende o nosso olhar para um horizonte muito mais amplo e profundo. É uma pergunta sobre o significado de toda a nossa vida. A questão mais importante.

Até agora, todos nós já entendemos que a demanda por prazer, por sucesso, por poder, só tem valor parcial. Não satisfazem, de modo pleno, a procura de sentido. As neuroses em massa, que fazem sofrer tantas pessoas nos nossos dias, não se devem à falta de prazer ou de sucesso, mas à falta de sentido, ao niilismo daqueles que não acreditam em nada. Quando uma pessoa se sente inútil, parece-lhe que a sua vida não tem nenhum sentido e cai na crise mais profunda, a crise de significado.

O filósofo e psicanalista Victor E. Frankl, fundador da *logoterapia*, hoje difundida em todo o mundo, deixou-o bem claro. No seu texto *Alla ricerca di un significato della vita*[412], contestou a teoria freudiana, explicando que a questão do prazer sensível não é a mais importante. É, antes, uma especificação de uma outra questão, mais ampla e mais profunda, que envolve não só os sentidos, mas também a inteligência e os sentimentos.

---

[412] Frankl V.E., *Alla ricerca di un significato della vita*, Mursia, Milão 1974. 10 milhões de cópias foram vendidas nos Estados Unidos, onde foi considerado, pela *Congress Library*, como um dos dez livros mais influentes do século.

Frankl compreendeu a profundidade desta questão graças à sua experiência como sobrevivente em três *campos de concentração* nazis[413]. Naquela situação extrema, viu que só conseguiam sobreviver aqueles que encontravam uma motivação, um propósito, para continuar a lutar e a ter esperança. Mesmo noutras situações de extrema dificuldade, encontrou uma contraprova disso. Algumas pesquisas mostram que quase todos os toxicodependentes americanos começaram este percurso porque achavam que a vida não tinha sentido. Percentagens muito altas de alcoólicos dizem a mesma coisa[414].

A partir destas situações extremas, entendemos que não nos podemos contentar com a mera questão instintiva, imediata. O nosso olhar transcende a imediata meta diária e procura um sentido mais completo, capaz de satisfazer a nossa sede de amor, de relações humanas, de conhecimento. Esta questão manifesta-se, da forma mais dramática, nos *campos de concentração*, na toxicodependência e no alcoolismo, mas emerge, naturalmente, em cada um de nós, na vida de todos os dias[415].

Frankl refere que, nas suas conferências em 200 universidades de todos os continentes, encontrou milhares de jovens à procura deste significado existencial. Um e-mail representativo desta procura, que lhe foi enviado por um jovem americano, resume tudo o que vimos: «*Alcancei um bom nível académico, tenho um carro de luxo, segurança financeira, disponibilidade de relações sexuais... Agora só tenho de me explicar o que significa tudo isto*»[416].

Esta pergunta deve ser respondida pela consciência pessoal. Não há uma resposta universal. Cada um deve descobrir, dia após dia, a partir da sua situação irrepetível, uma meta a alcançar. Nos labirintos da existência, é, precisamente, a luz do Ressuscitado que nos garante

---

[413] Frankl relatou, com palavras comoventes, esta sua experiência no texto *Uno psicologo nei lager*, publicado, pela primeira vez, em 1947. Vendeu, pelo menos, nove milhões de cópias. Frankl recebeu cerca de 30 títulos *honoris causa* de Universidades de todo o mundo e os seus 34 livros foram traduzidos para mais de 20 idiomas, incluindo chinês e japonês.

[414] Frankl V.E., *Alla ricerca di un significato della vita*, op. cit., pp. 16-18.

[415] Frankl V.E., *Alla ricerca di un significato della vita*, op. cit., p. 16. «*Dos milhares de estudantes interpelados, pertencentes a 48 universidades americanas diferentes, 78% consideram que o objectivo é encontrar um significado na própria vida*».

[416] Frankl V.E., *Alla ricerca di un significato della vita*, op. cit.., p. 13.

que a nossa vida tem sempre, e apesar de tudo, um sentido. Revelou-nos que nascemos para amar, que devemos lutar contra as discriminações, porque cada pessoa tem a dignidade de um filho de Deus. Abriu, para todos nós, um horizonte de ressurreição que nos faz superar o medo da morte. Revelou-nos que a nossa vida está nas mãos de um Pai misericordioso.

À luz de dois mil anos de cristianismo, podemos compreender melhor o sentido do raio de luz que continua a brilhar do Santo Sepulcro, do Ressuscitado. É uma fonte da qual começou a maior revolução da história. E também nos mostra um caminho a percorrer, uma direcção, um sentido.

Só o amor é credível

O Evangelho é o texto mais revolucionário da Hstória porque nos ensinou a amar. Transformou radicalmente as nossas ideias sobre o amor, que é o sentimento mais importante para todos nós. Vejamos, mais de perto, esta revolução ética.

Nas civilizações antigas, o conceito do amor era muito bem resumido pelo *eros* dos gregos. Temos uma esplêndida descrição da mesma nos textos platónicos e na poesia grega e latina. O *eros* era concebido como um amor possessivo que queria dominar o outro. Uma sensação de sede de beleza e perfeição. Dirigia-se e levantava-se sempre para o mais perfeito, o mais forte, enquanto descartava o fraco. O *eros* procurava a própria satisfação egocêntrica, limitava-se ao prazer imediato (*carpe diem*: aproveita o momento fugaz) e passava com o fim da vida terrena. Era direccionado para o círculo interno dos membros da família. No máximo, estendia-se ao seu próprio povo, enquanto se tornava ódio agressivo para com os inimigos.

Esta concepção grega do amor também tinha sido recebida na civilização romana. Emblemáticos são os deuses que, na mitologia augustal, deram origem à civilização de Roma: *Marte e Vénus,* o deus da guerra e a deusa do amor erótico[417]. As estátuas deste casal foram expostas em todas as festas públicas, durante os jogos nos anfiteatros, arenas, teatros, construídos nas principais cidades do mundo então

---

[417] Zanker P. *Augusto e il potere delle immagini,* Einaudi, Turim, 1989.

conhecido[418], para que toda a população do império pudesse assumir os mitos fundadores daquela civilização. *Eros* (*Vénus*), como sede possessiva, era sempre discriminatória e tornava-se ódio (*Marte*) para quem impedia tal desejo de domínio. O sacrifício de milhares de gladiadores em todo o mundo antigo foi a contraprova dramática desta concepção ética.

Com o Evangelho, inaugurou-se, na História, um novo modo de amar, que perturbou todos os esquemas antigos. Tanto que, nos Evangelhos, nunca se usa o termo *eros*, para indicar o amor, mas sempre o termo *ágape* (ou *charis* = dom gratuito).

Não que o *eros* devesse ser apagado. O *eros* era apenas o início do amor humano, era o instinto natural, mas devia ser completado e purificado com o amor revelado pelo Evangelho, o *ágape* cristão. Um amor doado, gratuito, que quer servir o outro, que se inclina para os últimos, para os mais fracos, para elevá-los à dignidade de filhos de Deus. Um amor que sabe perdoar e amar até mesmo os inimigos e que não se detém no presente, mas se estende além da morte. Esta foi a grande revolução moral que mudou o mundo, embora não a tenhamos notado nos manuais de História, porque não houve campos de batalha, conquistadores e comandantes.

Na História, a nenhum homem, a nenhum filósofo, jamais ocorreu que se pudesse amar como nos é revelado no Evangelho. O amor como *ágape* é a irrupção, na História, de uma revelação que não pode ser explicada humanamente, sobre-humana.

Houve muitas revoluções importantes: a americana, a francesa... mas eram mudanças institucionais e políticas que não transformavam o coração humano. Este permanecia atormentado pela raiva e pela violência. A revolução cristã, por outro lado, mudou o próprio coração do Homem e foi a inspiração para todos os direitos humanos que foram laboriosamente conquistados durante os sucessivos dois milénios.

É indispensável, neste momento, uma clarificação. *Eros* e *ágape* parecem ser duas formas incompatíveis de amor. Parece, a uma primeira

---

[418] As pesquisas arqueológicas identificaram, pelo menos, 170 anfiteatros romanos espalhados no território Império, de que eram meios eficazes de propaganda (Weber C.W., *Panem et circenses,* Garzanti, Milão 1986, pp. 30-31).

leitura superficial, que *o ágape* deve apagar o *eros*. Se assim fosse, teríamos de renunciar a ser humanos, teríamos de suprimir a nossa natureza. Na verdade, os primeiros ouvintes do Evangelho conheciam bem as Escrituras. Todos estavam familiarizados com o Cântico dos Cânticos, que tirava qualquer dúvida sobre a positividade do *eros*[419]. Como explicou, de forma clara, Bento XVI, o *eros* é a primeira manifestação do amor humano, uma tendência natural, que tem um valor irreprimível. Todos nós nascemos graças ao *eros*, à atracção entre os dois sexos. Sobre esta tendência natural, o Evangelho insere uma energia de doação, capaz de se inclinar para os mais fracos. O amor evangélico não tira o humano, mas completa-o e aperfeiçoa-o[420]. Observemos, agora de mais de perto, o quanto *o ágape* mudou a História.

Como pôde mudar o mundo?

Foi, precisamente, a luz do Ressuscitado, com a sua revelação sobre o amor, a mudar o mundo, gradualmente, ao longo dos séculos. Reflictamos: o Ressuscitado aparece aos discípulos e não procura nenhuma vingança, nenhum triunfalismo, não é um líder militar ou político, mas confia a esta pequena comunidade a missão de difundir este novo modo de amar. Parecia uma missão impossível.

O Homem moderno não faz ideia do quanto *o ágape* mudou o mundo. Uma rápida visão geral das relações humanas mais importantes pode ajudar-nos. Obviamente, a seguinte visão geral não pretende esconder as inconsistências da História. Devemos sempre distinguir a luz extraordinária do Ressuscitado, do Evangelho, dos escândalos dos cristãos ao longo dos séculos.

Observemos, para começar, a condição da *mulher* antes do Evangelho: era desvalorizada e, muitas vezes, humilhada por um machismo aviltante. Esta condição de sofrimento das mulheres era generalizada em todas as civilizações antigas. O amor, entendido como *eros* possessivo, tornava muito difícil, de facto, uma relação paritária de reciprocidade afectiva. Só através da revelação do amor cristão é que a

---

[419] Bento XVI, Carta Encíclica *Deus caritas est*, Libreria Editrice Vaticana, Cidade do Vaticano 2006.

[420] «*Gratia perficit naturam, non tollit*» (S. Tomás de Aquino, *Summa Theologiae I*, 1, 8, ad 2): «*A graça divina* (o ágape, neste caso) *não suprime a natureza (eros), mas leva-a à perfeição*».

mulher conquista a sua plenitude e o seu valor de igualdade em relação ao homem. A figura de Maria, Mãe de Deus, foi, de geração em geração, o ponto de referência para a dignidade da mulher, mesmo que a emancipação da mulher tenha sido um caminho lento e ainda não plenamente realizado. O *eros* levava, irresistivelmente, à dominação e à instrumentalização; mas se o amor autêntico é um servir o outro, o machismo já não faz sentido.

Continuemos a nossa panorâmica. Nas civilizações antigas, a *criança* não era respeitada na sua dignidade, mas era considerada como inferior, porque ainda não era adulta. Poderia ser manipulada e, pasme-se, abandonada ou morta quando não atingia os padrões da integridade física. Impunha-se-lhe, muito frequentemente, a profissão e o casamento. O Evangelho ensinou-nos que a educação da criança é o sentido da vida dos adultos e é a medida do valor de uma civilização. O amor cristão, como atenção aos mais pequenos e aos mais fracos, derrubou as prioridades. Na História, como é óbvio, tem havido, e ainda, há muitas injustiças contra as crianças, mas as primeiras, depois da mensagem evangélica, não podem mais vangloriar legitimidade alguma.

Milhões de *escravos*, em todas as civilizações antigas, foram explorados de forma desumana. Na época de Octávio Augusto, na Itália, havia cerca de dois milhões de escravos numa população de cinco ou seis milhões[421]. Uma situação semelhante, se não pior, caracterizava todas as sociedades antigas, cuja estrutura económica sempre se baseou na escravatura. Com o Evangelho, iniciou-se, para todas as formas de escravidão, um caminho de emancipação que, infelizmente, teve recaídas e fracassos, mas que, no entanto, representa uma meta para toda a humanidade. O Evangelho fez com que todos os comerciantes de escravos se sentissem culpados, porque revelou que cada homem é digno de ser amado e respeitado nos seus direitos.

Antes do Evangelho, os *doentes* crónicos eram, frequentemente, abandonados à sua doença. Os *diversamente eficientes* podiam ser eliminados. Durante as epidemias, na antiguidade, as pessoas abandonavam os doentes por medo do contágio. E até mesmo os médicos fu-

---

[421] Hopkins K., *Conquistatori e schiavi, sociologia dell'Impero Romano*, Boringhieri, Turim 1984, p. 113.

giam. Foi somente com o cristianismo que os primeiros hospitais foram construídos, porque o Evangelho nos ensinou que, na pessoa que sofre, há um outro Cristo, digno de ajuda e de cuidados físicos e espirituais. A certeza de que o doente é um filho de Deus, abriu um novo horizonte para além da terra, fechado ao *eros*. Segundo alguns historiadores, foi este cuidado com os doentes que levou a uma maior resistência, por parte dos cristãos, às trágicas epidemias que atingiram todo o Império Romano em 165 e em 250, dizimando até 30% da população[422]. Só com os Evangelhos compreendemos que, como escreveu o Papa Francisco, «*quanto mais frágeis e vulneráveis são as condições de vida do indivíduo, mais digno ele é de ser reconhecido pelo valor que tem. E deve ser ajudado, amado, defendido e promovido na sua dignidade*»[423].

Concluímos a nossa panorâmica com uma análise da *autoridade* no mundo antigo. Os poderosos dominavam e exploravam os súbditos, que eram instrumentalizados. A exploração de milhões de escravos e de soldados foi um sinal claro. O Evangelho revelou-nos, em vez disso, que a autoridade é um serviço aos cidadãos. A sua missão não é a construção dos impérios, mas ajudar os últimos, sobretudo os mais necessitados. Assim como fez o Mestre que, no fim da sua vida terrena, como símbolo desta nova concepção, quis lavar os pés aos seus discípulos. Quando a humanidade esqueceu ou desprezou este ensinamento... eclodiram guerras, até mais não, e milhões de pessoas morreram. Quando a humanidade fez seu este modelo de autoridade como serviço de amor aos mais fracos, verificou-se uma melhor distribuição das riquezas, a classe média aumentou, os pobres diminuíram e estabeleceu-se a cooperação pacífica entre os povos.

Naturalmente, esta visão geral merecia muito mais estudo e desenvolvimento, mas os traços delineados parecem-me suficientes para tirar as conclusões da nossa viagem de investigação. Depois das indicações bibliográficas, os autores propõem uma conclusão, escrita a quatro mãos, que pretende resumir a mensagem para o homem de hoje.

---

[422] Stark R., *Ascesa e affermazione del cristianesimo*, Lindau, Turim 2007, pp. 109-130.

[423] Bergoglio J. M. – Papa Francisco, *È l'amore che apre gli occhi*, Rizzoli, Milão 2014, p. 198.

INDICAÇÕES BIBLIOGRÁFICAS

Lista dos principais textos que podem ser utilizados pelo leitor para mais informações:

- Agnoli Francesco, *Indagine sul Cristianesimo, come si costruisce una civiltà*, Piemme, Milão 2010.
- Aland Kurt, Aland Barbara, *Il testo del Nuovo Testamento*, Marietti, Génova 1987.
- Balthasar (Von) Hans Urs, *Solo l'amore è credibile*, Borla, Roma 1991.
- Bardy Gustave, *La conversione al cristianesimo nei primi secoli*, Jaca Book, 1981.
- Bergoglio Jorge Mario – Papa Francisco, *E' l'amore che apre gli occhi*, Rizzoli, Milão 2014.
- Boyarin Daniel, *Il Vangelo ebraico. Le vere origini del cristianesimo*, Castelvecchi, Roma 2012.
- Brambilla Franco Giulio, *Il crocifisso risorto. Risurrezione di Gesù e fede dei discepoli*, Queriniana, Bréscia 1998.
- Carmignac Jean, *La naissance des Evangiles Synoptiques*, OEIL, Paris (França) 1984.
- Castellucci Erio, *Davvero il Signore è risorto. Indagine teologico-fondamentale sulla risurrezione di Gesù*, Cittadella, Assis 2005
- Ceruti-Cendrier Marie-Christine, *I Vangeli sono dei reportages*, Mimep-Docete, Pessano con Bornago (MI) 2008
- Davis Stephen, Kendall Daniel, O'Collins Gerald (Ed.), *La risurrezione. Un simposio interdisciplinare sulla risurrezione di Gesù*, Libreria Editrice Vaticana, Cidade do Vaticano 2002.
- Dhanis Edouard (Ed.), *Resurrexit, Actes du Symposium International sur la Résurrection de Jésus*, (Roma 1970), Libreria Editrice Vaticana, Cidade do Vaticano 1974.
- Dunn James, *Gli albori del cristianesimo*, volumes 1/3, Paideia, Bréscia 2006.
- Dunn James, *Dal Vangelo ai Vangeli. Storia di una continuità ininterrotta*, Ed. San Paolo, Turim 2012.

- Ehrman Bart, *I Cristianesimi perduti. Apocrifi, sette ed eretici nella battaglia per le sacre scritture*, Carocci, Roma 2005.
- Frankl Victor Emil, *Alla ricerca di un significato della vita*, Mursia, Milão 1974.
- Frankl Victor Emil, *Uno psicologo nei lager*, Ares, Milão 2012.
- Gerhardsson Birger, *Memory & Manuscript, Oral Tradition and Written Transmission in Rabbinic Judaism and Early Christianity*, William B. Eerdmans Publishing Company, Grand Rapids, (Michigan) 1998.
- Flüsser David, *Jesus*, Morcelliana, Bréscia 1997.
- Girard René, *Il capro espiatorio*, Adelphi, Milão 1987.
- Grelot Pierre, *L'origine dei Vangeli. Controversia con J. Carmignac*, Libreria Editrice Vaticana, Cidade do Vaticano 1989.
- Hopkins Keith, *Conquistatori e schiavi. Sociologia dell'impero romano*, Boringhieri, Turim 1984.
- Jeremias Joachim, *Teologia del Nuovo Testamento. Vol. 1: La predicazione di Gesù*, Paideia, Bréscia 1976.
- Jeremias Joachim, *Abba*, Suplemento ao *Grande Lessico del Nuovo Testamento*, Paideia, Bréscia 1966.
- Jeremias Joachim, *Le parabole di Gesù*, Paideia, Bréscia 1973.
- Jeremias Joachim, *Le parole dell'ultima cena*, Paideia, Bréscia 1973.
- Jeremias Joachim, *Gesù e il suo annuncio*, Paideia, Bréscia 1993.
- Kasper Walter, *Gesù il Cristo*, Queriniana, Bréscia 2013 12.
- Kasper Walter, *Misericordia. Concetto fondamentale del Vangelo. Chiave della vita cristiana*, Queriniana, Bréscia 2013.
- Kasser Rodolphe, Meyer Marvin, Wurst Gregor (Ed.), *Il Vangelo di Giuda*, National Geographic, White Star, Vercelli 2006.
- Kessler Hans, *La risurrezione di Gesù Cristo. Uno studio biblico, teologico-fondamentale e sistematico*, Queriniana, Bréscia 1999.
- Küng Hans, *Essere Cristiani*, Mondadori, Milão 1976.
- Küng Hans, *Tornare a Gesù*, Rizzoli, Milão 2013.
- Lambiasi Francesco, *L'autenticità storica dei vangeli. Studio di criteriologia*, EDB, Bolonha 1986.
- Latourelle René, *Miracoli di Gesù e teologia del miracolo*, Cittadella, Assis 1987.

- Maggioni Bruno, Prato Ezio, *Il Dio capovolto. La novità cristiana. Percorso di teologia fondamentale*, Cittadella, Assis 2014.
- Martini Carlo Maria, *Qualcosa in cui credere. Ritrovare la fiducia e superare l'angoscia del tempo presente*, Piemme, Milão 2010.
- Meier John Paul, *Un ebreo marginale. Ripensare il Gesù storico*, volumes 1/4, Queriniana, Bréscia 2002/2009.
- Metzger Bruce M., *Il testo del Nuovo Testamento. Trasmissione, corruzione e restituzione*, Paideia, Bréscia 1996.
- Metzger Bruce M., *Il canone del Nuovo Testamento. Origine, sviluppo e significato*, Paideia, Bréscia 1997.
- Moraldi Luigi (Ed.), *Testi gnostici*, UTET, Turim, 1992.
- Moraldi Luigi (Ed.), *I Vangeli gnostici. Vangeli di Tomaso, Maria, Verità, Filippo*, Adelphi, Milão 1994.
- Moraldi Luigi (Ed.), *Tutti gli apocrifi del Nuovo Testamento. Vangeli*, Piemme, 2005.
- Nestle Eberhard, Aland Kurt (Ed.), *Novum Testamentum Graece*, Deutsche Bibelgesellschaft, Estugarda 2012, 28.ª edição.
- O'Collins Gerard, *Gesù risorto. Un'indagine biblica, storica e teologica sulla risurrezione di Cristo*, Queriniana, Bréscia 2000.
- Ratzinger Josef – Bento XVI, *Deus caritas est*, Libreria Editrice Vaticana, Cidade do Vaticano, 2006.
- Ratzinger Josef – Bento XVI, *Caritas in veritate*, Libreria Editrice Vaticana, Cidade do Vaticano, 2009.
- Ratzinger Josef – Bento XVI, *Gesù di Nazaret*, Parte I, Rizzoli, Milão 2007. Parte II, Libreria Editrice Vaticana, Cidade do Vaticano 2011.
- Schulz Hans, *L'origine apostolica dei vangeli*, Gribaudi, Milão 1996.
- Schürer Emil, *Storia del popolo giudaico al tempo di Gesù Cristo*, volumes 1/2, Paideia, Bréscia 1987.
- Theissen Gerd, Merz Annette, *Il Gesù storico. Un manuale*, Queriniana, Bréscia 2007.
- Thiede Carsten Peter, D'Ancona Matteo, *Testimone oculare di Gesù*, Piemme, Casale Monferrato 1996.
- Scheler Max, *Il risentimento nell'edificazione delle morali*, Vita e Pensiero, Milão 1975.

- Schlier Heinrich, *Sulla risurrezione di Gesù Cristo*, Morcelliana, Bréscia 2005.
- Segalla Giuseppe, *La ricerca del Gesù storico*, Queriniana, Bréscia 2010.
- Stark Rodney, *Ascesa e affermazione del cristianesimo. Come un movimento oscuro e marginale è diventato in pochi secoli la religione dominante dell'Occidente*, Lindau, Turim 2007.
- Weber Carl, *Panem et circenses. La politica dei divertimenti di massa nell'antica Roma*, Garzanti, Milão 1986.
- Zanker Paul, *Augusto e il potere delle immagini*, Einaudi, Turim 1989.

CONCLUSÕES

Chegamos, assim, à conclusão da nossa viagem: do Sudário de Turim ao núcleo germinal do Evangelho, a ressurreição, que fecha o círculo, trazendo-nos de volta ao fulgor da luz do Santo Tecido.

Os relatos evangélicos, que, durante séculos, comoveram o povo cristão, hoje, graças às ciências e à tecnologia, recebem uma confirmação inesperada e enchem-nos de uma comoção ainda mais intensa. Os Evangelhos tinham sido bastante lacónicos e essenciais. Com poucos verbos, tinham resumido um drama chocante: "foi açoitado... teceram uma coroa de espinhos... crucificaram-no... viram e acreditaram". Hoje, graças ao Sudário, podemos quase tocar, com as nossas próprias mãos, o que significaram estas magras palavras. Note-se que os textos da História Antiga, para nenhum outro personagem, nos transmitiram uma coincidência de todos estes sofrimentos concentrados num só indivíduo.

Vimos que as características da imagem do Sudário nos orientam para a luz da ressurreição, a "mãe de todos os milagres". Não temos uma explicação alternativa satisfatória.

Como é que o corpo torturado do Crucificado desapareceu daquele tecido sem deixar vestígios de movimento, sem lágrimas ou manchas? Uma hipotética extracção manual teria, inevitavelmente, produzido estas alterações no tecido e na imagem.

Porquê que o processo de fibrinólise sanguínea aparece interrompido após 36-40 horas?

Como se formou a imagem tridimensional do Sudário, resultante de uma misteriosa desidratação e oxidação das únicas fibrilhas superficiais do tecido? A hipótese científica mais plausível é a de uma irradiação instantânea com raios ultravioletas potentíssimos. As ciências históricas, como a Papirologia, a Filologia, a concatenação causal dos acontecimentos, concordam com as ciências físicas e bioquímicas, como a Anatomia, a Botânica, as leis da transmissão da luz.

Da irradiação material, passamos, então, ao estudo da irradiação espiritual que, do Ressuscitado, se estendeu aos primeiros discípulos e, depois, ao mundo inteiro. Vimos que os Evangelhos trouxeram a maior revolução ética da História. O caminho da humanidade foi marcado. Foi-nos revelado um critério para julgar o bem e o mal com o qual todos podemos concordar. Este critério é a base para o reconhecimento progressivo dos direitos humanos, independentemente das distinções de sexo, idade, etnia, fé ou crença política. Embora este reconhecimento esteja longe de ser plenamente alcançado, o Evangelho, no entanto, mostrou-nos a meta a alcançar. Por isso, um filósofo laico como Benedetto Croce disse que «*não podemos não dizer-nos cristãos*».

Também é esta revolução ética que testemunha a irrupção do sobrenatural na História. Todos nós devemos reflectir sobre o facto de que nenhum homem poderia concebê-la.

Talvez seja este o primeiro sinal da origem divina dos Evangelhos. Como escreveu um grande teólogo, Hans Urs Von Balthasar, esta revelação de Deus, que desce do alto e se põe ao serviço do homem, com um amor novo e gratuito, disposto a perdoar e amar os inimigos, é o grande milagre que torna os Evangelhos credíveis: só o amor é credível.

Importante é o Sudário, importantes são os manuscritos, os aramaísmos e a concatenação dos acontecimentos, mas ainda mais importante é a credibilidade do amor misericordioso. O estudo, com método histórico-crítico, dos Evangelhos, extraordinariamente confirmado pelo Santo Sudário, ajudou-nos a compreender melhor a credibilidade do amor.

Os Autores

Fig. 1 – Jean Gaspard Baldoino, *Sepultura do corpo de Jesus envolvido no Sudário*, século XVII, Capela do Santo Sudário, Nice (França).

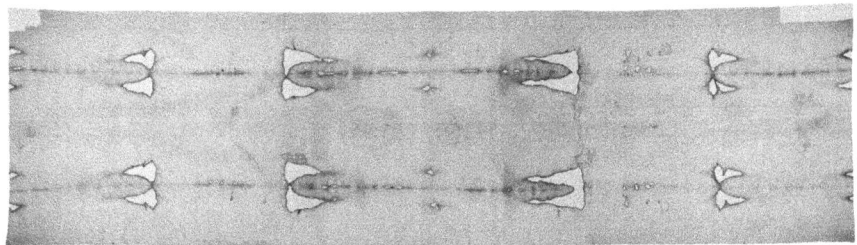

Fig. 2 – O Sudário (do grego *Sindon*, lençol) é um linho amarelo feito em tempos muito antigos. As suas medidas são 442 cm por 113 cm (Arquidiocese de Turim, 2002).

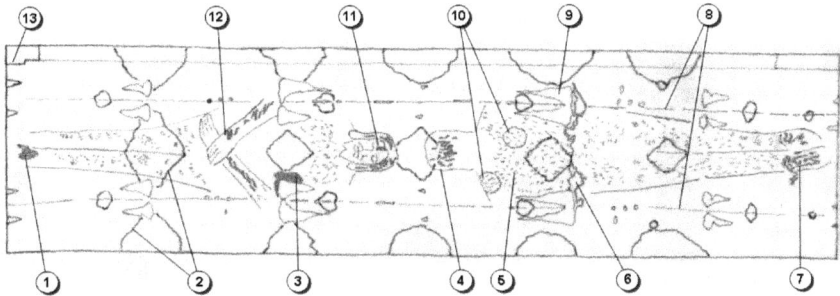

Leitura do Sudário (Maurizio Paolicchi): 1. Ferida, provocada por prego, no pé direito. 2. Halos causados por água. 3. Ferida, provocada por lança, no costado. 4. Feridas, provocadas por espinhos, na cabeça. 5. Golpes de flagelo. 6. Derrame de sangue na zona lombar. 7. Ferimento, provocado por prego, no pé direito. 8. Linhas carbonizadas provocadas pelo incêndio de 1532. 9. Buracos triangulares provocados pelo incêndio de 1532. 10. Escoriações nas costas devido ao transporte do *patibulum*. 11. Feridas, provocadas por espinhos, na testa. 12. Ferida, provocada por prego, no pulso esquerdo. 13. Zona de amostra para a datação radiocarbónica.

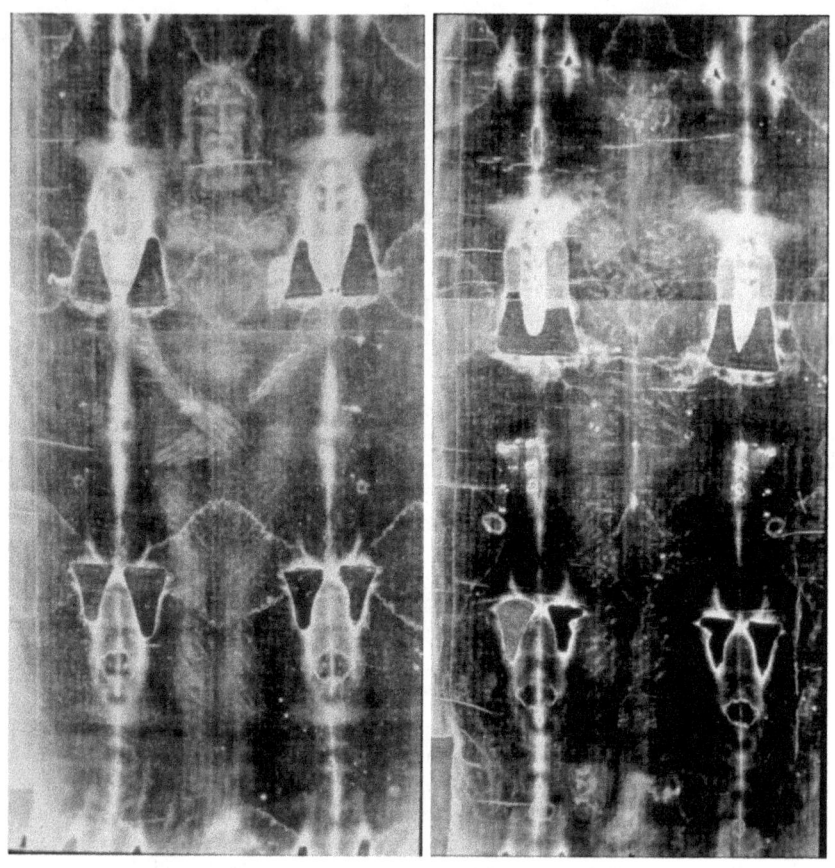

Fig. 4 – Sudário, negativo fotográfico, frontal e dorsal (Vernon Miller, 1978).

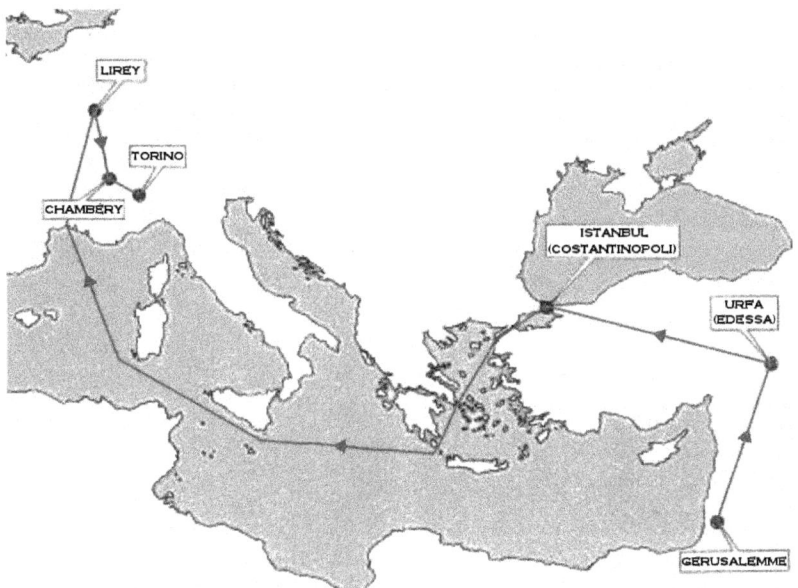

Fig. 5 – A viagem do Sudário de Jerusalém a Turim (Maurizio Paolicchi).

Fig. 6 – O relicário que contém o Sudário na Catedral de Turim (Aldo Guerreschi).

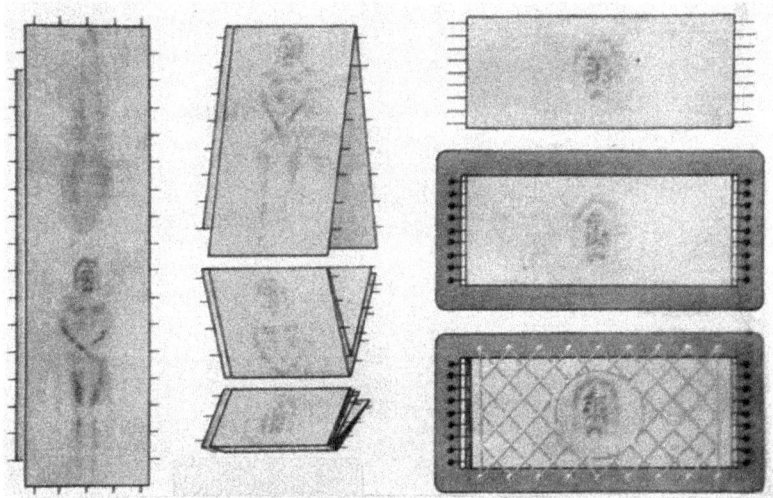

Fig. 7. Provavelmente, o *Mandylion* era o Sudário dobrado (Ian Wilson).

Fig. 8 – Tadeu, o Rei Abgar e santos, ícone do século X, Mosteiro de Santa Catarina do Monte Sinai (Ian Wilson).

Fig. 9 – Codice Pray, fol. 27v., 1192-95 (Biblioteca Nacional Széchenyi, Budapeste, Hungria).

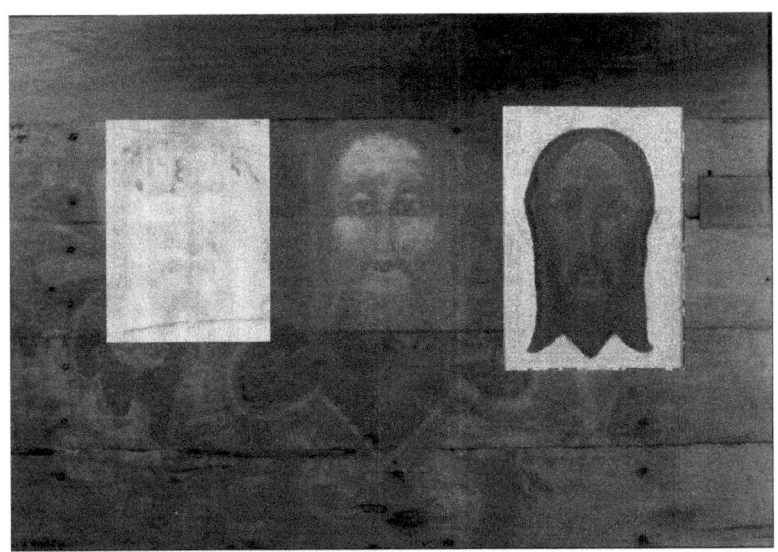

Fig. 10 – Comparação entre a face do Sudário (à esquerda), a face de Templecombe, Inglaterra, século XIII-XV (ao centro) e o Santo Rostro da Catedral de Jaén, Espanha, século XIV (à direita) (Ian Wilson).

Fig. 11 – O *Imago pietatis* da Basílica dos Santos Quatro Mártires Coroados, Roma, século XIV (Heinrich Pfeiffer).

Fig. 12 – O crucificado sindónico (Giulio Ricci).

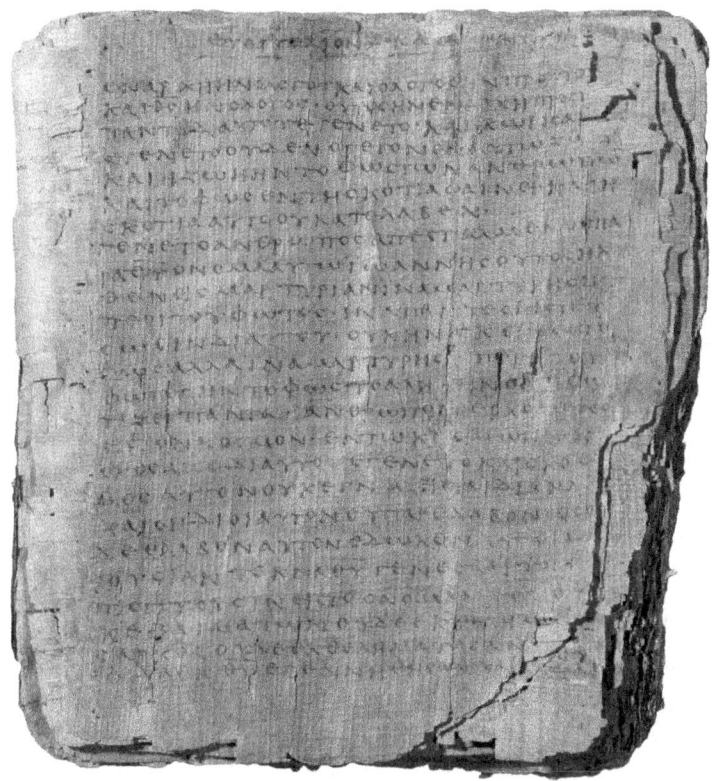

Fig. 13 – Papiro Bodmer II (P 66) – Conservado na *Biblioteca Bodmeriana* de Cologia (Genebra), foi publicado, em 1956, e causou grande agitação entre os estudiosos, porque foi datado, pelo Prof. Herbert Hunger, de Viena, a não mais tarde que meados do século II; contém uma boa parte do Evangelho de João em 104 páginas. Este manuscrito está em perfeita harmonia com os manuscritos maiores do século IV (*Códice Vaticano, Sinaítico, Alexandrino...*). Demonstra, assim, uma rigorosa fidelidade na transcrição dos amanuenses. Não há vestígios de manipulações, interpolações ou adições! Graças a manuscritos antiquíssimos como este, estamos certos de que, hoje, lemos o mesmo texto escrito pelos evangelistas.

Fig. 14 – Papiro Rylands (P 52) – Preservado na *Biblioteca J. Rylands*, em Manchester, é, talvez, o manuscrito mais antigo dos Evangelhos. Data de cerca de 125, de acordo com a datação do Prof. Colin H. Roberts, então confirmada pelos filólogos sucessivos. Contém Jo 18, 31-33. É do tamanho de um cartão de crédito; é um fragmento de um manuscrito de "bolso" encontrado com um soldado no Egipto. O Evangelho de João deve, portanto, remontar, pelo menos, a 90/100, porque para chegar, desde Éfeso – onde foi escrito o original –, ao Egipto, teve que passar cerca de uma geração. O papiro contém 114 letras gregas, perfeitamente em sintonia com todos os manuscritos subsequentes.

Fig. 15 – Papiro 7Q5 – É um fragmento preservado na *Biblioteca Rockfeller*, em Jerusalém, e descoberto na sétima caverna de Qumran. Contém apenas 11 letras alfabéticas completas e 8 letras parciais dispostas em 5 linhas. De acordo com o estudo de José O'Callaghan, confirmado, por comparações computacionais, com todas as combinações possíveis na literatura grega, só é compatível com Mc 6, 52-53. Este papiro, como todos os manuscritos de Qumran, não pode ser posterior a 68 d.C., ano em que a comunidade essénia sigilou os textos nas cavernas antes de ser massacrada pela legião romana *Fretensis*. A decifração proposta por O'Callaghan foi contestada por outros estudiosos que, no entanto, ainda não conheciam a prova informática ou negavam-na.

Fig. 16 – *O copista Eadwine, MS R.17.1, Cantuária, c. 1150-60, Trinity College, Cambridge, Reino Unido. Os amanuenses desenvolviam um paciente trabalho de cópia com notável esforço. A estes milhares de anónimos "operários" do Evangelho, devemos uma imensa gratidão.*

ÍNDICE

APRESENTAÇÃO 7
INTRODUÇÃO 8
O SUDÁRIO UMA RELÍQUIA LUMINOSA 12
Um objecto extraordinário 12
CAPÍTULO I - SOB O ESCRUTÍNIO DA CIÊNCIA 14
Um antigo lençol 14
Uma síntese 17
A revelação da fotografia 19
Investigações microscópicas 22
A datação radiocarbónica do tecido 26
Os métodos alternativos 31
As análises sanguíneas 34
Exame de ADN e características antropométricas 40
CAPÍTULO II - O MISTÉRIO DA IMAGEM 42
A informação tridimensional 42
A teoria da pintura 44
A teoria da câmara escura e do pirógrafo 46
A teoria do baixo-relevo friccionado 50
A teoria do baixo-relevo aquecido 53
Outras teorias insustentáveis 54
A teoria da vaporografia e do contacto 57
A teoria da radiação 60
CAPÍTULO III - O PANO ESCONDIDO 64
De França a Turim 64
O escondimento dos primeiros séculos 68
Uma semelhança evidente 71
A imagem de Cristo sobre um pano 76
A descoberta do Mandylion 80
CAPÍTULO IV - A REDESCOBERTA DO SUDÁRIO 84
Judas Tadeu e a Santa Face 84
O Sudário dobrado 86
A prova contra a iconoclastia 90
A imagem do corpo inteiro 92
A transladação para Constantinopla 94
Os testemunhos iconográficos 97
Os testemunhos escritos 99
A deslocação para a Europa 101
CAPÍTULO V - OS SINAIS DA PAIXÃO 104
Um homem torturado 104
A flagelação e a coroação de espinhos 106

O transporte do *patibulum* e a crucificação 109
As causas da morte 112
O enterro e o túmulo vazio 115
INDICAÇÕES BIBLIOGRÁFICAS 121
OS EVANGELHOS E AS CIÊNCIAS HISTÓRICAS 124
As perguntas do nosso tempo 124
Do Sudário aos Evangelhos 125
CAPÍTULO I - MILHARES DE MANUSCRITOS ANTIGOS 128
Da pregação oral ao texto escrito 128
O texto mais documentado da História Antiga 132
Os manuscritos mais antigos e mais importantes 135
Conclusões sobre a fidelidade dos textos transmitidos 139
CAPÍTULO II - O ESTILO LINGUÍSTICO:
   JESUS FALAVA ASSIM 140
Os vestígios da língua materna 140
As palavras originais aramaicas e hebraicas 142
Os paralelismos semíticos 145
O "passivo teológico" 148
A construção da frase 150
As parábolas: *unicum* na literatura mundial 153
Conclusões sobre o critério linguístico 156
CAPÍTULO III - ACONTECEU MESMO? 159
A hipótese crítica 159
A hipótese mítica 160
A *terceira pesquisa* e a explicação necessária 164
A explicação necessária e a ressurreição 167
Conhecemos o primeiro anúncio? 170
Os máximos históricos da grande viragem 176
CAPÍTULO IV - AS PRINCIPAIS OBJECÇÕES 180
Os evangelistas eram testemunhas "*de parte*"? 180
Existem fontes históricas não-cristãs? 183
E os evangelhos apócrifos? 185
Os evangelhos apócrifos gnósticos 187
Os critérios laicos de autenticidade 190
CAPÍTULO V - A LUZ DO SANTO SEPULCRO 193
Um sentido para esta vida 193
Só o amor é credível 195
Como pôde mudar o mundo? 197
INDICAÇÕES BIBLIOGRÁFICAS 200
CONCLUSÕES 204

www.ingramcontent.com/pod-product-compliance
Lightning Source LLC
Chambersburg PA
CBHW070657100426
42735CB00039B/2180